여성학
Women's
Studies

여성학

제1판 1쇄 발행 · 2007년 12월 5일
제1판 14쇄 발행 · 2018년 8월 30일

지은이 · 이재경, 조영미, 민가영, 박홍주, (이)박혜경, 이은아
펴낸이 · 김민지
펴낸곳 · 미래M&B
책임편집 · 정정희
디자인 · 이정하
영업관리 · 장동환, 김하연

등록 · 1993년 1월 8일(제10-772호)
주소 · 서울시 마포구 동교로 134 미진빌딩 2층(서교동 464-41)
전화 · 02-562-1800(대표)
팩스 · 02-562-1885(대표)
전자우편 · mirae@miraemnb.com
홈페이지 · www.miraeinbooks.com

ISBN 978-89-8394-389-7 03300

값 15,000원

여성학

여성주의 시각에서 바라본 또 다른 세상

Women's Studies

이재경 · 조영미 · 민가영 · 박홍주 · (이)박혜경 · 이은아 지음

미래인

21세기가 시작되면서 세간에는 '여성의 시대'가 도래했다는 말들이 무성하였다. 여성의 지위가 높아지고 있음을 보여주는 여러 지표들이 제시되기도 하고, 정부의 여성관련 부처의 몸집도 커졌다. 여성단체들의 사회적 영향력이 증대하고, 고위직과 전문직에 진출한 여성들도 늘어가고 있다. 최근에는 엘리트 소녀를 지칭하는 알파걸이라는 신조어가 출현하는 등, 억압과 좌절보다는 능력과 자신감을 통해 세상을 경험하는 여성들도 생겨나고 있다.

이러한 현상에 대하여, 이제는 여성의 지위가 충분히 높다는 단언이나, 남성 역차별에 대한 우려의 소리도 들린다. 혹자는 정치운동으로서의 여성운동이나 그 사상적 기반인 페미니즘 자체의 필요성에 회의를 품기도 한다.

하지만 일부 여성들의 사회적 진출이나 성공이 우리 사회에서 '여성'이라는 위치가 더 이상 억압과 배제의 이유가 되지 않는다는 의미로 해석될 수는 없다. 일부 여성들이 성공하는 다른 한편에서, 비정규직 노동자로서 저임금과 사회보장 등 안전장치 없이 살고 있는 여성들의 수 또한 늘고 있다. 성폭력, 성희롱이 여전히 여성을 위협하고 있고, 아내 학대 등 가족폭력도 지속되고 있다. 성매매 시장에 진입하는 여성의 수는 늘어나고 있으며, 그 연령 또한 낮아지고 있다.

이러한 사실은 여성들이 경험하는 삶은 그들이 처한 사회적 위치에 따라 달라진다는 여성학자들의 주장을 확인시켜준다. 지금까지 여성학은 여성이라는 위치가 남성이라는 위치와 사회적으로 어떻게 다른지를 증명하고 분석하는 데 역점을 두어왔다. 앞으로는 분석 범주로서의 젠더 개념을 유지하면서도, 일부 여성들의 삶이 개선되는 동시에 다른 일부 여성들의 삶의 조건은 악화되는 이유를 구체적으로 연구해야 하는 보다 복잡한 과제를 앞두고 있다. 따라서 이 책은 남녀의 차이를 넘어서 여성들 간의 차이에 주목하면서 다양한 주제들을 다루고자 하였다.

여성학은 단순히 성차별을 '해결'하자는 차원에 머물지 않고 세계에 대한 새로운 질문 방법을 제공한다. 여성학을 통해 우리는 기존의 지식 주장들 속에 스며들어 있는 남성중심성, 자민족 중심주의, 이성애 중심주의, 나이주의, 지역주의 등을 상대화시켜 볼 수 있는 새로운 인식 방법을 배울 수 있다. 기존의 익숙한 것을 다른 위치에서 새롭게 바라봄으로써 주류 인식의 부분성과 한계를 성찰하고 세계에 대해 더욱 확장된 인식을 할 수 있다.

저자들은 여성 삶의 다양한 변화와 그에 따라 새롭게 제기되는 여성학적 질문과 논의를 보여줄 수 있는 적당한 강의 교재의 필요성에 공감하여 2005년 봄 의기투합하였다. 처음 1년간은 한두 달에 한 번씩 만나 각 장의 내용과 이론적 입장 등에 대해 토론하면서 초고를 작성하는 작업을 하였다. 후기 근대사회로 오면서 인간의 행위나 사회현상이 더욱 복잡해지고 있는 상황에서, 비교적 안정적인 지식을 담을 것으로 기대되었던 입문서의 집필 작업은 애초에 생각했던 것보다 훨씬 어려웠다. 저자 모두가 바쁘기도 했지만 좋은 여성학 교재를 만들어야 한다는 심적 부담이 더 컸다. 여섯 명의 저자들이 집필한 각 장들은 독자들이 이해하기 쉽도록 글쓰기 방식에서 어느 정도 통일을 기하려 했으나, 필자들의 강한 개성을 숨길 수는 없었다.

저자들은 이 책을 쓰면서 여러 분과학문의 배경을 가진 여성학 강사진과 교양과목 또는 연계전공으로 여성학을 배우는 학생들에게 기본적이고도 필수적인 개념과 지식을 전달하고자 노력하였다. 강의 교재이기는 하지만 이론적 설명뿐 아니라 여성의 경험 세계를 드러내야 하겠기에 어떤 장은 특히 사회비평의 성격에서 벗어나기 어려웠다. 여성 문제에 대한 이해가 복잡해지면서 여성학 내부의 이론적 입장도 다양해지고 있기 때문에 개별 필자들의 이론적·정치적 신념이 많이 개입된 장들 또한 있을 수밖에 없다. 특히 여성학을 전공하고 여성학과에 적을 두고 있는 저자들로만 구성되어 있는 필진의 특성도 이렇게 강한 입장 개진과 무관하지 않을 것이다. 현상과 거리를 두고 이론을 설명하다가 어떤 대목에서는 저자의 입장이 튀어나오는 것이 이 책의 특징이라면 특징이랄 수 있을 것인데, 이 점이 이 책의 매력이 된다면 다행스럽겠다.

입문서는 연구논문과 달리 되도록 포괄적인 정보를 담아야겠기에 더 많은 자료와 더 새로운 논의를 반영하고자 노력하였으나, 그 한계는 무한한 것이어서 일단 지금 시점에서 작업의 매듭을 짓는다. 부족함은 저자들의 계속적인 학문적 정진을 통해 메워야 할 것이다.

이 책이 나오기까지 여러 사람의 도움을 받았다. 여러 차례 저자 모임에 참석하는 수고까지 감내하면서 영어 원서의 인용문들을 번역해준 이화여자대학교 대학원 여성학과 손영미 선생의 헌신적 노력에 감사한다. 필자들의 사정 때문에 몇 년을 끌어온 집필 작업 내내 편집자로서의 꼼꼼한 개입을 늦추지 않아온 미래M&B 출판사의 정정희 팀장에게 깊이 감사한다. 이화여자대학교 여성학과 동문으로서 그의 전문성이 이 책의 질을 향상시키는 데 크게 기여하였다. 애정 어린 격려와 알찬 논평을 해준 김두나, 김명숙, 김신현경, 나성은, 백영경, 유정미, 이슬기, 정승화, 최혜영에게도 이 자리를 빌려 고마움을 전한다.

여성학 교재들이 이미 많이 출간되어 있는 상황에 새로운 여성학 교재의 출생이 여성학의 학문적 발전과 페미니즘에 대한 이해에 작으나마 새로운 힘을 부여할 수 있기를 바라며 독자 여러분의 따뜻한 질정을 기대한다.

2007년 가을
저자들이 씀

| 차례 |

1장 여성학은 어떤 학문인가?

여성과 남성은 비중이 동등한 역할을 연기하는 무대 위에서 살고 있다. 이 연극은 두 종류의 연기자 없이는 계속될 수 없다. 그들 중 누구도 전체 연극에서 더 혹은 덜 '기여하는' 것이 아니다. 그들 중 누구도 주변적이거나 없어도 되는 것이 아니다. 그러나 무대 장치는 남성들이 고안하고 색칠하고 규정한 것이다. 남성들은 극본을 쓰고 공연을 관장하며 연기의 의미를 해석해왔다. 그들은 자신들에게 가장 흥미롭고 가장 영웅적인 역할을 부여하고 여성들에게는 조역을 주었다(Gerda Lerner, 1986: 29).

여성학은 여성을 중심에 두고, 여성의 경험과 입장을 탐구의 대상으로 하며, 여성이 탐구의 주체가 되는 데서 출발한다(Alway, 1995: 215). 그러나 여성학은 단순히 여성에 대한 연구에 국한하지 않는다. 여성들의 경험을 중심에 두고 여성에 대한, 그리고 인간에 대한 연구로 학문적 관심을 확장한다. 여성학은 새로운 관점에서 인간과 사회에 대한 질문을 던지고 지금까지 보편성의 신화에 가려져 보이지 않았던 사람들의 이야기를 무대 위에 올려놓는다. 여성학은 과거와 현재 우리들의 삶에 대한 새로운 자료를 모으고 해석함으로써 불평등과 차별이 없는 미래를 만들어간다.

01 여자와 남자는 다르다?

한 남자가 바쁜 아침 시간에 욕실의 거울 앞에 서서 양치질을 하고 있다. 다른 일은 하지 않는다. 반면 대부분의 여자들은 양치질을 하며 집안을 돌아다닌다. 양치질 후에 마실 커피를 미리 타놓거나 동시에 전화를 받기도 한다. 이들의 행동은 왜 이렇게 다를까?

「과학이 보인다: 그 남자 그 여자의 과학」이라는 방송 프로그램[*]에서는 남녀의 이런 행동 차이를 뇌 구조의 차이로 설명한다. 어떤 행동을 할 때 남자의 뇌는 행동과 직접 관련되는 부분만 작동해 한 가지에만 집중하는 반면, 여자의 뇌는 직접 관련된 부분뿐 아니라 다른 부분도 동시에 작동해 여러 가지 일을 동시에 처리하는 데 별 어려움을 느끼지 못한다는 것이다. 남녀 간에 생물학적, 유전적 차이가 존재한다는 것이 이 프로그램의 핵심 내용이다.

그러나 또 다른 설명도 가능하다. 아침 시간에 남자들은 대부분 자신의 출근 준비만 하면 되지만, 여자는 자신의 출근 준비와 함께 가족들을 위한 아침식사와 자녀들의 등교까지 준비해야 한다. 즉 양육과 가사를 담당하고 있는 여성은 아침부터 처리해야 할 일이 많아 동시에 여러 가지 일을 할 수밖에 없다. 이렇게 볼 때 여성들의 다중적 업무 처리 능력은 사회적으로 구성된 성역할(gender role)과 성별

[*] Q 채널, 2006년 7월 3일 방송.

분업(gender division of labor)에 근거한 것이다.

한편 2005년 1월 한 학술회의에서 로렌스 서머스(Lawrence Summers) 당시 하버드 대학 총장이 성차별적 발언을 해 구설수에 오른 적이 있다. 그는 과학 · 기술 분야 고위직에 여성보다 남성이 많은 이유는 남녀 간의 수학 · 과학 능력의 선천적인 차이 때문이라고 말했다. 서머스 총장의 이러한 발언은 학계와 여성계로부터 남녀의 선천적 차이에 대한 낡은 신화를 부활시키고, 여성에 대한 부정적인 고정관념과 편견을 강화시킨다는 비판을 받았다.

여성의 수학 · 과학 능력에 대한 편견이나 고정관념은 직접 차별만큼이나 여성에게 미치는 부정적 영향이 크다. 성차에 대한 고정관념은 여성에 대한 사회적 기대를 낮추며, 여성 자신도 여성에 대한 그러한 인식을 사회화 과정에서 내면화하여 과학 분야에 진출하는 것을 주저하게 만든다. 18세기에는 남녀뿐 아니라 인종이나 민족의 차이에 대한 생물학적 연구가 활발히 이루어졌다. 이러한 연구에서는 단순히 차이를 말하기보다는 차이의 위계, 즉 우수함과 열등함에 초점이 맞추어졌으며, 이 연구들은 제국주의 사회의 불평등한 사회관계를 정당화하는 데 크게 기여하였다. 이러한 맥락에서 우리는 '차이' 강조의 정치성을 엿볼 수 있다. '여성' 또는 '남성' 같이 특정 범주의 사람들이 갖고 있는 생물학적 또는 유전적 특성의 차이가 서로 다른 기질을 발전시킨다고 설명하는 방식을 생물학적 결정론(biological determinism)이라고 한다.

여자와 남자의 본질적 차이에 대한 논쟁은 소모적인 것이며, 불필요한 것일 수도 있다. 성차에 대한 생물학적 설명들은 생물학과 인간 행위의 상호적인 측면이나 남녀의 유사성은 간과한 채, 차이를 과장함으로써 환원주의에 빠진다. 성역할과 성별관계는 고정적인 것이 아니며, 사회나 시대, 문화에 따라서도 다르다. 그러므로 지금 우리 사회에서 볼 수 있는 성 불평등 현상은 생물학적 차이를 근거로 설명하기 어렵고 또한 정당화할 수도 없다. 왜 여성은 남성보다 취업하기 어려운가? 왜 정치인이나 기업의 CEO는 주로 남성인가? 왜 양육이나 가사 일은 사회적으로 평가받지 못하는가? 왜 대학의 강의실에서 남학생이 여학생보다 토론이나 질문을 더 많이 하는가? 왜 여성들은 남성들에 비해 연애에 몰입하는 정도가 높은가? 이러한 질문들에 대한 답은 생물학이 아니라 사회·문화적인 맥락에서 찾아야 한다. 최근 여성과 남성의 학력 차이가 줄어들고 여성들의 경제활동 참여가 증가하는 것은 과거와 현재 여성들의 생물학적 유전자가 달라졌기 때문이 아니라, 이들을 둘러싼 사회·문화적 맥락이 변화하고 있기 때문이다.

오랫동안 지속되어온 여성의 억압과 종속을 가부장적 이념이나 제도에 의해 지속되는 사회·문화적으로 구성된 차별로 보기보다 불가피하거나 자연스러운 현상으로 여기는 경우를 아직도 흔하게 볼 수 있다. 남성의 우월적 특권과 여성의 열등한 지위를 체계화하는 가부장적 사회에서는 성역할이나 성별분업을 차이(difference)나 규범(norm)으로, 본질적이거나 상호보완적인 것으로 지지해왔다. 그러나 여성학은 생물학적 결정론에 도전하면서, 지금까지 자연스럽게 여겨왔던 것들에 대해 새로운 질문을 던지면서 시작한다.

02 여성학적으로 생각하고 질문하기

1) 인식론에 대한 질문: 인식 대상으로부터 인식 주체로의 이동

여성들은 남성들에 비해 정의감이 약하고, 삶에서 중대하고 우선적인 일에 자신을 내던지려는 의지도 약하며, 그들의 판단은 애정이나 증오와 같은 감정에 더 많이 영향을 받는다(Freud, 1925).

앞의 글은 정신분석학의 창시자 프로이트(Freud)가 쓴 것으로 일상에서 흔히 마주치는 이야기다. 남성이 여성보다 능동적이고, 진취적이고, 이성적이며, 논리적이라는 고정관념은 '이론'이나 '지식'으로 무장하고 있다. 이러한 관념이나 이론은 남성을 표준으로 두고 여성을 설명하는 방식을 취하는데, 이때 남성은 '인간'이고 여성은 남성과 다른 존재다. 성차에 대한 대부분의 이론은 '여자와 남자는 다른가?', 만일 다르다면 '누가 더 나은가?'를 규명하고자 한다. 앞에서 언급한 뇌의 구조나 과학 능력에서의 남녀 차이에 대한 주장도 성 중립적인(gender neutral) 것으로 가장한 '과학의 언어'로 이야기되지만, 실제로는 성역할과 가부장적 질서를 옹호하는 지식을 만들어가는 과정으로 볼 수 있다.

지식(knowledge)은 정보(information), 사실(fact), 이론(theory)의 체계로서 우리가 살고 있는 현실(reality)을 규정해준다. 우리는 지식을 통해서 무엇이 진실인지, 어떤 것이 사회적으로 중요하거나 바람직한지, 누가 혹은 어떤 사건들이 한 사회의 역사를 구성하는지, 자연 세계와 사회적 현실을 어떻게 이해하는지를 정의한다(Kolmar and Bartkowski, 2005: 45). 여성학에서는 우리가 알고 있는 모든 지식은 사회적으로 구성된 것이며, 특정한 역사적·문화적 맥락에서 발전되어온 것임을 분명히 한다. 즉 인식(knowing)의 보편적이고 절대적인 기초가 있다는 믿음에 도전하면서 인식이라고 하는 것이 인식자(knower)의 삶의 경험과 분리되지 않는다고 본다. 모든 지식은 인식자의 사회적 위치를 반영하기 때문에 어떤 지식도 특정한 가치에서 자유롭거나 중립적일 수 없다. 즉 인식 주체로서의 연구자는 자신이 인식하고자 하는 세계의 일부이며 따라서 인식(또는 연구) 대상으로부터 완전히 거리를 두는 것은 가능하지 않다고 보는 것이다(이재경, 2000).

한편 여성주의자들은 하나의 세계에 대해 하나의 진리를 주장하는 보편주의를 비판한다. 세계는 역사적으로, 문화적으로, 계급적으로 그리고 성별에 따라, 인종에 따라 단일하게 경험되지 않으며 부단히 변화하는 과정에 있기 때문에 인식 대상으로서 단일한 세계를 가정하는 것은 결과적으로 어느 하나의 위치를 특권화한다고 본다. 이런 시각에 따르면 누구나 자신을 둘러싸고 있는 상황을 성찰, 평가, 판단할 수 있으며, 지식을 생산할 수 있는 능력이 있다. 인식에서 중요한 것은 인식하는 주체가 어떠한 사회적 조건과 상황 속에 있으며, 이것이 기존의 차별, 불평등, 억압, 배제의 논리와 어떤 식으로 연관되는지를 끊임없이 성찰하는 것이다. 사회적 정의와 윤리의 관점에서 인식의 부분성과 정치성을 성찰하는 과정이 배제된 인식은 왜곡된 인식일 뿐만 아니라 정치적으로 위험한 지식일 가능성이 크다. 따라서 여성학의 인식론에서 인식은 그 자체로서 성립하는 것이 아니라 윤리학, 정치학과 연관될 때만 왜곡의 가능성을 줄일 수 있다.

이러한 인식론적 성찰을 통해 여성학자들은 연구자들이 표준적이고 '남성 중심적인' 개념 틀에서 벗어나야 일상적 여성의 경험을 볼 수 있다고 주장한다. 전통적 지식 체계에서는 하나의 보편적 인식자를 가정한 후, 여성이나 다른 주변화된 사람들은 특수한 위치에 있기 때문에 그들의 지식은 보편적이지 못하다고 본다. 여기에서 보편적 인식자는 특정 계층에 속하지 않은 중립적인 사람으로 보이지만 사실상 백인, 중간계급, 이성애자, 비장애 남성을 의미한다. 지식 생산의 남성중심성을 비판하는 것은 단순히 여성을 하나의 소재로 기

입장과 입장론

입장이란 '자연과 사회생활의 해석과 설명에 대한, 도덕적·학문적으로 바람직한 근거'를 의미한다(Harding, 1986; 36). 입장론은 사람들이 살아가는 사회적·역사적 상황의 차이는 상이한 경험과 그 경험에 근거한 이론을 발전시킨다는 관점이다. 여성주의 입장론자들은 세계의 이해가 성별화된 사회적 지위와 관련되어 있다고 주장한다. 사회적 지위나 위치의 중요성에 대한 이런 기본적 이념은 입장론자들에 의해, 전통적 과학적 인식론에 대한 주요 비판을 이루었다.

존의 남성 중심 지식 생산 안에 포함시킨다는 의미가 아니다. 이것은 지식을 생산하는 입장과 관점을 변화시킨다는 뜻이며 결국 새로운 인식론을 만든다는 의미다. 기존에 배제되었던 여성의 관점에서 지식을 새롭게 생산한다는 것은 남성의 관점이 모두 거짓이고 여성의 관점만이 진실이라거나, 남성의 입장에서 만들어온 것이 보편이 아니라 여성의 관점에서 만든 것이 보편이라는 뜻이 아니다. 이는 전혀 다른 관점에서 기존에 보이지 않았던 새로운 세상을 드러내거나 다르게 보일 수 있는 새로운 '앎의 방식(ways of knowing)'을 의미한다. 예를 들어, 남성의 입장에서 집은 사적인 휴식 공간이지만 전업주부에게 집은 '일터'가 된다. 여성학은 단순히 집을 '정치적'인 공간으로 드러내는 것에 그치지 않는다. 기존의 공·사 이분법을 깨뜨리고 더 나아가 공적 영역을 중심으로 적용되는 '정의(justice)의 원리'를 다시 보도록 하는 폭넓은 맥락을 제공한다. 말하자면, 여성학의 새로운 지식 생산 방식은 새로운 현실을 드러내어 기존의 보편을 해체하고 더 넓은 세상에 대한 이해와 지식을 제공하는 것이라 할 수 있다.

의미는 인식하는 사람의 위치, 입장, 관점이 대상과 맺는 관계에 따라 여러 가지일 수 있다. 인식하는 사람이 서구인인가 비서구인인가, 여성인가 남성인가, 장애인인가 비장애인인가, 이성애자인가 동성애자인가, 상류층인가 하류층인가에 따라서 동일한 현상도 다르게 해석된다. '단 하나의 객관적인 사실'이 있다는 믿음은 주류가 아닌 사람들의 다양한 해석을 가리고 의미를 지워버린다. 따라서 우리는 '누구의 어떤 관점에서 볼 때 그것이 사실인가?'를 질문해야 한다. 이러한 질문들은 그동안 보편적인 상식으로 알고 있던 것들이 사실은 어떤 특정한 입장을 기준으로 만들어진 것임을 드러낸다. 보편이라는 신화가 깨지고 더 많은 다양한 '사실들'이 등장하기 시작할 때 세상에 대해 조금은 덜 왜곡된 시선을 가질 수 있을 것이다. 여성학은 남성 중심의 관점을 상대화하며 그동안 배제되어 왔던 사실을 새롭게 인식할 수 있는 새로운 질문체계다.

2) 개인적인 것은 정치적인 것이다

1960년대 이후 여성운동 제2의 물결 시기에 서구에서는 '개인적인 것은 정치적이다(The personal is political)'라는 구호가 대중적으로 사용되었다. 이는 여성의 개인적 경험을 바탕으로 집단으로서의 여성에 대한 차별을 인식하고 이해하려는 시도였다. 우리의 삶에서 순수하게 '개인적'인 것과 '사회적' 또는 '정치적'인 것은 존재하지 않는다는 인식이 나타난 것이다. 개인이 사사로이 겪는 연애나 결혼생활의 갈등과 경험은 개인적인 경험이기도 하지만 젠더 체계의 결과로 나타난 사회적·정치적 현상이기도 하다. 여성학은 개인적 경험으로서 성역할 수행과 억압이 전체 사회구조와 연관되어 있다는 사실에서 출발한다. 하지만 여전히 학술연구의 장에서는 주로 공적인 영역에서 나타나는 상황이나 행위자가 연구나 토론의 대상이 되며, 사적인 영역에서 발생하는 문제나 행위자는 사회적 논의에서 제외되거나 소홀히 다루어진다.

흔히 여성의 문제는 개인적 결함으로, 남성의 문제는 사회적 쟁점으로 여기는 경향이 있다. 예를 들어보자. 직장에서 여성이 해고되거나 승진을 못하면 여성 개인의 능력 부족으로 치부되지만, 남성의 해고와 실업은 심각한 사회문제로 여겨지며, 학문적 연구의 주제가 된다. 한편 성형수술에 중독된 젊은 여성은 지나치게 외모에 집착하는 허영심 많은 비정상적인 사람으로, 이혼하는 여성은 '모성'이 부족하고 '이기적인' 사람으로 여겨진다. 남편에게 구타당하는 아내는

정의의 원리

정의의 원리는 공적이고 사회적인 영역에서 적용되는 도덕 원리다. 20세기 정의론의 대표적인 학자인 롤즈(Rawls, 1985: 28)는 정의의 원리가 다양한 사회제도를 통해 수행된다고 보았다. 사회의 주요 제도는 성원들의 권리와 의무를 배분하고 사회공동체로부터 생긴 이익의 분배를 정하는 방식이다. 따라서 한 사회 체제의 정의 실현 여부는 본질적으로 권리와 의무가 할당되는 방식과 사회의 여러 방면에서 경제적 기회와 사회적 조건에 달려 있다. 여성학자들은 가족을 사적인 관계로 보고 정의의 논의에서 여성과 가족을 배제하는 점을 비판한다(이재경, 2003: 41-58).

성격이 온순하지 못하고 '바가지'를 심하게 긁는 나쁜 품성 때문이
며, 성폭력은 야한 옷차림을 하고 밤거리를 걸으며 조심하지 않는
여성의 탓이라고 비난한다. 이러한 예들은 여성문제를 사회적 차원
에서 인식하고 그 대책을 사회적인 차원에서 모색할 필요성이 있음
을 말해준다.

개인이 당면한 갈등적 상황은 사사로이 경험하는 것이기도 하지
만, 이러한 갈등에는 그를 둘러싼 가족, 친구 등 주변 사람들이 관계
된다. 비록 개인이 겪는 갈등이라도 그가 직접 경험하는 영역 밖의
사회적 요인들로 인한 경우가 많다. 흔히 여성학에서 제기하는 성
불평등 현상에 대한 질문들은 지극히 개인적이고 사사로운 일로 간
주되며, 사회적 문제나 학문적 토론의 주제가 될 수 없다는 비판을
받기도 한다. 개인의 경험에서 출발하는 여성학에서는 왜 성형중독,
이혼, 아내 구타, 성폭력과 같은 현상들이 나타나는가를 질문하고

이러한 주제들이 왜 그동안 학문적 논의의 대상에서 배제되어 왔는지를 탐구한다. 이 같은 작업은 개인적인 것을 학문의 논의 대상 안에 포함 시키는 단순한 작업을 의미하지 않는다. 여성학은 본질적으로 사적인 것과 공적인 것이 명확히 구분되지 않음을 지적하고 공·사의 구분이 그동안 누구의 어떤 이해관계에 의해 형성되어 불평등을 지속시키는 데에 연관되어 왔는지를 드러낸다. 공·사 구분의 정치적 함의를 드러냄으로써 인간 삶을 조건 짓는 더 큰 권력관계를 파악할 수 있다. 즉 여성학 연구는 개인 경험과 구조의 차원을 각각 또는 상호 연결시켜 분석하며, 나아가 우리가 경험하는 개인적인 상황에서 얻는 통찰력이 정치적·사회적 변화를 일으킬 수 있음을 믿는 것이다.

03 여성학은 무엇을 어떻게 연구하는가?

여성학은 개인의 경험을 분석하는 데서부터, 특정 사회의 법, 가족, 경제, 교육, 정치 등 사회제도, 그리고 전쟁, 환경문제, 이주노동, 질병, 기아 등 지구적 차원에서 일어나는 사회적 현상을 연구하는 데 이르기까지 그 연구 범위가 매우 넓다. 여성학에서 연구하는 주제는 광범위하지만 분석하고자 하는 개념이나 이론적 관심은 다음의 몇 가지로 정리할 수 있다.

첫째, 여성학은 생물학적 성치기 아니리 시회문화적으로 구성된 제도로서의 젠더(gender)에 주목한다.

젠더 또는 젠더 체계는 사회가 성차를 조직하는 방식이라 볼 수 있다. 젠더 체계는 개인의 정체성, 여성과 남성의 행위에 대한 기대, 그리고 우리의 일상생활을 이끄는 규범 등을 포함한다. 정치, 경제,

법, 가족 같은 주요 사회제도에도 젠더 체계가 내재되어 있다. 우리는 일상생활에서 남성과 여성이 다르게 대우받는 장면들을 보거나 직접 경험하게 된다. 예컨대 명절 날 남성들은 한가로이 휴식을 취하지만 여성들은 음식 장만에 분주한 경우다. 이 경우 당사자들은 '자연스러운' 것으로 생각하고 무심코 지나칠 수 있다. 이러한 '자연스러운' 관행들이 우리의 사고에 너무 깊이 뿌리박혀 있기 때문에 여기에 특별히 주목하지 않는 한 의식조차 하기 어렵다. 그러나 우리가 일상생활에서 수행하는 젠더는 여자와 남자라는 사회적 범주를 만들어내고, 남녀의 범주는 위계화되며, 위계적인 남녀관계는 남성 권위를 지지하는 사회구조로 정착하여 우리의 일상에 스며든다. 여성학은 사회제도에 침투해 있는 젠더 체계가 여성과 남성 모두의 삶을 형성하고 제약하는 방식을 인식하도록 해준다.

둘째, 여성학은 여성의 사회적 지위를 평가하고 이를 변화시키는 개인적·사회적 전략과 방법을 모색한다.

지위(status)란 개인 또는 특정 범주의 사람들이 차지하는 사회적 위치를 말하며, 사람들이 차지하는 특정 지위에 따라 사회적 자원이 배분된다. 지위는 개인의 본질적이거나 내재적인 특성의 결과라기보다 구분(differentiation)과 평가(evaluation) 과정을 통한 사회 조직의 원리로부터 나오는 현상이다(Zelditch, 1968). 성차에 기반한 구분과 평가 과정의 제도화는 젠더 구분에 대한 정교한 체계(system)를 구성하고, 남성과 여성에게 상이한 사회적 지위를 배열한다.

우리 사회에서도 산업화 이후 경제, 정치, 사회, 법, 문화 등 각 영역에서 여성의 지위가 향상되어왔음을 다양한 지표를 통해 알 수 있다. 여성 경제활동 참여율의 상승, 고위직에 진출한 여성의 증가, 그리고 남녀고용평등법, 성폭력 특별법, 남녀차별 금지 및 구제에 관한 법률 등 여성 관련 법의 제·개정 등은 여성의 지위가 과거에 비해 향상되고 있음을 보여준다. 그러나 가족 내 성별분업, 노동시장의 성차별적 관행, 여성에 대한 폭력, 성매매 등은 우리 사회가 여전히 가부장제 원리에 의해 작동되고 있음을 말해준다. 언뜻 상반되게 보이는 이런 현상은 '여성의 지위'를 측정하는 것이 매우 복잡하다는 것을 의미한다. 예컨대 고학력 여성이지만 가족 내에서 경제권이나 의사결정권은 취약할 수 있다. 고위 공직의 여성이 남편에게 상습적으로 구타당하는데, 아내 구타를 규제하는 법이 부재한다고 해보자. 우리는 이런 사회의 여성 지위를 어떻게 평가할 수 있을까? 여성 지위 분석은 젠더 체계를 이해하는 데 중요하며, 이를 개선하는 전략과 방법은 젠더 권력 체계의 해체를 지향한다.

1932년 구 소련에서 3·8 여성의 날을 기념하여 만든 포스터

포스터 상단에 쓰인 글은 "3월 8일은 부엌 노예 제도에 맞서 노동자 여성들이 궐기한 날이다."이며 아래쪽은 "억압자와 가사노동 착취자에게 No라고 말하라."라는 뜻이다.

셋째, 여성학은 억압 체계들이 맞물리는(interlocking) 방식을 분석한다.

인종, 계급, 민족, 섹슈얼리티 등 다른 지배 체제들은 개인이 젠더를 경험하는 방식에 영향을 미친다. 사회에서 서로 다른 지위에 있는 여성들이 젠더 체계의 권력을 경험하는 방식은 다르다. 여성학은 젠더 불평등을 만들어내고 유지시키는 사회제도와 문화적 관행에 주목할 뿐 아니라, 이러한 불평등 구조를 다른 종류의 차별, 즉 인종차별, 계급차별, 연령차별, 동성애 혐오와 같은 다른 억압 체계와 연결시켜 본다. 이를 통해 나 자신과 세계를 이해하는 통찰력을 기르고 나와 다른 여성들, 그리고 소수자들이 힘을 가질 수 있는 세상을 그려본다.

마지막으로, 여성학은 인문학이나 사회과학 또는 자연과학 같은 특정 학문 분야를 넘어서서, 학제적(interdisciplinary) 성격을 지닌다.

여성에 대한 연구는 과거에 분과 학문 내에서 다루지 않았던 새로운 연구문제를 제기하고 있기 때문이다. 학제간 여성 연구는 전통적인 학문의 경계에서 설명할 수 없는 쟁점들을 다룰 수 있으며, 새로운 자료(여성에 관한)에 근거한 이론을 발전시킬 수 있다. 예를 들어 '여성에 대한 폭력'을 이해하기 위해서는 역사학, 사회학, 심리학, 법학, 인류학, 문학 등 다양한 분야의 지식을 필요로 한다. 학제간 접근으로서의 여성학은 인간생활의 다면적이고 다층적인 현실을 여성주의적 관점에서 비판적으로 사유한다. 기존 학문의 관습적인 한계를 넘어서는 새로운 질문을 던지며, 각 분과 학문의 인식론적·방법론적 차이를 넘어 학문 간의 융합을 통해 탐구하게 하는 것이다(김승경, 이나영, 20005: 64-65).

04 여성학 강의는 어떻게 시작되었나?

여성학은 1960년대 후반 서구에서 시작되었다. 페미니즘 제2의 물결과 민권운동, 학생운동, 반전운동으로 나타난 정치적 행동주의(political activism)는 대학에서 여성학 강좌를 개설하게 하는 기폭제가 되었다. 최초의 강좌는 1960년대 후반 미국에서 개설되었으며, 1980년에 비로소 공식적인 학위(여성학 석사)과정이 미국의 켄트(Kent) 대학에 설립되었다(Ruth, 2001: 14). 초기의 여성학 강좌는 기존의 학문에서 배제되어 왔던 여성의 경험을 주제로 다루었다. 교과목 구성과 강좌 내용은 여성과 경제, 여성과 정치, 여성과 가족, 여성과 역사 등 여성의 낮은 지위와 차별 현상에 관한 다학문적(multidisciplinary) 접근이었다. 이후 여성학 연구자들은 여성의 억압과 경험을 전통적 학문 분과 안에서는 설명하기 어렵다는 점을 인식하면서 학제간 연구와 교육을 시작하게 되었다.

우리 사회에서 여성학은 여성운동이나 정치적 행동주의가 본격적으로 확산되기 이전인 1970년대 중반 여성교육을 선도해온 여자대학교의 교수들을 중심으로 도입되었다. 이들은 여성의 능력 개발과 지위 향상을 위해 여성학 교육이 필요하다는 인식을 공유하였다. 이후 1977년 이화여자대학교에서 여성학이 교양 선택강좌로 개설되었으며, 같은 대학에서 1982년에 대학원 석사과정이, 1990년에 박사과정이 설립되었다. 1980년대 후반 여성학 강좌는 전국의 대학으로 확산되었는데, 확산의 배경에는 여성운동과 민주화운동 같은 정치적 행동주의가 영향을 미쳤다. 2005년 현재 전국 13개 대학에 여성학 석사과정이, 4개 대학에 박사과정이, 8개 대학에 학부 여성학 연계과정이 개설되어 있다. 뿐만 아니라 전국 대부분의 대학에서 여성학을 교양과목으로 개설하였다.

여성학 과정 설치의 제안

여성들이 전통적이며 통속적인 여성관이나 역할에서 탈피하여 인간 능력에 대한 자신을 가지고 각 분야에서 평등을 누리는 방향으로 노력하기 위해서는 여성들의 의식 개발이 앞서야 한다. 사회제도적 변화가 남성들의 자발적이며 주도적인 입장에서 이루어지기까지 참고 기다리기보다 여성들 스스로 그 변화를 촉구하는 능력을 발휘해야 한다. 이것은 여성교육이 이 시기에 개척해 나가야 할 새로운 과제인 것이다. 한국 여성교육을 담당한 본 대학(이화여자대학교 – 지은이 주)에서도 여성학 과정의 필요성을 인식하여 학생들을 위해 개설할 수 있는 가능성을 검토해야 할 단계에 이른 것으로 생각된다. 더욱이 한국 여자대학 교육의 개척자적 역할을 담당해온 본 대학으로서 한국 여성이 직면한 시대적 요청을 인식하여 새로운 방향의 여성학 교육을 시도하고 개척해 나가는 데 너무나 당연한 입장에 있는 것이다(현영학 외, 1976: 2).

1. 여성학이나 페미니즘에 대해 평소 가지고 있던 생각에 대해 토론해보자. 그리고 여성학에 대해 품게 된 의문과 생각들을 다른 학문(예를 들어 자신의 전공)에도 동일하게 해본 적이 있는지 혹은 없는지 생각해보자. 만일 없다면, 왜 이런 질문들을 여성학에 대해서만 하게 되었는지 토론해보자.

2. 한국 사회에서 여성 또는 남성이기 때문에 기대되는 것들, 혹은 하지 말아야 하는 것들이 무엇인지 이야기해보자. 그리고 그것이 성역할 또는 성별관계와 어떻게 관련되어 있는지 토론해보자.

3. 자신이 전공하고 있는 분야의 학자들 가운데 여성을 찾아보자. 여성이 얼마나 되는지, 학문적 영향력은 어느 정도인지, 만일 찾기 어려웠다면 이유는 무엇인지 토론해보자.

📚 더 읽을 책

게르드 브란튼베르그(노옥재 외 옮김)(1996), 『이갈리아의 딸들』, 황금가지.

권혁범(2006), 『여성주의, 남자를 살리다』, 또하나의문화.

글로리아 스타이넘(양이현정 옮김)(2002), 『남자가 월경을 한다면』, 현실문화연구.

베티 도슨(곽라분이 옮김)(2001), 『네 방에 아마존을 키워라』, 현실문화연구.

벨 훅스(박정애 옮김)(2002), 『행복한 페미니즘』, 백년글사랑.

사라 M. 에번스(조지형 옮김)(1998), 『자유를 위한 탄생』, 이화여자대학교출판부.

샌드라 하딩(이재경·박혜경 옮김)(2002), 『페미니즘과 과학』, 이화여자대학교출판부.

언니네 사람들(2006), 『언니네 방』, 갤리온.

정희진(2006), 『페미니즘의 도전』, 교양인.

조르주 뒤비 외(1998), 『여성의 역사』, 새물결.

캐롤 타브리스(1999), 『여성과 남성, 다르지도 똑같지도 않은 이유』, 또하나의문화.

톰 디그비 엮음(김고연주·이장원 옮김)(2004), 『남성 페미니스트』, 또하나의문화.

🎬 추천 영상물

〈내 책상 위의 작은 천사(An Angel At My Table)〉 제인 캠피온 감독, 뉴질랜드, 1990, 영화, 158분.

〈바그다드 카페(Bagdad Cafe, Out Of Rosenheim)〉 퍼시 애들론 감독, 1988, 영화, 91분.

〈안토니아스 라인(Antonia's Line, Antonia)〉 마를렌 고리스 감독, 벨기에, 네덜란드, 영국, 1995, 영화, 100분.

〈12명의 성난 사람들(12 Angry Men)〉 시드니 루멧 감독, 미국, 1957, 영화, 96분.

여성학과 페미니즘 이론 2장

01 이론과 행동주의로서의 페미니즘

페미니즘은 성차별적 억압을 종식시키는 투쟁(struggle)이다. 페미니즘의 목적은 어떤 특정한 집단의 여성들이나 특정한 인종 또는 특정 계급의 여성들에게 이익을 주는 데 있지 않다. 또한 남성들에 우선하여 여성들에게 특권을 주는 것도 아니다. 페미니즘은 우리 모두의 삶을 의미 있는 방식으로 변화시키는 힘을 갖고 있다(bell hooks, 1984).

페미니즘*은 서구에서 19세기 중반 이후 '여성의 권리에 대한 옹호(advocacy of the rights of women)'의 의미로 사용되기 시작하였다. 그러나 페미니즘을 한마디로 정의 내리기는 쉽지 않다. 역사적으로 페미니즘은 하나의 고정된 의미나 실체를 가진 것이기보다는 다양한 갈래의 이념적 토대와 관점을 견지하는 사상, 이론, 행동주의(또는 운동)로 구성된 묶음들이다. 페미니즘의 다양한 갈래에도 불구하고 이 용어는 ① 여성은 체계적으로 억압당해(oppressed) 왔으며, ② 젠더 관계는 남녀의 생물학적 차이에서 비롯되거나 절대적인 것이 아니며, ③ 불평등한 젠더 관계를 변화시키고자 하는 정치적 실천(political commitment)의 의미를 포함한다.

페미니즘은 '이론'을 의미하기도 한다. 여성들이 개인적으로 처해 있는 차별적 조건이 '개인적 경험'이 아니라 다른 여성들의 경험과 서로 연결되고, 이것이 우연한 개인적 불행의 결과가 아니라 체계적 억압의 사례라는 점을 설명한다는 점에서 이론의 성격을 지닌다. 그렇다면 여성주의 이론은 어떤 내용으로 구성되는가? 여성주의 이론들은 페미니즘과 마찬가지로 다양한 갈래가 있으며, 여성억압과 젠더 불평등에 대해 동일한 설명을 제공하지도 않는다. 여성주의 이론의 질문과 설명 방식은 다양하지만 몇 가지 공통된 가정을 포함한다. 먼저, 남성과 여성은 삶의 경험이 다르다고 가정하며, 이러한 경험의 차이를 설명하고자 한다. 둘째, 여성억압이 계급이나 여타 사회관계의 부분집합(subset)이 아니라 어느 정도 자율적으로, 또는 상호 관련되어 있는 동시에 독자적으로 작동하는 고유한 사회문제의 배열(arrangement)이다. 셋째, 여성억압은 사회관계나 구조가 조직되는 방식의 일부이며, 따라서 여성주의 이론은 왜, 어떻게 이러한 관계나 구조가 고안 또는 발전되어 왔는가를 설명해야 한다. 여성주의 이론에서는 이러한 사회관계나 구조를 '젠더 관계(gender relations)' 또는 '가부장제(patriarchy)'로 명명한다(Jaggar and Rothenberg, 1993: 81).

여성주의 이론은 여성억압을 이해하기 위한 지식을 만들고 그 지식을 토대로 종속(subordination)에 저항하고 여성의 삶을 개선할 수 있는 전략을 개발하기 위한 지적 도구를 제공해왔다. 따라서 여성주

* 페미니즘, 여성주의, 여성학 용어 사용에 대하여 : 페미니즘은 사상, 이론, 행동주의를 모두 포괄하는 용어다. 여성주의라는 우리말로 옮겨 쓰는 경우도 있으나 페미니즘이라는 용어를 그대로 사용하기도 한다. 여성학은 페미니즘 시각에서 전문적인 연구를 하는 작업이다. 여성의 상황에 대한 비판이나 지위 변화를 위한 노력은 학문으로서의 여성학뿐 아니라 행동주의로서의 페미니즘, 또는 페미니즘의 사상적 발전을 통해 이루어지므로 연구와 사상, 행동주의가 명확히 구분되지 않는 경우가 많다. 이 책에서는 문맥이나 저자에 따라 여성학, 페미니즘, 여성주의를 혼용하였다. 특별히 전문적인 연구와 관련될 때는 여성학이라는 용어를 사용하고, 그 외에 실천적·사상적 측면을 다룰 때는 페미니즘이나 여성주의를 사용하였다.

의 이론은 다음과 같은 질문을 제기하고 답하고자 한다.

여성은 어떤 방식으로 종속되어 왔는가? 우리는 어떻게 특정 사건을 개별적 불운이 아니라 성(sex)에 기반한 사회적 억압의 한 부분으로서 이해할 것인가? 우리는 어떻게 억압적 상황에 대해 명확히 이해한다고 확신할 수 있는가? 여성은 어떠한 방식으로 종속에 저항할 수 있는가? 여성의 삶을 변화시키기 위해 우리가 할 수 있는 일은 무엇인가? 삶의 어떤 영역에 초점을 맞추어 변화를 위한 노력을 할 것인가? 어떤 종류의 변화가 필요한가? 여성의 종속은 인종, 민족, 국적, 계급, 섹슈얼리티(sexuality)에 근거한 억압들과 어떻게 연결되어 있는가? 이러한 질문에 답하는 '우리'는 누구인가, 왜 그리고 어떻게 그러한 일들이 발생 혹은 지속되어 왔는가? 어떤 변화가 필요한가? 이러한 질문들은 존재론(ontology, 존재와 현실에 대한 이론), 인식론(epistemology, 지식이 어떻게 생산되는가에 관한 이론), 정치학(politics, 권력관계와 권력의 실천에 관한 이론)에 따라 해답이 달라진다(McCann and Kim, 2003; 1).

모든 페미니즘과 여성주의 이론이 여성억압을 분석하고 불평등의 현실을 변화시키는 데 크게 기여한 것은 사실이지만, 각각의 이론은 서로 합의되지 않는 분석 개념이나 방법, 실천 전략을 두고 상호 비판을 제기하기도 했다. 이러한 상호 비판의 과정은 특정 이론이나 여성 경험을 이론화하는 시도 자체의 불필요성을 의미하지는 않는다. 그보다는 여성과 남성이 지위와 권력에서 왜 그렇게 불평등한가에 대한 더 나은 설명을 하고자 하는 것이며, 이는 여성주의 이론이 변화 과정으로 이해할 수 있다. 여성주의 이론가들 사이에는 지금도 많은 논쟁들이 진행 중이다. 모든 페미니즘과 여성주의 이론은 여전히 유용한데, 그것은 모든 페미니즘이 젠더 불평등의 문제에 관해 나름대로의 통찰력을 제공하며, 젠더 불평등을 해결할 수 있는 의미

이론

이론은 실용적이고 경험적인 지식을 넘어서는 한에서는 추론적이며, 우리가 알고 있는 것들을 정리하고 이해하는 것이며, 경험적 또는 실재적 탐구의 방향을 제공해준다. 어떤 학문 분야에서도, 이론은 상호 연관된 개념들과 명제들의 체계적 틀과 지식을 만드는 인식론적, 존재론적, 그리고 방법론적 가정들로 구성된다.

있는 전략을 가지고 있기 때문이다.

여성주의 이론의 계보를 정리하는 작업은 간단하지 않다. 다양한 이론들을 목록화하거나 범주화할 때 당면할 수 있는 위험은 이론들을 위계화하는 것이다. 예컨대 여성주의 이론을 흔히 네 가지* 또는 여덟 가지**로 분류하여 설명하는데, 이럴 경우 독자들은 이 중 하나를 선택해야 한다는 압력을 받게 된다. 즉 어떤 이론이 더 완벽한 설명력이 있는지를 결정하고 선택하여, 이후 여성문제를 설명할 때 적용하고자 한다.

이 장에서는 특정 여성주의 이론을 절대시하거나 보편화시키기보다는 다양한 이론들을 상대화, 역사화하는 방식을 취하였다. 여성주의 이론의 역사적 전개는 여성억압의 보편적 구조를 설명하고자 하는 거대 이론과, 이후 '여성' 범주에 대한 질문을 제기하고 여성억압의 보편성에 도전해온 이론들로 이어져 오고 있다.

02 여성 억압의 기원에 관한 이론

1) 자유주의 페미니즘

자유주의 페미니즘은 개인의 권리 개념을 발전시킨 18, 19세기 자유주의 정치철학에 근거한다. 자유주의 페미니즘의 선구적인 이론가인 메리 울스턴크래프트(Mary Wollstoncraft)는 『여성 권리의 옹호(A Vindication of the Right of Women)』(1792)에서 개인 권리와 기회 평등이 사회의 모든 영역에서 여성에게도 확대되어야 한다고 주장했다. 개인의 권리와 기회 평등은 자유주의 페미니즘의 주요 의제다. 젠더 불평등의 뿌리는 생물학이 아니라 다양한 사회제도에서 체

* 자유주의 페미니즘, 마르크스주의 페미니즘, 사회주의 페미니즘, 급진주의 페미니즘을 말하며 우리 사회에서 1990년대 중반까지 흔히 사용해온 분류다.

** 로즈마리 통(Tong, 1998)은 네 가지 페미니즘 외에 포스트모던 페미니즘, 에코 페미니즘, 다문화(multicultural) 페미니즘, 글로벌 페미니즘을 더했다.

계화된 젠더에 관한 전통적 믿음, 의식, 실천에 있으며, 불평등과 차이는 성별 사회화(gender socializtion)를 통해 재생산된다. 따라서 제도적 개혁은 평등을 실현시키기 위한 핵심적 과제다.

자유주의 페미니즘의 전략은 자유(freedom), 평등(equality), 정의(justice)라는 자유주의적 가치에 근거하여 여성도 남성과 동등한 법적·사회적·정치적 권리를 획득하는 데 있다. 정치, 경제, 교육, 대중매체 등 사회의 각 영역에서 나타나는 성차별은 여성과 남성이 다르다는 전제에서 출발한다. 즉 여성과 남성의 생물학적 차이와 이에 근거해 할당된 역할의 차이는 공적 영역에서 여성차별을 가져왔다. 18세기 서구 여성운동의 주요 의제는 참정권, 교육 기회와 같은 공적 영역에 여성

메리 울스턴크래프트
영국 최초의 페미니스트 이론가(1759~1797)다. 당시 젊은 여성들을 위한 무수한 교훈서와 "여성은 남성에 종속되어야 한다."는 루소의 주장을 비판하는 저술을 남겼다.

들이 참여할 수 있는 권리와 제도적 평등에 대한 요구였다. 이후 20세기 자유주의 여성운동은 노동시장에서의 차별 대우, 재산권, 자녀에 대한 친권 등 법적 권리에서의 성차별 등을 법 제정과 개정을 통해 해결하고자 해왔다. 우리 사회에서는 지난 40여 년간 진행되어 왔던 가족법 개정운동이나 1987년 제정된 「남녀고용평등법」을 예로 들 수 있다.

자유주의 페미니즘에서 성평등은 법적·정치적·사회적 권리를 통해, 여성이 남성과 평등한 상태가 되거나 동등한 기회를 갖는 것으로 정의되어 왔다. 그러나 이러한 평등 개념은 1980년대 이후 여성주의 이론가들 사이에 논쟁을 불러일으켰다. 여성들은 기회 평등과 권리를 요구하면서 제도적 개혁을 실현시켜 왔지만, 이러한 제도들은 여성이 남성과 평등한 지위를 얻기보다 '열등한 남성'이 되는 의도하지 않은 결과를 가져왔다. 즉 남성의 규범과 가치에 준하여

가족법 개정운동

대한민국 가족법은 민법 중 가족생활을 규정하는 제4절 친족 편과 제5절 상속 편을 가리킨다. 대한민국 가족법은 1958년 2월 제정, 1960년 1월 1일부터 효력이 발생하여 그동안 네 차례(1962년, 1977년, 1989년, 2005년 3월)에 걸쳐 개정되었다. 헌법은 '법 앞의 평등'을 선언하여 성(性)에 따른 차별을 금지하고 있지만 가족법은 부계 혈족 관계 중심으로 만들어져 제정 당시부터 헌법의 정신에 위배된다는 비판을 받아왔다. 1960년에 새 민법을 만들기 전부터 여성계는 민주적인 가족법을 제정하도록 관계기관에 건의서를 제출하는 등 많은 노력을 했지만 가부장적 가족제도에 바탕을 둔 가족법이 제정되었다. 그 이후로 여성계·가족법학자·진보적 생각을 가진 이들이 50여 년 동안 가족법 개정운동을 꾸준히 펼쳐왔다. '호주제 폐지'를 골자로 하는 4차 민법개정안은 2005년 3월 국회를 통과하여 2008년 1월부터 시행되었다. 이로써 가족 내 남녀가 평등한 법적 권리를 확보한 것으로 평가된다.

여성의 권리를 얻고자 했지만 조건의 불평등으로 결과적으로 평등한 지위를 확보하는 데 실패한 것이다(Pateman, 1989: 7).

'기회의 평등'이나 '법 앞의 평등'이라는 수사가 불평등한 사회적 현실에 대한 적극적 해결책이 될 수 없다는 판단은 '조건의 평등' 또는 '실질적 평등'의 전략을 옹호하게 한다. 예를 들어 모성보호와 같은 보호입법이나 채용목표제와 같은 적극적 조치(affirmative action)는 남녀 차이나 여성의 특수성을 인정하고 조건의 평등 또는 실질적 평등을 추구하는 제도다. 이러한 상반된 두 가지의 평등 전략은 동시에 추구되기도 하지만 양자 사이에는 불안정한 긴장이 내포되어 있다. 여성들은 차이에 상관없이 남성과 똑같이 취급받을 것을 요구할 것인가, 아니면 여성과 남성의 차이를 인정하고 이를 고려하도록 요구할 것인가 하는 쟁점은 페미니즘과 여성학 연구의 중심에 있다.

평등인가? 차이인가?

평등을 둘러싼 논쟁은 평등의 의미, 평등 성취의 전략, 평등 실현의 가능성, 그리고 평등과 여성 해방의 관계에 관한 것이다. 이 논쟁을 둘러싼 입장은 세 가지로 정리할 수 있다.

첫째는 자유주의 페미니즘에서의 평등 전략이다. 여기서 관심은 불평등하게 취급받는 영역들을 확인해서 법적 개혁을 통해 이를 제거함으로써 여성들에게 남성과 똑같은 권리와 특권을 확대시키는 것이다.

두 번째는 '차이'를 주장하는 학자들은 여성과 남성의 차이를 인정하고 여성성 또는 여성적 자질(모성적 또는 돌봄care의 자질)을 높이 평가해줄 것을 요구한다. 이들은 남성성이 여성을 평가하는 규범이고, 평등을 이루기 위해 여성성은 초월되어야 할 어떤 것으로 규정하는 평등 전략에 비판적이다.

세 번째는 앞의 두 입장에 의해 재현되는 남성성·여성성의 이분법을 극복하는 것과 관련된다. '평등'을 주장하는 입장은 이를 평가하는 기준에 내재되어 있는 사회적으로 구성된 가부장적 성격을 인식하지 못하고 있다. 한편 '차이'를 강조하는 입장은 '남성성'과 '여성성'이 생물학적인 것이 아니라 사회적으로 구성되는 것임을 이론화하는 데 실패하였다. 따라서 평등과 차이는 양립 불가능한 것이 아니다. 왜냐하면 '평등'은 동등하게 높이 평가되어야 하는 '차이'들에 대한 가정에 의거해 있기 때문이다(제인 프리드만, 2002: 29-30; Pilcher and Whelehan, 2004).

2) 마르크스주의 페미니즘

> 남성이 부르주아지라면, 그의 아내는 프롤레타리아다.
>
> – 프리드리히 엥겔스

마르크스주의 페미니즘(Marxist Feminism)은 자본주의 사회구조가 여성억압의 근본 원인임을 주장한다. 마르크스 여성주의자들은 여성 종속이 사유재산제의 도입으로부터 시작되었다고 이해하고 있으며 계급문제를 인식하는 것이 여성억압을 설명하는 데 선행한다고 본다. 이들은 엥겔스(Engels)의 『가족, 사유재산, 국가의 기원(The

Origins of the Family, Private Property and the State)』에 기초하여 여성 억압을 분석하였다. 그에 따르면 사유재산제에 기초한 일부일처제는 여성 지위 하락의 핵심적 요인이며, 따라서 자본주의, 계급사회, 여성억압은 필연적인 관계를 가진다.

여성 지위 하락의 기원에 대한 고전적 설명은 다음과 같다. 첫째, 역사적으로 여성이 항상 억압되거나 '제2의 성'은 아니었다. 인류학이나 선사시대에 관한 연구에서는 반대의 경우를 볼 수 있다. 원시부족 사회에서 여성은 남성과 동등한 지위를 가지고 있었다. 둘째, 여성의 지위하락은 모계적 씨족 공동체의 붕괴가 가부장적 가족과 사유재산, 국가권력이라는 제도들을 구비한 계급 분화된 사회에로 교체되는 것과 동시에 일어났다(Reed, 1993: 170). 즉 생산양식의 발전으로 인해 잉여생산, 사유재산, 계급 출현, 그리고 보다 복잡한(원시적이 아닌) 성별 노동분업이 나타났다.

이러한 고전적 설명에서 출발하여 20세기 마르크스주의 페미니즘에서는 경제(자본주의)와 가족(가부장제)이 여성과 남성의 삶을 구성하는 방식을 설명한다. 임금노동을 하는 남성이 자본주의에 의해 착취당하는 이유는 그가 생산하는 이윤만큼 보수를 받지 못하기 때문이다. 그러나 남성에게는 가정에서 자신을 위해 노동하는 사람, 즉 아내가 있다. 아내는 남편을 위해 요리를 하고, 빨래를 하며, 그의 성적 욕구를 충족시켜 주고, 자녀를 양육한다. 남편이 실직하거나 가족을 부양할 만큼 충분한 돈을 벌지 못하면, 아내가 일하러 나가거나 가정에서 부업을 한다. 그러나 아내의 가사노동은 여전히 계속된다. 아내가 동등한 가치의 노동을 하는 남성보다 임금을 적게 받는 이유는 아내의 일차적 역할이 남편과 자녀들을 돌보는 것이기 때문이다. 이처럼 시장노동과 가사노동은 서로 연결되어 있으며, 기혼여성은 산업자본주의 사회에서 저임금의 유동적인 노동력을 제공하는 산업예비군이다(Lorber, 2001: 72-73).

이러한 배경에서 마르크스주의 페미니즘에서는 자본주의 계급사회에서 억압받고 있는 생산 노동자의 해방뿐 아니라 가사, 육아 등의 재생산을 담당하는 가족 내 여성 노동자의 해방을 위해서도 자본주의는 종식되어야 할 것으로 본다. 즉 자본주의는 여성과 노동자 계급의 공통된 적으로 간주된다. 마르크스 여성주의자들은 자유주의 페미니즘이나 급진주의 페미니즘이 부르주아 페미니즘이며, 계급 차이를 숨기고 그 결과 사회주의 혁명을 지연시켜 지배 계급의 이익에 봉사하는 것으로 비판한다. 또한 여성은 여성끼리 연대하는 것이 아니라, 노동자 계급의 남성과 장기적인 이익을 공유하는 것을 인식하여 공동으로 싸워 해방을 달성해야 한다고 주장한다. 그러나 마르크스주의 페미니즘은 자본에 의한 여성억압을 강조함으로써 남성에 의한 여성억압을 보지 못했다는 비판을 받고 있다.

3) 급진주의 페미니즘

1960년대 후반에 생겨난 급진주의 페미니즘(radical feminism)은 성에 의한 여성억압, 즉 가부장적 억압이 모든 형태의 사회적 억압 가운데 가장 근본적이라고 보며 여성들의 공통된 경험에 주목한다. 급진적 여성주의자들의 공통된 주장은 다음과 같다.

첫째, 여성은 역사적으로 최초의 피지배 집단이며, 둘째, 여성억압은 사실상 모든 사회에 존재하는 가장 보편적인 현상이며, 마지막으로 여성억압은 근절하기 가장 어려운 억압 형태로, 계급사회 철폐와 같은 변화만으로는 제거할 수 없는 아주 뿌리 깊은 것이다(Jaggar and Rothenberg, 1993: 120-121).

급진적 여성주의자들은 왜 여성억압이 보편적인가 하는 물음의 대답을 찾기 위해 공적영역보다는 몸이나 섹슈얼리티와 같은 사적 영역에 관심을 둔다. 이들은 '개인적인 것은 정치적이다'라고 주장하면서, 기존의 정치적이라고 부르는 영역을 재정의하였다. 인간의 성과 생식의 행위가 결혼, 이성애, 모성 등의 제도적 장치에 의해 관리되고 있음을 강조한다. 예를 들어 남성의 폭력과 공격적 섹슈얼리티는 젠더 불평등이 내재된 이성애 제도에 의해 지지되고 때로는 장려된다. 따라서 공적인 영역에서의 기회 평등을 추구하는 제도 개혁의 방식만으로는 뿌리 깊은 여성억압을 해결할 수 없으므로, 가부장제를 전복하고 새로운 사회를 만들고자 한다.

대표적인 급진적 여성주의자인 파이어스톤(Shulamith Firestone, 1970)이 그린 새로운 사회는 기술의 발전을 통해 여성들의 출산조절이 가능하다. 혁명을 위해 프롤레타리아 계급의 생산수단 점유가 요구되는 것처럼 여성들이 출산조절기술을 점유하여 성 계급(sex class)을 제거할 수 있다. 파이어스톤은 여성들의 출산조절기술 점유가 여성들에게 자신의 몸에 대한 소유권을 완전히 돌려주고, 성 계급을 제거함으로써 남성의 특권뿐 아니라 성 구별(distinction) 자체를 완전히 제거할 수 있다고 보았다. 그러나 1970년 말부터 출산기술이 획기적으로 발전했지만 여성의 재생산 권리는 완전히 확보되지 않았다.[*]

한편, 이후 급진적 여성주의자들은 여성들의 감성, 돌봄의 능력을 남성의 폭력적 성향과 공격적 섹슈얼리티와 대비시킴으로써 여성의 우월성을 강조하고 새로운 사회에 대한 가능성과 대안을 찾고자 하였다.

이처럼 급진주의 페미니즘에서는 여성억압을 보편적, 초역사적인 것으로 본다. 섹슈얼리티, 출산 및 생물학적 어머니 역할 등 생물학적 조건을 억압의 토대로 간주한다. 이러한 급진주의 페미니즘의 입

[*] 이에 대한 논의는 5장에서 다루고 있다.

장은 여성은 여성이기 때문에 억압당하고, 남성은 남성이기 때문에 억압하는 위치에 선다는 본질주의적 함정에 빠져들게 된다. 뿐만 아니라 가부장제의 초역사성을 강조함으로써 여성억압의 역사적 맥락이나 다양한 문화적 조건들을 간과했다는 비판을 받고 있다.

4) 사회주의 페미니즘

사회주의 페미니즘은 자본주의에 대한 마르크스주의자들의 설명을 공유한다. 하지만 마르크스주의 페미니즘과 달리 여성억압과 종속을 설명하는 데 계급뿐 아니라 젠더 요인이 동등한 역할을 하는 것으로 본다. 사회주의 여성주의자들은 마르크스주의 페미니즘이 자본주의가 가부장제로부터 얼마나 이익을 얻고 있는가를 설명해주긴 하지만, 가부장제가 자본주의와 무관하게 작동할 수 있다는 점을 간과하였다고 비판한다. 즉 자본주의 사회가 아닌 사회, 예컨대 사회주의 사회에서 집단으로서 여성이 집단으로서 남성에게 억압당하는 이유를 설명하지 못했다는 것이다.

벨기에의 사회주의 페미니스트들이 1970년대에 사용한 포스터

"사회주의 없이는 페미니즘도 없고 페미니즘 없이는 사회주의도 없다."라는 글이 쓰여 있다.

사회주의 페미니즘은 여성억압의 중요한 요인인 문화적 제도들(예컨대 가족, 섹슈얼리티 등)을 이해하는 데 관심을 둠으로써 마르크스 페미니즘과 급진적 페미니즘의 통찰을 결합시킨다. 사회주의 여성주의자들은 가부장적 억압이 적어도 경제적 억압만큼 근본적이라는 데 동의하면서 이 두 가지가 어떻게 상호 연결되는지를 설명한다. 사회주의 페미니즘은 가부장적 억압과 경제적 억압이 다른 하나에 결정적으로 귀속되지 않는다고 가정함으로써 이원체계론으로 불리기도 한다.

줄리엣 미첼(Juliet Mitchell, 1971)은 여성들의 삶은 생산,

재생산, 섹슈얼리티, 자녀 양육의 핵심적 구조를 둘러싸고 구성되어 있음을 강조한다. 여성의 지위는 경제적인 차원뿐 아니라, 생물학적, 심리적, 이데올로기적 차원이 동시에 결합되는 복합성을 가지며, 따라서 생산양식의 변화만으로 여성해방을 이룰 수 없다는 것이다. 사회주의 국가들이 가부장제의 패배를 수반하지 않고도 존재했다는 점은 이를 뒷받침한다. 때문에 여성해방을 위해서는 경제적 차원의 예속으로부터 해방과 더불어 정신적 혁명을 필요로 한다.

미첼이 경제적 억압과 다르게 작동하는 문화적, 관습적, 정신적 억압의 체계에 주목한다면, 하이디 하트만(Heidi Hartman)은 자본주의로부터 독립적인 물적 토대를 지닌 가부장제에 초점을 맞춘다. 남성들이 여성들을 지배하는 물적 토대는 여성 노동력의 통제로, 통제의 양상은 시기마다 다양하고 역사적으로 변화해왔다. 자본주의 가부장제 사회에서 가부장제는 자본과의 동반 관계를 통해 여성의 노동력을 통제하지만, 이와 같은 동반 관계는 자본의 이해가 가부장제의 이해와 일치하기 때문이 아니라, 자본이 가부장제와 타협한 결과다. 가부장제와 자본의 동반 관계에 따른 가부장적 물적 기초의 예의 하나는 가족임금제도다.

하트만(1989: 48-51)에 의하면 가족임금의 발전은 다음 두 가지 방식으로 남성 우위의 물적 기초를 보장한다. 첫째, 남성은 노동시장에서 여성보다 더 좋은 직업을 구할 수 있고 더 높은 임금을 받는다. 여성이 노동시장에서 받는 낮은 임금은 여성에 대한 남성의 물질적인 이익을 영속시키며 여성으로 하여금 주부를 직업으로 선택하도록 만든다. 둘째, 여성은 가사노동을 하고, 자녀를 양육하며, 남성에게 직접적으로 혜택이 돌아가는 서비스를 가정에서 수행한다. 여성이 가정을 책임진다는 사실은 또 다시 노동시장에서의 그들의 열악한 지위를 강화한다. 노동시장에서 여성의 낮은 임금은 소득결합단위(income pooling unit)로서 가족의 존재를 필수적인 것으로 한다. 따라서 가족임금에 의해 유지되는 가족 때문에 가족 내부에서 그리고 외부에서 남성은 여성의 노동을 통제할 수 있다.

사회주의 페미니즘은 마르크스주의 페미니즘과 급진적 페미니즘의 핵심적 개념들을 통합하여, 자본주의 국가의 여성억압을 설명하는 데 이론적으로 기여했다는 평가를 받고 있다. 이 이론은 여성해방을 위해서는 자본주의를 종식시켜야 한다는 점에서 마르크스주의 페미니즘과 유사하지만, 가부장제가 해체되기까지는 자본주의가 종식되지 않는다는 점을 강조한다. 이러한 입장은 여성해방을 위한 운동의 목표를 두 가지로 분산시킨다는 이유로 비판을 받아왔다. 좀더 최근에 와서는 앞에서 설명한 세 가지 이론들과 마찬가지로 여성의 차이나 다양성을 설명할 수 없는 보편화된 거대 이론이라는 점에서 비판받고 있다.

차이의 정치

1980년대 이후 서구의 여성주의 이론가들은 차이의 정치(Politics of Difference)가 '페미니스트 정치학'에서 핵심적임을 강조하기 시작하였다. 즉 여성들 간의 차이를 인정하고 사회적 소수집단과 그들의 불리한 입장에 대한 인정을 통해서만 진정한 정의가 실현될 수 있다고 보는 것이다. 그동안 배제되어 왔던 소수집단들이 자신의 정체성을 토대로 정치적 행동에 참여한다는 의미에서 '정체성의 정치학(identity politics)'이라고도 한다.

03 '여성'은 누구인가?: 차이의 정치와 여성주의 이론

여성학 논의에서 '차이'는 중요한 개념이다. 특히 서구 제2의 물결 여성주의 이론가들에게 성차는 주요 관심사였으며, 남녀 간의 차이가 생물학에 근거한 본질적인 것인지, 사회문화적으로 구성된 것인지에 대한 질문뿐 아니라 남자와 여자는 같은가, 또는 다른가, 만약 다르다면 무엇이 다른가, 다르지만 평등한 상태는 어떤 것인가 등의 질문을 제기하고 설명하고자 하였다. 앞 절에서 소개한 평등과 차이 논쟁이 바로 그것이다.

그러나 '차이'는 남녀 사이뿐 아니라 여성들 사이에서도 존재한다. 모든 여성이 공유하고 있는 동질적 경험을 설명하고 공통의 억압과 이 억압을 극복하기 위한 공통의 전략을 찾아내려고했던 여성주의 이론가들은 거대 이론을 추구함으로써 여성들 간의 차이를 간과하였다. '여성'이라는 범주를 보편화시키고 때로는 본질화시키는 거대 이론들은 여성들 사이에 존재하는 인종, 민족, 문화, 계급, 섹슈얼리티 같은 여성 내부의 차이를 은폐하는 결과를 가져왔다. 이 절에서 소개하는 논의들은 여성들 간의 '차이'에 주목하면서 여성억압과 경험에 대한 새로운 설명을 하고자 하는 이론적 시도들이다.

1) 여성 내부의 차이를 드러내는 이론적 도전

'여성'은 누구인가? '여성'이라는 범주는 동질적인 경험을 하는 사람들의 묶음인가? '여성'이라는 범주는 고정된 것이며, 절대적인가? 여성성은 무엇이고, 남성성은 무엇인가? 세상에는 '여성과 남성' 또는 '여성성과 남성성' 두 가지만 존재하는가? 여성과 남성은 생물학적 구분인가? 사회문화적 구성물인가? 젠더는 한 개인에게 사회적으로 주어진 것인가? 아니면 끊임없이 구성되는 것인가? 인간의 젠더 정체성은 태생적이고 변하지 않는 것인가?

서구 여성주의 이론가들은 1970년대 후반부터 이러한 질문들은 제기해왔다. 이들은 페미니즘 논의에서 분석 범주로서 '여성'이라는 용어를 사용하는 것이 가능한지 또는 바람직한지에 관한 논쟁을 하였다. 이러한 논쟁은 포스트모던 또는 후기 구조주의의 주체(subjectivity), 정체성(identity), 진리(truth), 지식 생산(knowledge production) 등의 논의에 영향을 받았다. 이들은 어떤 방식으로 사회적 권력관계가 '여성'이라는 범주를 구성하며 여성의 경험과 실재를 구성하는지를 분석한다. 고정된 '여성' 범주나 본질적이거나 진정한 여성의 '경험'이 존재하는 것이 아니라 이는 사회적, 역사적으로 구성된 것이다. 따라서 어떠한 여성주의 입장도 필연적으로 부분적이다. 여성에 대해 생각하는 것은, 지배적 관점에서 기존에 억압되어 왔던 사회의 어떤 측면을 밝히는 것이다. 그러나 우리 중 어느 누구도 '여성(woman)'을 대변할 수 없는데, '남성(man)'과의 관계, 그리고 구체적이고 다양한 여성들과의 관계가 소거된 존재로서의 여성은 실제로 존재하지 않기 때문이다(Flax, 1987).

한편 포스트모더니즘과 후기구조주의 페미니즘에서는 '분석적 범주'로서 여성이 아닌 젠더에 주목하고, 기존의 남성 중심적 이론과 역사가 어떤 방식으로 여성의 경험에 의미를 부여해왔는지를 분석한다(Scott, 1992). 특히 여성성과 남성성이 고정되거나 지각 가능한 의미를 갖고 있지 않다고 보며, 특정한 성질이 여성적이거나 남성적인 것으로 정의되는 과정을 해체해야 한다고 주장한다(프리드만, 2002: 162-163). 그렇다면 젠더 또는 젠더 관계는 어떻게 구성되고 유지되는가? 성별화된 특징이 사회적으로 필수적인가? 분명한 것은 젠더에 대한 물음이 여성억압에 대한 물음과는 다른 문제구성의 방식을 보여준다는 사실이다.

앞에서 소개한 거대 이론과는 달리 포스트모던 및 후기구조주의 페미니즘에서는 보편성, 대표성, 총체성을 경계하며 고정되고 단일한 구조를 전제하기보다는 인간의 행위가 어떻게 제도와 구조를 만들어가는가에 주목한다. 성차에 부착된 의미들은 그 자체가 사회적으로 구성된 것이고 변화 가능하다. 구성되는 젠더의 개념은 수행으로시의 젠더(gender construction through performative gender) 또는 젠더 행하기(doing gender) 등으로 설명한다. 이러한 젠더 개념들은 규범적인 젠더 범주와 일정한 수준의 자유로운 유희가 가능함을 의미한다. 개인은 언어, 몸짓, 그리고 여타 사회적 상징과 역할들을 통해 일상적으로 젠더를 행하며 구성한다. 이러한 과정을 통해 젠더에 대한 가정과 제도를 생산하고 재현한다(Pilcher and Whelehan, 2004).

후기구조주의 및 포스트모던 페미니즘은 남성성과 여성성이 유동적으로 구성되는 개념임을 강조하여 이것들을 고정되고 보편적인 것으로 보는 오류를 지적하고, 그 개인 주체성에 관한 질문을 통해 여성억압이나 젠더 관계에 대한 이론적·실천적 통찰력을 제공한다. 그러나 후기구조주의 및 포스트모던 페미니즘은 페미니즘 정치력을 약화시킨다는 비판을 받아왔다. 여기에는 '여성'이라는 집단적 정체성을 포기한다면 여성억압에 대한 정치투쟁이 불가능해질 것이라는 우려가 섞여 있다. 그러나 결과적으로 포스트모던 페미니즘은 단일한 여성 집단이라는 신화가 실은 백인 중산층이라는 부분적인 여성 주체를 가정하고 있었음을 드러냄으로써 더 다양한 위치에 있는 다수의 여성 주체를 등장시키는 계기를 만들게 된다. 따라서 향후 여성주의의 방향은 우려와는 달리 더 다양한 의제와 운동과 주체를 열어가는 방향으로 나아갈 수 있다.

2) 백인 중심주의를 넘어서: 상호교차와 횡단의 정치

성 차이뿐만 아니라 여성 내부의 차이에 주목하는 여성주의 논의들은 여성들 간의 분리와 차이를 가져오는 사회적 위치들에 초점을 맞추고 다중적 정체성과 억압의 중층적 구조를 분석한다. 개인의 삶은 젠더 하나만으로 구성되지는 않는다. 젠더, 인종, 계급, 섹슈얼리티, 민족적 배경, 국적, 그리고 여타 사회적 경험 등이 분리되지 않고 동시적, 다중적으로 작용한다.

우리나라 대학생이며 동성애자인 한 여성을 예로 들어보자. 이 사람은 젠더 구분상 '여성'이면서, 제3세계 여성이며, 황인종 여성이며, 아마도 중간계급 여성(고학력자이므로)이며, 레즈비언이다. 이 여성은 다양한 정체성을 지니고 있으며 상황에 따라 재현되는 정체성과 사회적 위치가 달라진다. 이 사람은 가부장적 성격이 강한 우리 사회에서 여성으로서 억압받고, 유색인종이며 제3세계 여성이라는 점에서 '서구의 시선'으로부터 타자화된다. 한편 이성애 규범이 강력한 우리 사회에서 동성애자로서의 정체성은 억압과 차별을 동반한다. 반면 대학생이라는 정체성은 학력이 낮은 사람들에 비해 특권적 지위를 부여한다.

사회적 위치의 상호교차성에 주목하는 페미니즘 논의들은 제1의 물결과 제2물결의 페미니즘 이론들이 백인 중간계급 여성들의 경험

서구의 시선 아래

나는 여기에서 분석하는 페미니즘(서구의) 저술들이 물질적으로나 역사적으로 이질적인 제3세계 여성들의 삶을 담론적으로 식민화하고 있음을 말하고자 한다. 이들 저술에서 만들고 재현하는 단일한 '제3세계 여성'의 이미지는, 임의적으로 구성된 것처럼 보이지만 사실은 서구 휴머니즘 담론의 권위적 서명을 수반하고 있다.

나는 제3세계 여성에 관한 서구 페미니즘 연구가, 한편으로는 특권적이며 자민족 중심적 보편성에 대한 가정, 다른 한편으로는 서구가 지배하는 세계체제라는 맥락에서 '제3세계'에 대한 서구 학문의 영향에 대한 부적절한 자의식을 그 특징으로 한다고 주장한다. 가부장제나 남성 지배라는 통문화적(cross-culturally)이며 유일한 개념을 가지고 '성차(sexual difference)'를 분석하는 것은, 이른바 '제3세계 차이(the third world difference)'라고 하는 것을, 영속적이고 몰역사적인 어떤 것이(구조, 제도 등을 말함 – 저자 주) 이들 나라 여성들 전부는 아닐지라도 대부분을 억압하는 것으로 보는 환원적이며 동질적인 개념으로 이끈다. 바로 이 '제3세계 차이'의 생산을 통해서, 서구 페미니즘은 계급, 종교, 문화, 인종, 카스트 등에 의해 다르게 나타나는 제3세계 여성들의 삶의 복잡함과 갈등을 전유하고 식민화한다. 서구 페미니즘 담론은 제3세계 여성의 억압에 대한 동질화와 체계화의 과정을 통해 큰 권력을 행사해왔다. 따라서 이 권력은 다시 정의되고 새롭게 명명되어야 한다.

Chandra Talpade Mohanty(1984), "Under the Western Eyes: Feminist Scholarship and Colonial Scholarship," pp. 334-335.

2005년 6월 한국여성학회와 이화여자대학교 주관으로 '경계를 넘어서: 동-서/남-북 (Embracing the Earth: East–West, South–North)'이라는 주제로 제9차 세계여성학대회가 열려, 75개국의 여성학자, 여성운동가 등 총 2500여 명이 참석하였다. 아시아 지역에서 처음으로 열린 서울 대회에서는 여성들 간의 차이를 인정하면서 동시에 지구적 페미니스트 연대를 모색하였다.

을 토대로 과도하게 일반화하는 경향이 있다고 비판한다. 즉 제1의 물결과 제2물결 페미니즘 이론들은 그 사상과 행동의 기반을 유럽과 북미 백인 여성들의 삶에 두고 있어 유색인종이나 노동자계급 여성들의 삶의 경험을 간과하는 결과를 가져왔다. 또한 이러한 논의들은 제3세계 여성들의 삶과 경험, 그리고 그 삶이 식민주의 환경에 의해 어떤 영향을 받아왔는지를 간과한다. 사실상 제2의 물결 페미니즘의 주체가 되었던 본질적 여성은 백인, 중산층, 이성애자다. 이러한 배경에서 유색인(women of color) 페미니즘, 흑인 페미니즘, 레즈비언 페미니즘, 탈식민(postcolonial) 페미니즘, 다문화주의 페미니즘, 다인종주의(multiracial) 페미니즘 등이 등장하였다.

이 이론들은 구체적 내용에서 다소 차이가 있으나, 공통점은 사회에는 다양한 억압 구조가 존재한다는 점, 그러나 이들 중 하나의 억압 구조가 가장 우선하거나 가장 왜곡된 것으로 보는 억압의 위계에 반대한다는 것이다. 여성주의 이론 작업은 사회적 지위들 중 어느 하나만을 볼 수 없거니와 그것들을 하나씩 차례로 추가해갈 수도 없다고 주장한다. 이들의 상호교차성은 복합적인 효과가 있을 뿐 아니라 각각이 하나의 사회적 위치를 구성하기도 한다. 어떤 사회적 위치들이 다른 것들보다 더 억압적인 이유는 중층적 지배체제와 복합적 효과 때문이다. 가령 젠더, 인종, 민족 배경, 사회계급이 복합적인 위계체계를 구성하고 있는 사회(예컨대 미국)에서는 상류 계급의 백인 남성과 백인 여성은 유색인종, 다양한 민족적 배경을 가진 이민자 여성과 남성을 억압한다. 그리고 백인 남성은 백인 여성을 억압한다. 이처럼 억압과 착취의 구조는 다중적이며, 젠더는 특권과 차별을 가져다주는 여타 사회적 지위들과 얽혀 있으며 결코 분리되어 작동하지 않는다.

하지만 여성들 사이의 차이를 인식한다고 해서 여성 공통의 목표를 향한 투쟁이 전혀 불가능해지는 것은 아니다. 여성 공통의 목표를 위해 차이들을 가로질러 제휴하는 일이 필요하며 또 가능하다고 보는 것이 횡단의 정치(transversal politics) 모델이다.

1. 우리 사회에서 볼 수 있는 성 불평등의 사례를 들고 그 원인과 배경을 설명해보자. 이 장에서 검토한 이론들이 얼마나 유용한지 토론해보자.

2. '이슬람 여성들이 베일을 쓰는 관습은 이슬람 문화권이 얼마나 여성들에게 억압적인가를 보여주는 증거다.' '서양 여성이나 일본 여성은 결혼하면 남편의 성(姓)을 따르는데 한국 여성은 결혼 후에도 자신의 성을 지키는 것을 보면 한국 여성의 지위가 높은 것을 나타내는 것이다.' 이러한 진술들을 '차이'의 맥락에서 토의해보자.

3. 페미니즘은 정치적 실천을 포함한다. 여성들 간의 차이를 강조하는 것이 우리 사회 여성운동에 어떤 영향을 미칠 수 있는지 토론해보자.

📚 더 읽을 책

거다 러너(김인성 옮김)(1998), 『역사 속의 페미니스트』, 평민사.

거다 러너(강세영 옮김)(2004), 『가부장제의 창조』, 당대.

로즈마리 통(이소영 옮김)(2000), 『페미니즘 사상: 종합적 접근』, 한신문화사.

리타 펠스키(김영찬 외 옮김)(1998), 『근대성과 페미니즘』, 거름.

마리아 미스·반다나 시바(손덕수·이난아 옮김)(2000), 『에코페미니즘』, 창비.

스피박(태혜숙 옮김)(2003), 『다른 세상에서』, 여이연.

실비아 월비(유희정 옮김)(1990), 『가부장제 이론』, 이화여자대학교 출판부.

앨리슨 재거(지역여성연구회·공미혜·이한옥 옮김)(1994), 『여성해방론과 인간본성』, 이론과 실천.

유제분 엮음(김지영 외 옮김)(2001), 『탈식민 페미니즘과 탈식민 페미니스트들』, 현대미학사.

제인 프리드먼(이박혜경 옮김)(2002), 『페미니즘』, 이후.

조한혜정(1998), 『성찰적 근대성과 페미니즘』, 또하나의문화.

찬드라 탈파드 모한티(문현아 옮김)(2005), 『경계 없는 페미니즘: 이론의 탈식민화와 연대를 위한 실천』, 여이연.

한국영미문학페미니즘학회(2000), 『페미니즘: 어제와 오늘』, 민음사.

🎬 추천 영상물

〈나의 페미니즘(My Feminism)〉 로리 콜버트 감독, 캐나다, 1997, 다큐멘터리, 55분.

〈속도 무제한 페미니즘(Unlimited Girl)〉 파로미타 보라 감독, 인도, 2002, 다큐멘터리, 94분. *제8회 서울여성영화제 상영작.

〈이슬람 여성〉 SBS 특집다큐멘터리, 2005.

〈죽음을 향한 기도 – 죽음을 기다리는 인도의 과부〉 Q채널, 1997.

2부

문화적으로 구성되는 젠더

3장 '여자'와 '남자'의 탄생

성별에 따른 고정관념이 점점 사라지고 있지만 아직도 우리 주변에서는 다음과 같은 경우를 어렵지 않게 볼 수 있다.

"이 결혼, 안 됩니다. 군대에서 상관으로 모신 사람을 아내로 맞이하는 거 싫어요. 우리 하남이가 떠받들고 쩔쩔매는데 엄마로서 그런 거 싫네요. 더구나 군인 며느리 생각도 못했어요. 혹시 군인 그만둘 생각 없어요?" (드라마 〈소문난 칠공주〉 중에서)

"당신은 남잔데 간호사라고? 무슨 남자가 간호사야?" (영화 〈미트 페어런츠 2〉 중에서)

"혹시 게이예요? 그럼, 그냥 애보는 남자란 말이에요?" (미국 드라마 〈프렌즈 9〉 중에서)

예문에도 나온 것처럼 사람들은 여자 군인, 여자 버스운전사, 남자 간호사, 남자 베이비시터 등을 만나면 유별난 관심을 보이고 심지어 "여자(남자)가 왜?"라는 반응을 보인다. 왜 사람들은 특정 직업과 성별을 연관지어 생각할까?

01 차이에서 차별까지

1) 성별 조장하는 사회

저기 한 사람이 걸어온다. 사람들은 대부분 그가 여자인지 남자인지 한눈에 구분할 수 있다. 이런 구분은 어떤 기준에 근거한 것일까? 18세기 이후 생식기와 염색체 같은 생물학적 차이가 여성과 남성을 가르는 기준이 되어왔다. 그러나 사람들은 멀리서 걸어오는 사람의 생식기를 굳이 눈으로 보지 않아도, 그 사람의 염색체가 XX인지 XY인지 확인해보지 않아도 성별을 알 수 있다. 어떻게 이런 일이 가능할까?

오늘날 우리 사회에서 여성인지 남성인지 구별하지 않고는 정상적인 사회 구성원으로서 생활을 해나가지 못한다. 직장을 구할 때, 인터넷 포털 사이트에 회원으로 가입할 때, 은행에 계좌를 만들 때, 휴대전화를 구입할 때 반드시 주민등록번호가 있어야 한다. 이 사회의 구성원임을 확인해주는 주민등록번호의 뒷자리는 여성과 남성을 구분하는 숫자로 시작된다. 이처럼 성차는 사회를 구성하는 하나의 원리로 작동하면서, 단순히 심리적 차원의 정체성에만 영향을 끼치는 것이 아니라 사회 성원으로서 자격을 부여하는 실질적 기능까지 담당한다. 이런 이유로 사람들은 여성과 남성이라는 성별 구분이 아

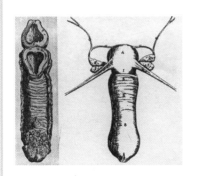

17세기 인체 해부도에 나타난 여성 생식기

왼쪽은 음경 모양의 질. 오른쪽은 질과 자궁. 이처럼 17세기 인체 해부도에는 여성의 생식기가 남성의 것과 거의 비슷하게 그려졌다. 4세기 전에는 남녀 생식기가 유사했던 것일까? 아니다. 여성과 남성의 생식기를 다르게 보는 차이의 의미 체계가 없었기 때문이다.

주 당연하다고 생각한다.

그러나 사람이 여성 또는 남성으로 구분되어 태어난다는 믿음은 그리 오래된 것이 아니다. 이는 16세기 이후 생물학에서 만들어낸 성별(sex) 범주에서 시작되었다. 염색체와 생식기, 호르몬같이 성별을 구분해주는 생물학적 개념은 18세기 이후 자연과학이 발전하면서 등장했다.

2) 여성도 남성도 아닌 사람들

여성과 남성이라는 성별 구분 자체에 들어가지 않는 사람들이 있다. 여성과 남성의 생식기를 모두 가지고 태어난 남녀추니가 그런 경우다. 이들은 출생 시나 그 이후에(주로 유아기가 됐을 때) 여성 또는 남성의 삶을 선택한다. 하나의 성으로 확정하는 시술을 받음으로써 남성이나 여성 가운데 한쪽의 성을 가지게 되는 것이다. 이때 여성을 선택하는 비율이 높은데, 여성은 사회생활을 하면서 몸을 노출할 일이

인도의 제3의 성 히즈라

힌두교 신화에 등장하는 많은 신들의 모습은 여자도 남자도 아닌 모호한 유형으로 등장한다. 이러한 종교 문화에서 과거의 인도 사회는 히즈라의 모호성을 '이상함'이 아닌 '다름'으로 인정했다. 이는 히즈라가 자신의 성별 정체성이나 사회적 역할에 자긍심을 갖게 하는 원천이었다. 히즈라는 사회에서 공식적으로 부여한 역할, 즉 주로 결혼식이나 아기가 태어난 집에 찾아가 공연을 해주거나 종교 의례를 수행했다.

　과거에는 일반인뿐 아니라 국가 권력층까지도 히즈라를 경외했다. 그러나 서구의 젠더 이분법체계가 인도에 들어오면서 히즈라의 위치는 하락하고 만다. 서구적으로 근대화된 인도의 힌두교는 히즈라를 매춘의 거리로 내몰고 있다. 영국이 인도를 식민통치하기 시작하면서 이들의 성적 특성은 종교적 색채를 벗어나 '성적 도착'으로 여겨지기 시작했다. 지금은 히즈라를 바라보는 일반인의 태도가 종교적인 것에서 성적인 것으로 바뀌었다.

상대적으로 적기 때문이다. 이들이 한쪽 성을 택하는 이유는 성별이 사회 구성의 기본 원리인 사회에 적응하기 위해서다. 이들에게 성별은 '타고나는 것'이 아니라 '결정하는 것'이다.

　남녀추니에게 있어 성별은 강요된 편입이다. 그러나 여러 개의 성별 구조를 갖춘 사회라면 이야기는 달라진다. 인도에는 여성도 남성도 아닌 제3의 성으로 히즈라(hijra)라는 성별이 있다. 히즈라는 자신들이 거세를 통해 새로운 성 정체성과 영성을 얻은 존재라고 여긴다. 그들은 거세 의례를 니르반(nirvan)이라 부르는데 니르반은 무욕과 평정의 상태를 뜻한다. 진정한 히즈라는 크리슈나 여신을 모시며 성욕을 초월한 채 평생을 살아간다. 인도의 힌두교는 모호함을 에너지의 원천으로 여기며, 이질적인 것을 배척하기보다 공존하기를 지향한다.

문화 제국주의

문화적 다양성을 존중하지 않고 특정 문화를 중심으로 다양한 문화들 간의 위계를 만드는 것. '미개'한 인종을 '문명화'시킨다는 명분 하에 경제적, 문화적 침략을 정당화하여 식민 지배의 원리로 작용했다.

북아메리카의 버다치(berdache), 오만의 한에쓰, 타히티의 마후(mahu) 등 히즈라와 유사한 젠더 유형은 세계 곳곳에 존재한다. 중앙아시아에는 바카(baccha, 터키어로 '어린이'라는 뜻)라 불리는 12~16세의 소년들이 화려한 옷과 화장을 하고 성적인 노래와 춤을 공연하는 전통이 있었다. 이들은 트랜스젠더를 표현하는 것으로 여겨졌고 몇몇 인류학자들은 동성애로 보기도 했다. 서구 중심의 젠더 이분법을 경계하는 일부 학자들은 이들을 제3의 성으로 부르자고 제안하는데, 그러한 제3의 성역할 개념은 근대화 및 서구화와 밀접히 연관된다. 여성과 남성이라는 양성, 그리고 양성의 위계를 요구하는 문화 제국주의의 영향으로 다양한 성별의 존재가 사라지고 양성 체계로 편입된 것이다. 하지만 앞에서 얘기한 다양한 젠더 양식이 존재한다는 사실은 이분법적인 젠더 체계가 시공간을 초월한 보편적 현상이 아니라는 점을 보여준다.

만약 인도를 방문한 한국 사람이 히즈라를 만난다면 히즈라를 남자 같은 여자나 여자 같은 남자라고 생각할 것이다. 인간을 두 가지 성별로만 구분하는 사회의 시각으로 보면 모든 사람은 여자나 남자여야 하기 때문이다. 그러나 우리가 인간을 여성 또는 남성이라는 성별로 분류하고 인식하는 것은 그런 분류가 원래부터 우리 유전자에 각인되어 있었기 때문이 아니다. 사회가 여성과 남성으로 범주화하는 의미 체계를 구성하고 그 체계 안에 구성원들을 계속해서 편입시키기 때문이다.

3) 섹스와 젠더

여성학은 여성과 남성이라는 단순한 성차가 불평등을 야기하기까지 사회의 특정한 이해관계가 개입되었다는 비판적 문제의식에서 출발한다. 불평등한 성별의 위계가 개인 차원이 아닌 사회 차원의 문제임을 환기하고자 한 여성학의 첫 번째 작업은 생물학적 성별과 사회적 성별을 구분하는 일이었다. 이를 위해 여성학자들은 생물학적 성별로서의 섹스(sex)와 사회적 성별로서의 젠더(gender)를 구분했다. 이로써 여성과 남성 사이의 성차가 본질적인 것이 아니라 사회문화적 과정을 통한 구성물임을 주장할 수 있게 되었다. 이는 곧 여성의 사회적 열등함과 남성에 대한 종속을 정당화시킨 생물학적 결정 논리를 깨는 혁명적 인식의 출발점이었다.

초기 페미니즘은 생물학적으로 타고나는 성별과 사회적으로 구성되는 성별 정체성을 구분해 전자를 섹스로, 후자를 젠더로 개념화했다. 즉 생물학을 기준으로 인간을 여성과 남성의 범주로 분류하는 일련의 사회·문화·정치적 과정을 젠더(사회적 성별)로 이해했다.

여성성과 남성성이 사회적으로 구성된다고 할 때 개인과 사회의 관계는 어떠할까? 사회는 각 개인의 문화를 지배하는 총체적이며 통일된 주체이고, 개인은 사회적 각본이 쓰이는 텅 빈 백지에 불과할까? 그렇지 않다. 각 개인은 사회의 의미체계, 즉 각본을 적극적으로 선택하고 실천함으로써 자신을 성별화된 주체로 구성해간다. 사회적으로 구성된다는 것은 그 사회의 문화가 개인의 삶에 고스란히 들어와 유지된다는 말이 아니다. '구성'은 개인의 구체적인 실천을 통해 매일 그리고 매순간 이루어진다. 오락실 앞에서 펀치를 날리는 남성은 그 순간 '강한 남성'이라는 사회화된 남성성을 실천함으로써 자신을 남성으로 구성해간다. 화가 나는 상황에서 또박또박 분노를 표현하는 대신 울어버리는 여성은 그 순간 우는 행위를 통해 자신을 여성으로 구성해간다.

그런데 초기 페미니즘에서 제기한 섹스-젠더 구분은 새로운 난관에 봉착했다. 이 또한 남성과 여성이라는 성별 이분법에 기반을

생물학적 결정론

생물학이 운명을 결정한다는 사고. 인간의 성격이나 사회는 대부분 혹은 모두 인간 생리 기능의 요구에 지시받으며 남성성과 여성성 사이에는 본질적으로 변하지 않는 차이가 있다고 본다. 여성이 남성에게 의존하거나 사회적으로 주변화되는 것이 근본적으로 생물학에 의해 결정된 자연스러운 이치라고 설명함으로써 여성억압의 사회적 정치적 측면을 정당화하는 기능을 수행해왔다. 그러나 문화인류학자와 페미니스트들은 이런 현상이 특정 사회의 문화에 의해 구성되는 것이라고 설명하였다.

두고 있다는 비판이 제기되었기 때문이다. 특히 후기구조주의 페미니즘에서는 성별 이분법이 다양한 성별 정체성을 추구하는 성적 소수자에 대한 억압을 재생산한다고 지적했다.

이러한 문제 제기 이후 생물학적 성차를 의미하는 섹스 개념 자체를 젠더의 산물로 바라보는 관점이 형성되기 시작했다. 즉 인간이 반드시 여성이나 남성 가운데 하나로 태어난다는 믿음은 생물학적 사실을 기반으로 한 것이 아니라 인간을 여성과 남성이라는 이분법적 틀 안에 가두려는 사회적 인식이 만들어냈다는 것이다.

이를 계기로 여성학의 문제의식은 한 걸음 앞으로 나아간다. 그때까지 성차에 대한 여성주의의 질문이 '왜 여성은 여성으로 길러지고 남성은 남성으로 길러지는가'였다면, 이제는 이에 앞서 '왜 인간을 남성 또는 여성이라는 단 두 가지의 성별 범주로만 인식해야 하는가'라는 질문이 제기된 것이다.

인간을 여성과 남성이라는 두 가지 성별로만 인식하는 것은 인간의 타고난 생물학적 특질에 따른 자연적 결과가 아니라 인간을 단 두 가지 성별만으로 나눈 사회적 고안, 즉 젠더의 결과다. 그렇다면 왜 사회는 여성과 남성이라는 범주를 고안했으며 그것의 사회·정치적 효과는 무엇일까?

4) '성차'라는 신화 깨뜨리기

어느 날 잠에서 깨어나니 나의 성별이 바뀌어 있다고 가정해보자. 사람들이 이전과 다르게 나에게 하는 말과 하지 않게 된 말이 있다면 어떤 게 있을까? 새롭게 선택할 수 있거나 선택할 수 없게 된 직업이 있을까? 연애 관계에서 해서는 안 될 일과 할 수 있게 된 일이 있을까? 남자 대학생들은 데이트 할 때 돈을 많이 쓰지 않아도 된다거나, 건설회사 쪽으로는 가지 않을 것이라고 말한다. 주변에서 "왜 그렇게 깔끔하지 못하냐?", "담배 피우지 마라"라는 말을 할 것 같다고도 이야기한다. 여자 대학생의 경우는 자유롭게 여행을 다닐 수 있을 것 같다, 슬픈 영화를 보고 울어선 안 될 것 같다고 말한다.

이렇듯 성별이 바뀌면 어떤 일이 가능해지거나 불가능해진다고 판단하는 근거는 무엇일까? 그리고 그 근거는 타당한 걸까? 사람들이 남성에게 기대하는 것과 여성에게 기대하는 것은 왜 다를까? 여성은 왜 남성보다 감정적이고 덜 이성적이며 수동적인 존재로 여겨질까?

근대 과학과 의학은 여성과 남성의 차이를 과학적인 것으로 보이게 하려는 작업을 무수히 진행해왔다. 역사적으로 여성들은 남성에 비해 열등한 존재로 여겨졌다. 이는 성차를 극대화하고 차이를 위계화하려는 사회적 분위기 탓이었다. 성차의 위계화는 여성에 대한 남성의 통제와 지배를 정당화하는 원리가 되어왔다. 여성의 열등성을 입증하고자 하는 남성 중심적 욕망은 다양한 연구로 이어졌고, 그 결과로 나온 지식들은 성별 권력관계를 탄탄하게 뒷받침하고 유지하면서 지식과 권력의 상호작용을 이루어냈다.

19세기 이래로 과학계에서는 여성과 남성의 유전자나 호르몬 등의 차이를 남성성과 여성성의 특질을 결정짓는 원인으로 확립하는 기획을 시작했다. 그 결과 이전에는 한 몸으로 인식되던 여성과 남성은 확연한 신체적 차이가 부각된 다른 성별로 인식되기 시작했다. 이어지는 예들은 그러한 작업을 단적으로 보여준다. 물론 이제는 이것이 과학적 사실이 아닌 억지 이론임이 밝혀졌지만, 오늘날에도 이러한 신화들은 여성과 남성 사이의 차이와 위계를 주장하는 방편으로 사용된다.

**뇌의 크기와
지적 능력**

남녀를 떠나 뇌의 크기나
무게는 지적 능력과 연관
성이 크지 않다. 실제로
2002년에 영국 옥스퍼드
대학의 연구에 따르면 천
재 아인슈타인의 뇌는 일
반인 뇌의 평균 무게보다
도 가볍다고 한다.

성차의 신화 1

19세기 후반의 신생 과학인 심리학은 성차에 대해 연구하기 시작
했다. 이때 심리학이 주력한 부분은 여성이 지성(知性)에 약하고 감
정에 강하다는 것을 설명하는 일로, 여성의 뇌에서 그와 관련된 결
함을 밝히고자 했다. 많은 연구자들은 남성의 뇌 용량이 여성보다
크고 따라서 남성이 여성보다 영리하다는 주장을 내놓았다.

• **반론:** 일부 연구자들은 같은 남성이라도 키와 몸무게에 비례해
뇌의 크기가 각각 다르다는 점을 밝혀냈다. 그리고 뇌의 무게와 몸
무게의 비율을 따져볼 때 상대적으로 여성의 뇌가 더 크다는 사실이
밝혀졌다.

성차의 신화 2

여성은 생리 때문에 남성에 비해 감정 기복이 심하며 수동적이고,
불안, 긴장감, 초조, 우울, 적대감을 더 많이 갖는 경향이 있다. 여성
들의 급한 성미나 급격한 심리적 변화는 월경 주기를 두고 일어나는
호르몬의 변화와 관련된다. 생리 기간 중 감정이 불안해지는 것은
수많은 여성들의 특징이다. 생리는 여성과 남성 사이의 지적 성취를
가르는 기준이 된다.

• **반론:** 1960년대 영국의 한 대학에서 남성과 여성 들을 상대로
그날의 신체적·감정적 증상에 대해 질문했다. 대상이 된 사람들 가
운데 절반은 그 연구가 생리와 관련 있음을 알고 있었고 그들이 받
은 질문지에도 '월경 고통에 관한 질문지'라는 제목이 붙어 있었다.
나머지 절반에게는 일상생활의 건강 리듬을 다루는 연구라고 말하
고 제목이 없는 동일한 질문지를 제공했다. 생리 연구임을 알았던
집단의 생리 전 여성들은 생리 중인 여성들보다 고통 지수가 더 높
게 나타났다. 반면 연구의 목적을 모르는 집단의 생리 전 여성들의

점수는 같은 집단에 있는 생리 중인 여성들과 차이가 없었으며 이들 여성들의 점수는 남성들의 점수와 비교해도 전체적으로 크게 다르지 않았다. 1960년에 영국의 의사 돌턴은 한 영국 여학생 집단의 27퍼센트가 배란기보다 생리 직전에 더 낮은 시험 점수를 받았다고 보고했다. 그러나 그 집단의 56퍼센트는 시험 점수에 아무 변화도 없었고 17퍼센트는 생리 전에 더 높은 점수를 받았다. 돌턴은 보고서 마지막에 이 사실을 덧붙였지만, 과학자들은 이 연구를 인용할 때 73퍼센트에 해당하는 후자는 중요하게 여기지 않았다.

성차의 신화 3

태아기의 성 호르몬(남성의 경우, 안드로겐과 테스토스테론, 여성의 경우 프로게스테론과 에스트로겐)이 아이의 성 정체감을 자동적으로 결정짓는다. 여성호르몬은 사람을 감정적이고 수동적이게, 그리고 성적으로 피동적인 성향을 띠게 만든다. 반면 남성호르몬은 능동적이며 공격적인 성향을 띠게 만든다.

• **반론:** 존스홉킨스 대학의 머니(John Money) 박사와 콜롬비아 대학의 에르하르트(Anke A. Ehrhardt) 교수는 양성의 성징을 지니고 태어난 아이 두 명의 성장 과정을 관찰해 그 결과를 발표했다. 의사와 부모는 두 아이 중 한 명은 남자아이로 기르기로 결정하고 다른 아이는 여자아이로 기르기로 결정했다. 여성으로 정한 아이는 음핵 교정 수술을 받은 뒤 소녀로 길러졌고 남성으로 정한 아이는 남근 복원 수술을 받은 뒤 소년으로 길러졌다. 머니와 에르하르트에 따르면 두 아이는 각기 다른 성역할을 보이며 자라났다.

사회생물학은 남성의 지배나 여성과 남성에 대한 성적 이중 기준, 모성 등이 모두 생물학에 근원을 둔다고 주장하는 지식 체계다. 사회생물학에서 보기에 인간의 행동과 태도, 기질 등은 인간이 환경에 적응해가는 과정에서 진화해온 전략적 산물이다. 이는 다윈(Charles Robert Darwin)의 진화 이론 계보에 놓여 있다. 다윈은 『종의 기원(Origin of Species)』에서 왜 종들이 현재와 같은 방식으로 존재하는가를 질문했다. 그리고 자연의 선택 법칙으로 이를 설명했다. 기존의 종들 안에서 환경에 적응하는 특성을 가진 개체가 자연환경에 의해 선택되면 그 특성들이 그 종의 집단에 퍼진다는 것이다. 따라서 적합한 특성을 지니지 못한 개체들은 재생산되기 이전에 죽거나 도태되고 결국 사라진다. 사회생물학자들은 인간의 행동 가운데 많은 부분이 개인 특유의 유전자가 살아남는 방식으로 움직인다고 본다.

'남성은 적극적이고 성욕이 강하며 이성적이고 수리에 강하다', '여성은 수동적이고 성욕이 약하며 감정적이고 언어에 강하다' 등 성차를 둘러싼 사회적 신념을 19세기 이후 이론적으로 뒷받침한 것이 사회생물학이다. 사회생물학은 전통적인 생물학 이론들과 사회학 이론을 연결함으로써 사회 행위를 생물학 법칙에 기초해 설명하고자 했다. 이들에 따르면 사회 현상과 개인은 이기적 유전자의 근본 법칙에 따라 움직인다. 유전자는 가장 기초적인 생화학 수준에서 어떤 특성의 발달에 영향을 미치는 DNA 분자의 한 구성 요소로, 유전의 기본단위다. 사회생물학자들은 이러한 사고를 밀고나가 모든 사회 현상에 유전자가 존재하며 사회 행위 일체를 유전자로 설명할 수 있다고 주장한다. 이들의 주장에 따르면 남성적 본성과 여성적 본성 또한 생물학적으로 규정된 것이다.

사회심리학자 캐럴 타브리스(Carol Tavris)는 인간은 모든 것이 명백하고 용이할 때는 규칙을 만들지 않고, 대안 가능성이 있을 때만 어떠한 규칙을 만들어낸다고 했다. 만일 본질적으로 여성이 남성보다 열등하다면 그렇게 많은 과학자가 여성의 열등성을 입증하려 노력하지 않았을 것이다. 마찬가지로 여성과 남성의 본질적인 차이가 한쪽의 지배와 통제를 보장한다면 한쪽의 열등성을 주장하는 노력이 필요하지 않을 것이다. 생물학 결정론자들의 이야기가 옳다면 건축에서 남성이 더 높은 지위를 차지하는 것은 남성들의 타고난 시공간 능력 때문이라고 할 수 있다. 그렇다면 또 다른 종류의 시공간 능력을 요구하는 바느질은 왜 남성들에게 맡기지 않을까? 반대로 여성들이 관계나 언어 관련 능력을 타고났다면 그래서 아이를 기르는 데 남성보다 자질이 뛰어나 양육을 책임져야 한다면, 이 기술은 여성들을 정상의 정치가나 외교관으로 만들어줄 수도 있다.

모든 과학적 관찰과 실험에는 그것을 행하는 과학자나 연구자, 관찰자가 몸담고 있는 공동체의 특정한 가치와 이해관계가 개입되기 마련이다. 기존의 실증주의 방법론에 도전한 철학자 쿤과 파이어아벤트에 따르면 모든 과학적 지식은 그 지식이 생산된 지식 공동체의 가치와 전제에서 분리될 수 없다. 이 주장을 조금 더 발전시킨 여성주의 인식론자 하딩(Sandra Harding)과 해러웨이(Donna Haraway)는 사회생물학을 비롯한 지식 체계는 여성에 대한 지배라는 가부장적 목표와 분리될 수 없는 불평등한 성별 권력관계의 반영물이라고 본다.

이렇듯 사회생물학의 생물학 결정론에 반기를 든 학자들은 성차를 생물학이 아닌 사회화와 연관시킨다. 그들은 성차가 이 사회의 언어, 매체, 교육 등이 내보내는 성역할 메시지들과 그것이 가진 사회적 보상과 처벌에서 나온다고 설명한다. 이렇게 볼 때 성차를 위계적으로 만드는 것은 생물학이 아니라 권력이다.

02 문화 속에 자리 잡은 성역할

내가 숙녀가 아닌(아니고 싶은) 이유

숙녀들은 창백한 피부에 하얀 장갑을 끼고 있다.
그들은 찬장을 닦는
검은 피부의 여자들이 잊어버렸거나 속였는지 확인하기 위해
그 찬장 꼭대기를 문질러본다.

숙녀라면 욕을 하지 않듯이
마찬가지로 숙녀는
의자 팔걸이에 다리 하나를 얹은 채
앉지 않는 법이다.

숙녀는 자동차를 고치지 않고, 다리를 만들지도 않고, 전깃줄을 배선
하지도 않는다.
숙녀는 대통령이 아니라 영부인이 된다.

똑바로 앉아라, 젊은 숙녀들아!
다리를 꼬아라(우선 다리를 면도하라).
이마의 그 주름을(필요하다면 수술로) 제거하라.
목소리를 낮추어라.
미소를 지어라.

(누군가 왜 숙녀용 화장실로 기어 들어가는지 묻는다면, 코에 화장분을 발라
야 하기 때문이라고 말해라)

자신을 숙녀라고 불러라.

그러면 그가 너를 보호할 것이고

너를 존경할 것이고

너를 떠나지 않을 것이다.

하지만 청소하는 숙녀는 누가 보호해줄까?

왜 대학에 숙녀학이 없는지

이상하지 않은가?

나는 여자로 남아

그 기본적인 말을 간직하리라.

다른 여자들은 너무 더러워 깨끗이 닦아내고

그래서 숙녀로 불리고 싶어 하는 그 말을.

진짜 여자가

남자의 달러에서 일 달러를 벌 수 있을 때까지

진짜 여자가 자신의 몸을 자신의 것이라고 부를 수 있을 때까지

진짜 여자가 평화롭게 여자를 사랑하고

두려움 없이 남자를 사랑할 수 있을 때까지

진짜 여자가 그녀의 등이 아니라 별들에 마음을 두고

어두운 거리를 걸어갈 수 있을 때까지

나는 숙녀란 거짓말이라는 것을 알아내리라.

ー셰릴 클라인만(Sherryl Kleinman), 『페미니스트 프론티어(*Feminist*

  Frontier)』 중에서

성역할

성역할은 남녀가 맡은 각기 다른 고유의 사회적인 기능을 가리킨다. 이 개념에 따르면 남성적 또는 여성적이라는 특징이나 기질은 태생적으로 결정되는 것이 아니라 사회적으로 부여된 것이다.

앞의 시는 외모, 태도, 기질, 역할이 성별에 따라 나누어진 문화가 여성들의 삶을 어떻게 통제하는지를 상징적으로 보여준다. 숙녀로 대접받고 보호받는다는 것은 결국 여성 자신의 삶에 대한 선택권이 남성에게 넘어간다는 것을 의미한다. 보호의 또 다른 표현은 통제다. 보호라는 미명하에 여성들은 스스로 삶을 계획하고 상상하고 책임질 기회를 박탈당한다. 성역할은 단순한 역할 구분을 떠나 한 인간을 주체적으로 살게 하거나 그렇지 못하게 만드는 효력을 발휘한다. 성역할이 우리 사회의 문화를 구성하는 원리로서 어떻게 작동하는지를 살펴보자.

성역할이 사회적으로 구성되었다 하더라도 차별과 불평등을 야기하지 않는다면 굳이 문제될 이유는 없다. 그러나 여성과 남성을 둘러싼 성차에 대한 오해와 이를 토대로 한 문화적 규범은 성역할을 규정함으로써 사회적 불평등을 만들어낸다. 성차가 문제가 되는 이유는 여기에 있다.

성차를 어떻게 이해하는가의 문제는 개인과 세계의 관계를 어떻게 보는가와 연관된다. '나는 생각한다. 그러므로 존재한다'와 같은 데카르트(Rene Descartes)의 명제에서 개인은 세계에 앞서 존재한다. 그러나 구조주의는 위의 문장을 이렇게 바꾸어놓았다. '나는 특정한 방식으로 존재한다. 그러므로 나는 특정한 방식으로 생각한다.' 구조주의와 문화인류학의 출현은 개인과 사회의 관계에 대해 구성론의 입장을 제공해주었다.

구성론에 따르면, 개인은 특정한 역사적 시점 하에서 자신을 관할하는 사회적 · 경제적 · 정치적 환경과 연관을 맺으면서 구체적인 인간으로 구성된다. 한 사회를 구성하는 원리로서의 지배적인 가치, 규범, 신념 등은 구체적인 문화의 형태(법, 언어, 매체, 교과서 등)로 재현된다. 이때 개인은 각각의 가치가 가진 사회적 보상과 처벌 혹은 정상과 비정상의 기준을 간파한다. 그러면서 거기에 적극적으로 참여하기도 하고 저항하기도 하는 방식으로 세계와 특정한 관계를 맺는 것이다.

이런 과정을 통해 각 사회의 구성원들은 그 문화의 보편적 특징을 내면화하게 된다. 우리가 아는 거의 모든 사회에서는 여성과 남성이라는 성별 이분법이 사회 구성의 원리로 작동한다. 이런 사회에서 한 개인이 여성 또는 남성으로 태어난다는 것은 곧 그 사회의 성별 분리 문화 속으로 진입한다는 것을 뜻한다. 이때 각 개인의 성별 정체성은 무엇을 할 수 있고 할 수 없는지를 결정하는 사회적 규범이 된다. 언어와 법률이라는 사회·문화적 영역에서 성역할이 어떻게 작동하는지를 구체적으로 살펴보자.

1) 슈퍼우먼과 슈퍼맨의 차이

책상이라는 단어가 책상으로 인식된 대상을 반드시 지칭하는 용어여야 할 필연적인 이유는 없다. '여성스럽다'가 부드럽다, 약하다, 수동적이다, 감성적이다 등과 연결되어야 하고 '남성스럽다'가 강하다, 충동적이다, 이성적이다 등과 연결되어야 할 필연적 이유도 없다. 모든 언어는 기표(형태, 틀)와 기의(의미)로 이루어지는데 언어의 대상인 기표와 그것을 지칭하는 의미인 기의가 연결되는 데 일정한 기준이나 규칙이 있는 것은 아니다. 현재 영어사전에서 '기자다운'이라는 의미를 가리키는 단어 reportorial의 사전적 반의어는 '상상력이 풍부한'이라는 뜻의 imaginative다. 이는 기지기 본질적으로 상상력이 결핍된 인간이라는 의미가 아니라 현 사회에서 '기자다운'의 의미가 '상상력이 풍부한'의 반의어로 설정되어 있다는 뜻이다. 즉 당대에 규정된 기자 역할이 상상력과는 무관하다는 말이다.

이처럼 언어는 인간이 만들어낸 발명품이기 때문에 언어에는 그 언어를 만들어낸 인간의 가치와 관점 등이 포함된다. 즉 언어에는 특정 개인이 살아가는 당대 문화가 반영되어 있고, 그 사회가 사람들에게 요구하는 가치와 규범 등이 선제되어 있다. 인간은 언어를 통해 사회의 지배적 가치를 수용하기도 하고, 언어를 비판·해체·재구성함으로써 사회의 지배질서에 저항하기도 한다.

남성 중심의 질서에 맞게 구성된 사회에서 언어는 성별에 따라 이중적인 기준과 가치를 담게 된다. 즉 언어는 성차별적 구조를 유지하는 핵심 장치가 되는 것이다. 언어 공동체 구성원들은 언어를 통해 여성을 배제하고 주변화하는 의식을 내면화하게 되며 이는 사회적 차별을 무의식중에 정당화한다. 언어 안에서 성역할 관념은 다양한 방식으로 나타난다. 여성의 역할과 공간을 규정하는 것, 여성이 공적 영역에 참여했을 때 남성의 영역에 이례적으로 끼어들어 온 존재로 부각하는 것, 공적 영역에 참여한 여성의 가치를 사적 영역에서의 헌신 정도로 파악하는 것* 등이 그러하다.

여성들의 사회 진출을 전하는 기사들에는 늘 '여풍'이라는 수식어가 붙는다. 그러나 이 기사들을 자세히 살펴보면 여성들의 비율이 40퍼센트에 해당한다느니, 전체의 9퍼센트를 차지한다느니 하면서 여전히 반에도 미치지 못하는 여성들의 참여율을 지나치게 과장한다. 그 이면에는 남성이 절대 다수를 차지하던 영역이 무너지는 데 대한 불안과 공포가 숨어 있다. 여성 비율이 40퍼센트에 달한다는 사실은 여전히 60퍼센트 이상의 남성이 그 자리를 차지하고 있다는 뜻이다. 그러나 과반수를 차지하는 남성들은 '남풍'이라는 수식어로 표현되지 않는다.

「영어에서 발견된 젠더 고정관념(Gender stereotyping in the English Language)」이라는 글을 보면 영어 단어 가운데 성적으로 문란한 여자를 가리키는 단어는 무려 220개나 있지만 성적으로 문란

* 슈퍼우먼은 집안일과 바깥일을 모두 잘하는 여성을 가리킨다. 이는 여성의 본분은 어디까지나 집안일이며, 공적 영역에 참여하려면 여성의 성역할을 뛰어넘는 '초인'이 되어야 한다는 뜻을 내포한다. 반면 영화 〈슈퍼맨〉이나 〈스파이더맨〉에 나오는 남자 주인공들은 일상에서는 자신의 역할을 제대로 해내지 못하거나 평범하기 그지없지만 특출한 능력 하나로 영웅이 된다. 때로는 공적인 영웅으로서의 역할을 위해 사적인 영역(사랑)을 포기하기도 한다. 슈퍼우먼과 슈퍼맨의 차이는 이 사회에서 남성과 여성이 아주 다른 기준으로 평가된다는 것을 의미한다.

한 남자를 가리키는 단어는 22개에 지나지 않는다는 지적이 있다(Laurel Richardson et al., 2004). 예를 들어 fallen이라는 단어는 주어가 남성일 때는 '지위가 하락하다'라는 의미로 쓰이지만 여성이 주어일 때는 '성적으로 타락하다'라는 뜻이 된다. '떨어지다'의 의미가 성별에 따라 다르게 적용되는 것이다.

성적 관계에서 여성의 역할과 남성의 역할을 각각 수동적, 능동적으로 규정한 성문화에서는 성경험을 지칭하는 단어 또한 성별에 따라 다르게 사용한다. 영어 문장에서 여성의 성경험을 나타낼 때는 주로 수동태가 사용되는 반면(to be laid, to be had, to be taken), 남자의 성경험을 나타낼 때는 주로 능동태가 사용된다(lay, take, have). 이는 성적 수동성은 여성의 성역할로, 성적 능동성은 남성의 성역할로 정의하는 문화가 만들어낸 것이다. 마찬가지로 남성 방랑자는 그냥 hobo(뜨내기)지만 여성 방랑자는 slut(매춘부)가 된다. 다음 표현에서 의미의 차이를 살펴보자.

It's easy.
He's easy.
She's easy.

위의 문장들은 주어를 제외하고는 동일한 구조와 단어로 이루어졌다. 그러나 세 문장에서 사용된 형용사 easy는 주어의 차이에 따라 다른 이미를 나타내며 그 결과 문장 전체의 의미 또한 달라진다.

첫 번째 문장은 무언가 하기 쉬운 일을 뜻한다. 두 번째 문장처럼 주어가 남성일 때의 easy는 주로 성격이나 사회적 일처리와 관련된다. 이 문장에서 그는 단지 '후하게 점수 주는 사람' 혹은 '태평한 남자' 정도다. 그러나 세 번째 문장에 함축된 의미는 성격이나 사회성이 아닌 성적 함의로 읽힌다. '그 여자는 쉬운 성교 상대'라는 것이다. 위의 세 문장이 가리키는 각각의 의미는 사물과 easy 사이, 남성과 easy 사이, 여성과 easy 사이를 채우는 문화적 의미 체계에 따라 결정된다.

영어의 easy와 비슷한 예를 우리말에서 찾아보면 '헤프다'라는 표현이 있다. '그 남자는 헤프다'와 '그 여자는 헤프다'는 동일하게 씀씀이가 헤프다는 의미로 읽히기도 한다. 그러나 여성에게 쓰였을 때는 성적으로 문란하다거나 아무에게나 호감을 표한다(웃음이 헤프다)와 같은 뜻으로 읽히는 일이 많다.

언어는 투명하지 않다. 언어는 있는 그대로의 현실을 담아내는 그릇이 아니라 현실을 특정한 방식으로 보게 하는 창문과 같다. 한 사회의 언어는 그 사회의 가치관이나 해석 체계의 반영이다. 사람들은 언어를 습득함으로써 그 사회의 가치관을 습득하며 그 언어가 가리키는 대로 세상을 이해한다. 앞에서 말했듯이 집을 떠난 여성의 존재는 단순한 방랑자, 자유로운 영혼, 인습에 얽매이지 않는 예술가로 이해되기보다 매춘부로 정의된다. 예를 들어 우리는 우리나라 최초의 여성 서양화가인 나혜석의 죽음은 비극적인 행려병자로 바라보지만, 그와 비슷한 죽음을 맞이한 이중섭에 대해서는 위대한 예술가의 비극적 최후로 평가한다. 이러한 언어는 단순히 집 떠난 여성을 성적으로 타락한 여성이라고 낙인찍는 데서 멈추지 않는다. 언어는 많은 여성들을 집, 엄마, 아내, 딸이라는 특정한 시공간에 묶어두면서 여성에게 특정한 성역할 수행을 암묵적으로 강요한다.

2) 법조문 속의 여자, 남자

법조문 또한 투명하거나 중립적이지 않다. 공정함을 기하기 위해 끊

경찰 공무원 급여품 및 대여품 규칙

별표 1: 경찰 공무원 급여품 지급 기준표—방한모, 방한화, 방호장갑: 남자 경찰만 있음.

별표 2: 경찰 공무원 대여품 지급 기준표—지휘관표장, 상당수 장구류, 전투장구 일체, 안전장구 일체, 대부분의 진압장구, 호신용 경봉 등은 남자 경찰에게만 지급.

소방 공무원 임용령 제33조

소방 공무원의 채용 시험은 계급별로 실시한다. 다만 결원보충을 원활히 하기 위하여 필요하다고 인정될 때에는 직무 분야별, 성별, 근무 예정 지역 또는 근무 예정 기관별로 구분하여 실시할 수 있다.

임없이 노력하고 고치는 과정에 놓여 있다. 법을 만드는 것은 신의 영역이 아니라 불완전한 인간의 영역이기 때문이다. 법에는 그 사회의 지배적 가치와 이념이 투영되어 있다. 여기에는 법을 만들고 집행하는 개인의 가치관이나 경험, 선입견이 완전하게 배제되기 어렵다. 따라서 법은 그 사회를 구성하는 남녀의 사회적·경제적·문화적 관계, 나아가 심리적 관계까지 반영한다. 위에 예시한 규정들은 2003년 국가인권위원회가 행한 '차별 관련 법령 실태 조사'에 실린 내용이다. 이를 살펴보면 성역할에 기초한 성별 직무 분리가 법에서 어떤 식으로 작동하는지를 알 수 있다.

경찰 공무원 급여품 및 대여품 규칙에는 방한장비, 전투장구, 안전장구 등을 남자 경찰에게만 지급하게 되어 있다. 이는 성별에 따른 업무 분리 규정으로 해석할 수 있다. 여자 경찰의 수가 늘고 그들이 맡은 일의 영역도 확대되는 상황에서 이는 경찰 내부의 성역할을 정당화하는 기제로 작용될 수 있다. 특정 업무에 필요한 장비들을 특정 성별에게만 지급한다는 것은, 표면적으로는 이 일이 남성의 일이라고 명시하지 않았지만 결과적으로 남성만이 담당할 수 있는 일이라는 뜻이다. 만일 이러한 업무를 선택한 여성이 있다면 장비 없이 업무를 담당해야 한다. 업무 선택권이 일차적으로 여성이나 남성 개인에게 있지 않은 이러한 규정은, 그 일의 적합성을 개인의 자질과 특성에 따라 판단하지 않고 처음부터 특정 성별에게만 가능성을 열어둔 것이다.

소방공무원 임용령에서도 이런 점이 나타난다. 채용 단계에서부터 성별을 구분하는 것은 소방 업무의 남녀 구분을 전제로 한다. 이러한 성별에 따른 업무 분리는 그 업무가 성별의 분리, 즉 특정 성별만이 할 수 있는 일이라는 점이 인정되지 않는 한 기회를 제한하는 차별로 볼 수 있다. 이미 소방기관 내부의 어떤 업무가 남성의 업무라는 관점이 개입되어 있기 때문이다. 이런 상황은 여성들이 그 업무를 선택하고 싶어도 기회 자체를 박탈당하는 결과로 이어지게 된다.

예를 하나 더 들어보자. 다음 사례는 남녀의 부양 능력을 다르게 정한 규정이다. 이를 살펴보면 남녀의 부양 능력에 대한 편견과 이것이 남녀의 노동 연한, 즉 남녀 정년 차이와 같은 고용관행으로 이어짐을 알 수 있다.

국민연금법 유족 연금 지급 대상자의 기준을 보면, 가입자가 남편일 때는 아무 조건 없이 배우자를 일순위로 인정하지만, 가입자가 부인일 때는 그 남편은 배우자가 사망하더라도 본인 나이가 60세가 되지 않았다면 연금을 바로 받을 수 없다. 광주 민주유공자 예우에 관한 법률에서도 마찬가지로 성년의 아들이나 손자가 있는 조부모는 유족 범위에 포함되지 못한다. 이는 남성의 실제 부양 능력 유무를 떠나 성인 남성은 곧 생계 부양자라고 전제함으로써 '남성=생계 부양자'라는 성별화된 고정관념을 강화하고 있다.

국민연금법 제63조(유족의 범위)

유족 연금을 지급받을 수 있는 유족은 가입자 또는 가입자이었던 자의 사망 당시 그에 의하여 생계를 유지하고 있던 다음의 자로 한다. 이 경우 가입자 또는 가입자이었던 자에 의하여 생계를 유지하고 있던 자에 관한 인정 기준은 대통령령으로 정한다.

  1. 배우자. 다만 부의 경우에는 60세 이상이거나 장애등급 2급 이상에 해당하는 자에 한한다.

광주 민주유공자 예우에 관한 법률 제5조(유족의 범위)

이 법에 의하여 예우를 받는 광주 민주유공자의 유족 또는 가족의 범위는 다음과 같다

  1. 배우자
  2. 자녀
  3. 부모
  4. 성년 남자인 직계비속이 없는 조부모
  5. 60세 미만의 남자 및 55세 미만의 여자인 직계존속과 성년 남자인 형이 없는 미성년 제매

이처럼 법률에 전제된 여성과 남성의 성역할 관념은 현실에서 일어나는 다양한 사건에 대한 법 해석에 영향을 미친다. 여성이 남성에 비해 정적이고 수동적이라는 가정은 가정 폭력 살인사건을 처리하는 데도 그대로 투영된다. 폭력으로 아내를 죽게 한 남편은 사건의 '고의성'이 없다고 인정해 대부분 과실치사 판정을 내리는 반면, 때리는 남편에 저항하다가 남편을 죽인 아내에게는 '계획성'과 '고의성'이 강하게 포함되어 있다며 정당방위로 인정하지 않고 살인죄로 복역하게 한다. 이러한 법 해석 안에는 남성은 원래 우발적, 충동적, 능동적인 성향이 다분하므로 고의성 없이 살인을 저지르지만, 수동적이고 정적인 여성이 살인을 저지르기까지는 사전의 엄청난 고의성과 계획이 반드시 포함되어 있다고 바라보는 시각이 깔려 있다.

3) 몸의 성별 문화

(1) 가늘어지는 여성의 몸, 탄탄해지는 남성의 몸

우리 사회에서 성차와 성역할의 문제는 남녀 몸의 차이와 그들이 몸을 관리하는 방식을 통해 극명하게 나타난다. '몸매가 착하다, 몸매가 바람직하다' 등 몸에 대한 새로운 언어는 몸이 몸 자체에 국한되지 않고 그 사람의 인격, 가치, 능력에 대한 평가로 이어지고 있음을 보여준다. 물론 몸에 대한 열풍이 여성에게만 해당되는 것은 아니다. 남성들도 몸매 만들기에 관심이 많다. 그런데 여기서 중요한 것은 여성의 몸에 기대되는 것과 남성의 몸에 기대되는 것이 다르다는 사실이다. 여성들은 갈수록 가늘어지기를 원하지만 남성들은 탄탄하고 강한 몸을 원한다. 남성이 근육운동으로 근육을 만들고 키우는 동안 여성은 다리의 근육을 제거하는 근육퇴축 수술을 받는다. 이런 현상은 남녀의 몸에 대한 사회적 요구의 결과다. '날씬한 여성의 몸'이라는 사회적 요구는 여성들이 자신을 인식하는 방식을 바꾸어 놓았다.

> "다이어트 시작했는데 어젯밤에 참지 못하고 먹어버렸어. 나는 왜 이 모양일까?"
> "저녁 7시 전에 저칼로리로 속을 든든하게 채워야 밤에 폭식을 하지 않아."

위의 예문처럼 여성들은 끊임없이 자신의 몸을 두고 고해성사를 하고, 타인의 몸에 처방을 내린다. 사회의 막강한 지배 이념이 된 '몸'은 개인의 사생활에까지 침투해 가르침을 전달하는 것이다. 마른 여성이 거울에 비친 자신의 모습을 뚱뚱하게 여기는 오른쪽 그림과 같은 현상은 우리 주변에서 흔히 볼 수 있는 모습이다. 마른 몸을 이상적인 여성의 몸으로 규정한 사회에서 많은 여성들은 자신의 몸을 왜곡하여 인식한다. 이처럼 자신의 몸을 실제와 다르게 인식하는 것을 의학적으로 신체크기왜곡증후군(BIDS: body image distorted syndrome)이라 한다. 한국여성단체협의회가 2006년 4월에 미혼 여성 500명을 대상으로 조사한 바에 따르면 조사 대상 여성의 81.8퍼센트가 자신의 체중에 불만을 품고 있었으며, 그 가운데 정상 체중임에도 다이어트를 한 적 있는 여성은 77.8퍼센트에

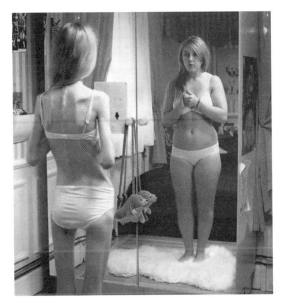

신체 크기 왜곡 증후군을 보여주는 동영상의 한 장면

달했다. 실제로 대부분의 여성은 자신이 뚱뚱하다고 생각하며 많은 시간과 노력을 기울여 체중 조절에 힘쓰고 있다. 이때 여성들은 순수하게 자신의 눈으로 자신의 몸을 바라보는 것이 아니다. 뚱뚱한 여성의 몸을 공포의 대상으로 여기는 사회의 집합적 시선으로 보는 것이다.

(2) 감시당하는 여성의 몸

인류학자들은 몸이 성별, 인종, 계급, 국적, 민족에 따라 어떻게 다르게 구성되었는지를 관찰해왔다. 그들은 문화권에 따라 몸에 대한 규범, 외형, 태도, 습관 등이 다르다는 것을 밝혀내고, 몸에 관련된 인간의 사고와 실천에는 그 문화가 반영되어 있음을 보여주었다.

영국의 신구조주의학파 인류학자인 더글러스(Marry Douglas)는

인간의 몸에 관련된 모든 특성들, 예를 들어 몸의 형태와 습관, 태도 등에는 그 몸이 자리한 문화가 반영되어 있다고 보았다. 지하철에서 다리를 벌리고 앉는 남성과 다리를 오므리고 앉는 여성을 예로 들어 보자. 남성에게는 영역을 가능한 한 넓게 점유하는 것이 남성다움으로 여겨지고, 여성에게는 되도록 자신의 몸이 차지하는 영역을 줄이는 것이 여성다움으로 요구되기 때문에 이 같은 태도가 나타난다. 이들은 성별에 따라 다른 문화적 기준을 실천하고 있는 셈이다. 남성은 근육을 키우고 여성은 살을 빼고 근육을 줄이는 것, 중국에서 여성의 발이 크게 자라지 못하게 여성에게 전족을 신긴 것도 같은 맥락이다.

프랑스 철학자 미셸 푸코(Michel Foucault)는 근대와 전근대의 통치 양식이 어떻게 변해왔는가를 보여주기 위해 성(姓)의 역사를 이야기한다. 갑자기 늘어난 인구를 통치하기 위해 지배집단은 이전까지의 '직접 통치' 대신 '간접 통치'를 택했다. 간접 통치란 개인을 직접적으로 감시, 통제, 처벌하는 것이 아니라 개인 스스로 지배집단의 질서에 맞춰 자신의 일상을 감시, 처벌, 훈육하게 하는 방식이다. 푸코는 이를 '훈육 권력' 개념으로 설명했는데, 훈육 권력이 작동하는 중요한 영역으로 선택된 것은 개인의 '몸'이었다. 이를 단적으로 설명하자면, 초기 근대에는 공장이 사람들의 몸을 감금했다면 자본주의가 발달한 후기 근대에 사람들의 몸은 앞서 이야기한 대로 이미지에 감금된 것이다.[*]

이러한 상황에서 거식증과 폭식증 같은 신경성 식욕장애는 몸을 둘러싼 이미지의 감옥에 갇힌 사회의 최종 정착지인 셈이다. 쉽게 말해 거식증이라는 질병을 앓는 것은 개인이 아닌 사회다. 개인의 몸은 질병을 앓는 문화의 부담을 떠안고 있을 뿐이다. 여성들의 체중조절은 여성의 가는 몸을 이상적인 규범으로 정하고 그에 따른 보

* 초기 근대와 후기 근대: 학자들에 따라 두 시기를 나누는 기준이 다르지만 주로 자본의 축적 방식 변화에서 큰 분기점이 형성된 것을 따른다. 초기 근대는 제조업 중심, 대량생산, 대량소비가 특징이지만 후기로 와서는 이러한 대량생산체계의 경직성을 버리고 유연한 생산체계를 택한다. 즉 후기 근대는 다품종 소량 생산이 특징이며, 사람들의 다양한 기호와 욕망에 최대한 손쉽게 반응할 수 있는 체제로 바뀌어갔다. 초기 근대는 사람들의 노동력에 생산을 의존했기 때문에 이 시기 노동자들은 하루의 3분의 2에 해당하는 시간을 공장 노동으로 보내야 했다. 사회학자들은 이를 두고 '공장에 감금된 몸'이라 표현하기도 한다.

상체계(타인의 인정, 연애관계, 취업, 결혼 등)를 마련해둔 젠더 권력관계에 대한 문화적 실천이라고 볼 수 있다. 거식증과 폭식증을 앓는 여성들의 몸은 그러한 권력의 존재를 구체적인 몸으로써 정확하게 드러내준다.

(3) 여자를 길들이려면 몸을 통제하라

수전 보르도(Susan Bordo)는 여성의 욕망을 통제하는 문화가 여성의 체중 조절 욕구를 만들어낸다고 주장한다. 역사적으로 여성이 욕망의 주체가 되면 반드시 사회적 처벌이 뒤따랐다.* 성적 욕망이 강한 여성들은 늘 처벌과 교정의 대상이었고 19세기에는 여성의 섹슈얼리티에 대한 강력한 의학적 통제마저 존재했다. 여성의 지나친 성적 흥분과 자위를 치료하겠다며 자궁에 거머리를 집어넣거나 음핵을 절제하고 난소를 제거하는 등의 일들이 실제로 행해진 것이다. 여성들이 인간으로서의 권리를 요구하기 시작한 19세기 후반에는 문학이나 미술에서 어둡고 위험하고 악마적인 여성의 이미지들이 쏟아져 나왔다.** 여성들을 제대로 숨 쉬지도 몸을 구부리지도 그리고 한 번에 15센티미터 이상 걸음을 내딛지도 못하게 만들었던 코르셋은 '잘 훈련된 정신과 잘 통제된 감정의 모니터'라고 광고되었다. 다이어트 또한 오늘날 사회가 여성의 욕망을 관리, 통제, 처벌하기 위한 장치라 할 수 있다.

광고를 비롯한 각종 매체는 여성의 몸이 곧 그 여성의 지위이며 사회적 신분임을 주장한다. 현재 여성들의 가치는 대부분 몸으로 환원된다. 심지어 여성의 외모는 업무 수행의 자격요건을 제치고 취업의 가장 중요한 조건이 되기도 한다. 체형 관리 전문 업체에서 강조하는 전후(before와 after)의 차이는 단순한 인치(inch)의 차이만을 의미하지 않는다. 사람들의 태도가 달라지고 할 수 있는 일이 달라지

* 여성의 욕망을 처벌하는 영화: 공포영화의 거장으로 알려진 앨프리드 히치콕의 영화에는 잔혹하게 죽임을 당하는 여성들이 많이 등장한다. 이 여성들은 영화 안에서 남성에게 적극적으로 자신의 성적 욕망을 드러내고 실천한다. 이 여성들에 대한 처벌은 여성의 성욕을 바라보는 사회적 시선을 대변한다고 할 수 있다.

** 악마적 여성 이미지: 당시 가족 안에서 딸, 아내, 어머니로서의 역할을 벗어난 여성은 '타락한 여성'으로 그려졌다. 그것은 여성이 가족 안에서 한 남성과 이룬 관계를 벗어났을 때 사회가 그 여성의 성을 바라보는 시선인 셈이다. 오기스디스 에그(Augustus Egg)의 『과거와 현재』 삼부작은 집과 길거리의 이분법 속에서 '길거리에 있는 여성＝타락한 여성'으로 바라보는 이미지가 절망적으로 형성화되어 있다.

는 등 몸의 변화는 사회 속에서 그 사람의 생활 자체를 바꾸어놓는다. 다른 몸이 되었을 때 이전과 달라진 그 '차이'는 다르게 교환될 수 있는 '가치'를 뜻하는 것이다.

이러한 여성들의 '몸 만들기'의 문화적 맥락은 성별에 따른 권력 관계로 이해될 수 있다. 이는 고대 철학의 이원론에서부터 유래하는데, 플라톤(Platon)에서 아리스토텔레스(Aristoteles)를 거쳐 데카르트에 의해 형이상학으로 다져진 이원론은 인간 존재를 물질적인 몸과 정신적인 영혼으로 나눈다. 몸과 정신은 위계화된 이분법* 안에서 사고되고 이때 몸은 여성을, 정신은 남성을 상징하는 것으로 여겨졌다.

여성의 몸에 대한 통제의 역사는 다양하고 길다. 여성의 몸에 대한 사회의 기준은 갈수록 가늘고 얇아진다. 먹을 것이 풍부하지 않던 시기에 상류층은 하층 계급과 자신들을 구별하기 위해 풍만한 여성의 몸을 미의 기준으로 내세웠다. 그러다가 점점 병약하고 약한 여성이 선호되기 시작했고, 먹을거리가 넘쳐나는 오늘날에는 식욕이라는 욕망을 최대한 억제당한 마른 여성의 몸이 이상적인 기준으로 등장하고 있다. 이것은 외적인 데만 국한되는 효과로 끝나지 않는다. 몸이 얇아지면 몸이 낼 수 있는 에너지가 줄어든다. 결과적으로 두꺼워지는 남성의 몸과 얇아지는 여성의 몸은 이 사회가 여성과 남성의 경쟁력을 몸의 차원에서 체계적으로 차별화하고 있다는 의미다.

몸은 문화의 텍스트이자 사회적 통제가 직접적으로 실천되는 장이다. 즉 몸은 자연적인 몸이 아닌 문화의 규제를 받는 몸이다. 푸코는 우리의 몸이 시간과 공간, 일상생활의 규제와 조직에 의해 훈련되고 형성되며, 그 과정에서 여성성, 남성성, 욕망, 자아에 대한 지배적인 역사적 형식들이 몸에 새겨진다고 설명한다. 여러 현상들이 보여주듯 여성들은 이전보다 점점 더 많은 시간을 몸의 관리와 훈육에 들이

* 몸과 정신의 이분법: 몸은 전통적으로 부정적인 은유와 연결된다. 몸은 통상적으로 제한, 한계로 경험되는데 플라톤, 데카르트, 아우구스티누스는 몸의 이미지들을 감옥, 늪, 새장, 안개로 표현했고 영혼, 의지, 정신은 거기서 도망치려고 애쓰는 것으로 보았다. 따라서 몸은 극복되어야 하는 적이며 이성의 방해물이다. 이원론 안에서 몸은 싸워서 이겨야 하는 것, 정신에 복종해야 하는 것이 된다.

고 있다. 현 시대의 외모 강박증은 지금까지 여성주의가 만들어온 진보적 노력에 반동적으로 작용해 시계를 거꾸로 돌리려는 문화적 장치로 볼 수 있다. 여성들은 남성과의 관계에서 시선을 끌 수 있는 몸을 갖는 데 상대적으로 더 많은 노력을 기울인다.

거식증과 폭식증 같은 신경증, 광장공포증 등 여성의 몸을 둘러싼 증상들은 특정 시대가 구성한 여성성의 산물이다. 그 증상들을 앓는 여성의 몸에는 그 시대를 구성한 여성성의 이데올로기가 깊게 새겨져 있다. 역사적으로 히스테리와 거식증이 절정에 이른 것은 여성의 역할이 전통적인 의미에서 달라지려는 조짐을 보일 때였다. 즉 전통적인 성역할이 깨지려는 것에 대한 문화적 공포가 투영된 것이다. 날씬한 몸이라는 이데올로기에 맞춰진 강박증적인 몸

제6회 안티 미스코리아 페스티벌 포스터

만들기는 여성의 가능성을 제한하는 사회질서를 위한 것이다. 이 사회는 여성이 인정받고 성공하는 주된 통로로서 남성에게와는 달리 외모라는 길을 열어놓았다. 그렇게 성별화된 사회에서 여성성을 추구하는 것은 한편으로는 자연스러운 행동이지만 다른 한편으로는 열등한 여성의 지위를 인정하는 것이다. 사회가 규정한 이상적인 몸에 맞추어 자신을 감시하고 훈육하는 사이 여성들의 몸은 그 어느 때보다 지배 권력에 유순한 몸으로 길들여진다.

사회의 획일적인 외모 기준에 반대하는 '안티 미스코리아 페스티벌'은 여성의 아름다움을 평가하는 유일한 기준이던 미스코리아 대회를 정면으로 거부하며 1999년에 처음 열렸다. 이 대회를 통해 우리 사회에서 차별받는 여성들의 목소리와 억압된 여성들의 욕망이 쏟아져 나왔고 결국 공중파 방송에서 미스코리아 대회는 더 이상 열

리지 않게 되었다. 또한 나이와 몸의 형태를 기준으로 여성의 아름다움을 위계화한 사회를 비판하면서 '아름다운 여자'의 기준에서 제외되었던 많은 여성, 장애인, 어린아이, 노인 등을 무대로 불러들였다. 고별무대 격인 제6회 대회는 '굿바이, 미스코리아! We'll Be Back'이라는 슬로건 아래 여성을 억압하는 성차별과 성폭력, 여성 장애인의 인권탄압, 혼전순결 이데올로기 등을 비난했다.

03 성별주의에 갇히지 않는 삶을 위해

성별이 문화를 구성하는 원리로 작동하면서 사회적으로 불평등한 권력관계를 정당화시키게 되는 것은 '차이'를 '위계화된 차별'로 바꾸어내는 논리에 따른다. 사회적으로 존재하는 다양한 차별—성별 간, 인종간, 국적간, 장애의 여부, 성적 취향, 나이, 외모, 가족 형태 등—은 차이를 동등한 다름이 아닌 우월·열등, 정상·비정상의 위계화된 이분법의 틀에 위치시킨다. 남성은 여성에 비해, 백인은 흑인(유색인종)에 비해, 비장애인의 몸은 장애인의 몸에 비해, 이성애자는 동성애자에 비해, 부모-자식의 핵가족은 한부모 가족이나 재혼가족이나 독신가구에 비해 정상성과 상대적 우월성을 부여받는다. 사회를 이루는 다양한 측면들—법, 언어, 대중문화, 사회적 실천, 노동시장, 학문—은 차이를 차별로 전환시켜내는 논리를 축으로 구성된다. 이 논리 속에서 성별은 단순한 '구별'을 떠나서 불평등한 권력관계를 정상화시키는 신념 체계인 '성별주의'로 만들어진다. 따라서 성별주의에 대한 대안을 모색한다는 것은 단순히 여성과 남성 간의 불평등한 권력관계만을 다루는 틀을 넘어선다. 이는 이 사회에 존재하는 '차이'를 '위계'로 만들어내는 논리에 대한 근본적인 성찰과 해체를 요구한다.

여자는 배, 남자는 항구

"나만 바라봐." 만일 커피프린스 1호점의 주인공 최한결로부터 이런 말을 듣는다면? "난 너 말고도 볼 데 많거든?"이라고 또박또박 말할 수 있는 사람이 몇이나 될까?

사랑할 때 사람들이 흔히 "나만 바라봐."라고 말하는 건, 그가 나에게만 집중하기를 바라는 것이고, 궁극적으로는 그가 나를 통해 자신의 의미를 확인하는 유일한 거울이 되고 싶다는 뜻이다. 내가 그의 의미를 단독으로 비춰주는 거울이 될 때 상대는 자연스럽게 나에게 의지하고 집착할 수밖에 없다. 그를 통해 나의 의미를 확인하는 것에 길들여진다는 것은 나를 좌지우지할 수 있는 상당히 큰 권한을 그에게 넘겨주었다는 것이기도 하다. 결국 누군가가 나만 바라보게 만들 수 있다는 것은 그에 대한 내 욕망을 쉽게 행사할 수 있는 상태로 만든다는 뜻이기도 하다.

연애 초반, 남자가 죽자 사자 쫓아다니던 커플도 시간이 좀 지나고 나면 그 관계를 유지하는 데 들어가는 대부분의 감정적 노력을 여성이 하게 되는 경우가 많다. 일종의 성별 감정 분업이 연애에서도 일어나는 것이다. 적지 않은 여성들은 시간의 흐름을 타고 이동해 다니는 남성들을 감정적으로 돌봐주기 위해 늘 그 자리에 고정되어 있는 역할을 택하거나 택하도록 요구받는다.(이런 걸 요구하는 남성들의 레퍼토리는 놀라우리 만치 비숫하다. '어두운 과거사'를 읊는 비극형, '넌 대범해서 좋아'를 입에 달고 사는 갈대형, '넌 나의 구원'이라고 고백하는 죄인형 등)

여성들을 한 곳에, 하나의 역할에 붙잡아 두고 싶은 사회적 욕망은 많은 문화적 장치를 통해 확인된다. 많은 사람들은 남성 방랑자를 통해 탐험가, 모험가, 자유로운 영혼, 길들여지지 않는 예술가 등 긍정적 이미지를 부착시키지만 여성 방랑자에게는 긍정적 이미지를 연관시키지 못한다. 역사적으로 집을 떠나 자유롭게 떠돈 여성들은 늘 길거리에서 외롭게 객사한 이미지로 남아 있다. 그래서 많은 사람들은 나혜석을 한국 최초 여성 근대화가로 기억하지 못하고 대신 거리에서 비명횡사한 측은한 여성으로 기억한다. 비슷한 시기 비슷한 경로로 거리에서 객사한 이중섭은 대단한 예술혼을 견디지 못한 천재로 기억된다.

이창동 감독의 영화 〈박하사탕〉에서 남자 주인공은 시간을 거슬러 올라간다. "나 다시 돌아갈래!"를 외치며. 기차가 거꾸로 돌아가면서 그 남성도 시간을 따라 이동한다. 남성이 움직여 이동한 시간 속에 여성들은 그 남자의 애인, 부인, 업소 여성의 역할로 늘 고정되어 있으며 변화무쌍한 남성을 변함없이 돌봐준다.

'남자는 배, 여자는 항구'라는 대중가요가 함축하고 있는 것처럼 자유롭게 이동할 수 있다는 것과 어딘가에 묶여 있다는 것은 단지 공간적 문제만은 아니다. 이처럼 남성에게는 이동성이, 여성에게는 정박성이 일종의 문화적 정상성으로 자리잡고 있다.

물론 최근에는 "사랑은 움직이는 거야."라고 말하는 여성이 광고에 등장하고, "사랑이 어떻게 변하니?"(사실 '사랑이 어떻게 변하니'라는 말은 '밥이 어떻게 쉬니'라는 말처럼 들린다!)라고 울며불며 매달리는 남자 주인공이 나오는 영화(〈봄날은 간다〉 중 상우의 대사)가 만들어진다.

"베트남(여성), 절대 도망가지 않습니다."와 같은 도망자 현수막이 나붙을 정도로 여성들의 도망·이동·이주는 흔한 일이 되었다. 이 현수막은 그 자체로 외치고 있다. 남성들이 결혼 관계에서 얼마나 불안에 떨고 있는지를. 관계가 시작되기도 전에 그 관계에서 도망을 걱정해야 하는 것, 관계가 시작되기도 전에 행복, 따듯함, 희망, 신뢰를 꿈꾸기보다 불안에 눌려야 하는 것. 이건 분명 시작부터 잘못되었다는 증거다. 오히려 관계에서 여유는 여성들에게 있다. 도망가면 되니까. 말하자면 이 현수막은 오랫동안 남자와 여자의 성역할을 함축했던 가사, '남자는 배 여자는 항구'가 국제결혼 지구화 시대에 어떻게 '여자는 배 남자는 항구'로 바뀌고 있는지를 보여주는 셈이다.

자기 나르시즘을 확인할 타인을 만들거나, 자신의 감정적 불안과 결핍을 해소해줄 타인을 만드는 일 없이 상대를 찬찬히 알아가고 이해해가는 과정을 그저 견뎌내는 것. 그것이 더 나은 사랑이라고 믿는다면, "나만 바라봐."라는 말 대신 "너를 견뎌볼게."라고 말할 수 있다면, 사랑의 이름으로 누군가를 나의 감정적 포로로 잡아두는 일은 줄어들 수도 있을 것이다.

그들의 중년

회사에서는 명예롭게 퇴직을 시켜주었다지만 개인적으로 인생에 전혀 명예스럽지 않은 '실직'을 한 철수 씨. 실직 후 그의 행보는 한동안 짐짓 화려해 보이는 듯했다. 철수 씨는 그동안 직장 일로 못 만났던 사람들과 만나며 바쁘게 드나들었다. 그러나 그 생활도 3개월을 넘기지 못하고 그 다음으로 철수 씨가 붙잡은 건 아내. 온종일 아내를 따라다니기를 한 달. 아내의 짜증으로 그 생활도 일찍 끝났다. 그리고 철수 씨가 배회하기 시작한 동네 구경. 산에도 오르고 기원도 다녔다. 그마저 금세 싫증이 나버리고 마지막으로 종착한 곳은 철수 씨네 안방. 그 방에 하루 종일 있어도 그 방으로 들어오는 사람은 없었다. 화기애애하게 웃고 떠들던 가족들이 철수 씨가 방문을 열고 거실로 나오면 슬금슬금 눈치를 보며 각자의 방으로 흩어졌다. 평생 '가족'을 위해 집 밖에서 돈을 벌었기 때문에 정작 집 안에서는 어디에 어떤 모습으로 있어야 하는지 도무지 알 수가 없었다.

엄마로 아내로 며느리로 한눈 한번 안 팔고 한평생 열심히 내달려온 영희 씨. 자궁에 혹이 생겨 입원을 했다. 수술을 마친 뒤 회복실에 누워 있는 사이 영희 씨도 모르는 일이 벌어지고야 말았다. 마취에서 덜 깬 채 의식과 무의식을 왕래하고 있던 영희 씨는 자신도 모르는 사이에 식구들을 상대로 한 거침없는 욕과 분노 섞인 말을 내뱉었던 것. 회복실에서 간병하던 식구들이 기겁하기에 전혀 부족함 없는 욕이었다. 오랫동안 참고 참고 참아왔던 말들은 말이 되지 못하고 영희 씨의 깊은 무의식 속으로 던져졌다. 그러나 마취는 영희 씨 의식의 통제력을 일순간 무너뜨리기에 충분했다. 몇십 년 동안 영희 씨가 뒤집어 쓰고 있던 가면이 벗겨진 순간이었다.

교도소 안에서의 살인사건을 다룬 영화 〈일급살인〉. 미국의 알카트라즈 감옥에서 살인사건이 일어나고 무려 200명의 죄수들이 그 사건을 목격한다. 그러나 살인범으로 지목된 주인공의 변호를 맡은 변호사는 결국 그 살인사건의 진범이 따로 있음을 밝혀낸다. 변호사는 20년간이나 주인공을 독방에 감금시켜 결국 정신분열증을 일으키게 만든 알카트라즈 감옥과 연방정부를 이 살인사건의 '진범'으로 지목한다.

'갈 곳 없는' 철수 씨와 '이중 인격'의 영희 씨를 만들어낸 것은 남성에게 남성성을 강조하고 여성에게 여성성을 강조한 이 사회의 문화다. 남성성이라는 독방과 여성성이라는 독방에 각각 감금되어 살아온 철수 씨와 영희 씨는 '나다움' 대신 '아버지다움', '어머니다움' 속에 갇혀 살아왔다. 수평적인 눈높이 대신 수직적인 위계, 따뜻한 돌봄과 친밀감 대신 단순히 돈을 벌어오는 역할을 강요한 사회 속에서 철수 씨는 '관계'를 잃었다. 여성이 상대방과 다른 자신의 생각과 느낌을 명확히 말하지 못하는 분위기 속에서 영희 씨는 '언어'를 잃었다. 상대를 향해야 할 분노는 차마 상대에게 가 닿지 못하고 자신에게로 돌려졌다. 그래서 수많은 영희 씨들은 이름 붙일 수 없는 병 때문에 늘 몸이 무겁고 쑤시고 우울하다.

평생을 '검정', '덜 검정', '밝은 검정' 딱 세 가지 색의 양복만을 입고 살아왔던 철수 씨는 각양각색의 옷과 액세서리, 화장과 다채로운 헤어스타일까지 구시히는 젊은 친구들이 부럽고 질투가 난다. '당신의 왼손은 우리를 뜻하고 당신의 오른손은 나를 뜻한다. 여성들이여 오른손을 높이 들어라.'라며 결혼한 남성이 사준 왼손의 반지 대신 자신의 힘으로 번 돈으로 산 다이아 반지가 오른손에서 반짝반짝 빛이 나는 최근의 다이아몬드 반지 광고를 보는 영희 씨는 괜히 울적하다. 하지만 이제부터라도 자신을 어머니와 아버지라는 독방에 감금했던 사회의 문을 열고 나와서 그 어떤 역할로도 환원되지 않는 자신만의 색깔, 언어를 찾는다면 철수 씨와 영희 씨의 남은 시간은 그 누구보다도 '나다울 수' 있을 것이다.

1. 하루 동안 내가 다른 성별로 바뀌었다고 가정하고 생활해보자. 아침에 일어나서 밤에 잠자리에 들 때까지 모든 생활 곳곳에서 나의 바뀐 성별이 어떤 식으로 경험되는지 기록해보고 함께 토론해보자.

2. 인권위원회에서 발간된 성전환자 차별 사례집을 읽고 성별이라는 범주가 어떤 식으로 인간의 삶의 양식을 제한하고 있는지를 토론해보자.

3. '나다움'에 대해 이야기해보고 나다울 수 있는 삶을 방해하는 요소들을 이야기해보자.

4. 하루 동안 몸(자신과 타인)에 대해 몇 번이나 생각하고 이야기하는지 세어보고 몸에 대한 화두가 자신의 삶에 얼마나 들어와 있는지 토론해보자.

📚 더 읽을 책

김영옥(2001), 『근대 여성이 가지 않은 길』, 또하나의문화.

김은실(2001), 『여성의 몸, 몸의 문화정치학』, 또하나의문화.

김현미(2005), 『글로벌 시대의 문화번역』, 또하나의문화.

낸시 폴브레(윤자영 옮김)(2007), 『보이지 않는 가슴』, 또하나의문화.

조혜정(1998), 『성찰적 근대성과 페미니즘』, 또하나의문화.

허라금(2004), 『원칙의 윤리에서 여성주의 윤리로』, 철학과현실사.

🎬 추천 영상물

〈밤이 기울면(When Night Is Falling)〉 패트리샤 로제마 감독, 캐나다, 1995, 영화, 94분.

〈아름다운 육체(The Body Beautiful)〉 은고지 오누라 감독, 영국, 1991, 단편영화, 23분.

〈팝의 여전사(The Righteous Babes)〉 프라티바 파마 감독, 영국, 1998, 다큐멘터리, 50분. *제2회 여성영화제 상영작.

〈황홀경〉 김소영 감독, 한국, 2002, 다큐멘터리.

4장 섹슈얼리티, 욕망과 위험 사이

최근 한국 사회에서 섹슈얼리티는 개인 삶에서나 사회적 차원에서 중요한 관심 영역이다. 1980년대 초반만 해도 성문제는 도덕적이고 규범적인 시각에서 이야기하는 정도였고 '성'을 사회적인 관점에서 토론하고 학문적·사회적 논의의 대상으로 삼는 일은 드물었다. 1990년대 이후 한국 성 문화에서 다양한 변화들이 탐지되고 있는데, 미혼의 남녀, 10대, 노인들의 성적 권리들이 드러나고 혼인관계에 한정되어 있던 여성의 성이 자유화하는 움직임이 일고 있다. 무엇보다도 동성애자들의 권리 주장과 실천들이 눈에 띄기 시작했다는 것은 급진적인 변화라고 할 수 있다.

섹슈얼리티는 여성주의의 중대한 관심 영역이기도 하다. 기존의 성에 대한 담론에서는 성적 쾌락을 극대화하거나 남녀의 성적 욕망을 본능의 차원에서 다루는 경향이 있다. 아직도 매체에서는 남녀의 성적 욕망을 자극하는 영상물이나 성적 쾌락을 증대시킬 수 있는 기술들을 제공하고, 남성의 성적 욕망은 본래적으로 강하고 통제하기 어렵다는 믿음들을 지속시키고 있다.

여성주의 섹슈얼리티 연구는 기존의 성 담론을 넘어서 남녀관계에서 성이 어떻게 협상되고 어떠한 결과를 가져오는지를 연구하여 차별적인 성별권력의 작동을 다루는 것에서 출발한다. 초기의 급진주의 페미니즘에서는 개인의 사적 영역으로 여겨졌던 성을 공공의 의제로 다루기 시작했고 특히 여성에 대한 성적 권리 침해나 착취를 문제시하였다.

이 장에서는 구체적으로 남성과 여성의 성적 욕망이 사회적으로 구성되는 방식들을 살펴보고 성폭력과 성매매 이슈를 중심으로 여성주의가 섹슈얼리티를 어떻게 정치적 의제로 만들어가고 있는지를 다루고자 한다.

01 섹스에서 섹슈얼리티로

일반적으로 성이라고 하면, 성행위, 성관계를 먼저 떠올리게 된다. 남성과 여성의 성기 결합(intercourse)을 중심으로 성을 규정하는 것을 섹스(sex)라 한다. 섹스 개념은 성에 관한 문제를 정치적 문제가 아닌 사적인 문제로 바라보게 한다. 생물학적 본능이나 특정 신체기관에 중심을 두고 있는 섹스의 개념에서 성은 자연적이고 내재된 본능으로 규정된다. 따라서 사회적으로 남성과 여성에게 부여된 차별적인 성적인 행동 규범이나 성 윤리를 본능의 차원에서 정당화할 수 있다. 또한 섹스 개념에서의 성은 지나치게 남성 중심적이며 이성애 중심적이라는 문제가 있다. 예를 들어 섹스 개념으로는 남성이 성기를 삽입하지 않은 성적 침해를 폭력의 문제로 보기 어렵고 동성 간의 성적 행위도 성의 범주에 포함되기 어렵다.

이러한 한계 때문에 성에 대한 새로운 개념화가 필요하였고 성적 행위 및 생리학적 반응들을 넘어서 상당히 포괄적인 영역과 사회적인 의미를 내포하는 개념으로서 섹슈얼리티(sexuality) 개념이 등장하게 된다. 섹슈얼리티는 다음과 같이 다양한 내용을 포함한다.

첫째, 성적 욕망(erotic desire)이나 정서, 판타지, 성적 매력을 의미한다. 신체적 영역을 넘어서 정서, 심리, 무의식 차원의 심층적 의미 구조들로 성의 범위를 확대시킨다.

둘째, 성적 정체성(sexual identity)을 포함한다. 예를 들어 동성애자인가, 이성애자인가, 트랜스젠더인가와 같이 성과 관련된 자기규정이나 성적인 삶의 스타일을 말한다.

셋째, 성적 지위(sexual status)를 의미한다. 이는 사회적으로 특정한 성적 정체성이나 관행, 욕망에 부여되는 지위를 가리킨다. 예를 들어 이성애 제도 내에서 이성애자는 동성애자보다 사회적으로 특권을 누린다. 가부장적 성 규범에서는 성적으로 개방적인 여성보다는 성경험이 없고 순진한 여성이 높은 가치를 인정받는다. 섹슈얼리티는 이처럼 성과 관련된 위계와 차별화된 지위를 포함한다.

섹스 대신에 섹슈얼리티 개념을 도입하는 것은 성을 사회적으로 논의하기 위함이다. 섹슈얼리티 개념에는 성적 욕망이 생물학적 욕구나 본능에 지배받는 것이 아니라 사회적으로 구성된 것이라는 의미가 포함된다. 다수의 사람들이 지배규범에 따라 특정한 욕망을 갖고 관행을 택하는 것은 문화적으로 성과 관련된 규범적 가치들을 학습하거나 수용한 결과다. 이 과정은 자발적일 수도 있지만 사회적 압력에 따른 것일 수도 있다. 한 사회에서 용인되지 않은 성적 관행을 택할 경우 법적인 처벌을 받거나 직업을 잃거나 때로는 폭력을 당하기도 한다. 이성애적 사회에서는 유부남과 성관계를 했을 경우

여성의 욕망을 다룬 영화 〈레이디 채털리〉의 한 장면

간통죄로 처벌받고, 동성애자임이 밝혀졌을 때 주변 사람들에게서 눈총을 받거나 따돌림을 당하고 심지어 직장을 그만두라는 압력을 받기도 한다. 이성애적 사회질서들은 이러한 방식으로 유지되고 이성애 제도에 대한 개인들의 저항을 잠재운다.

그러나 무엇보다 중요한 것은 성적 위계와 차별의 질서들 역시 사회적으로 구성되기 때문에 우리는 이와 관련된 사회 가치(values)나 섹슈얼리티를 둘러싼 구조들도 변화시킬 수 있다는 것이다. 사회적인 차원에서 성을 논의한다는 것은 성을 사회적인 문제로 정치화한다는 것을 의미한다. 따라서 이러한 접근은 섹슈얼리티의 위계나 차별의 문제를 다룰 뿐 아니라 이에 대한 저항이나 전복의 가능성을 모색할 수 있다.

02 섹슈얼리티에 드리워진 권력관계

여성주의 성 연구에서는 불평등한 성별관계를 구성하는 데 성별화된 섹슈얼리티를 중요한 영역으로 본다. 이러한 시각들은 급진주의 여성주의자들의 견해에서 분명하게 드러난다. 배리(Barry)는 "여성의 섹슈얼리티야말로 여성에 대한 경제적, 정치적 식민지화의 토대"라 하고, 맥키넌(Mackinnon)은 "섹슈얼리티는 성별 불평등을 없애는 데 있어 가장 핵심적인 영역"이라고 주장하였다.

초기 급진주의 여성주의에서 관심을 둔 부분은 가부장적 지배체제가 여성의 성을 통제하기 위해 사용하는 경제적, 이데올로기적, 법률적, 육체적 강제 등을 사회적으로 이슈화하는 것이었다. 가부장제는 여성을 '처녀'와 '매춘부'로 이분화하여 여성에게만 순결과 정절을 강요하는 이중규범체계로 여성을 남성의 성적 소유물로 만든다. 가부장제 하의 여성들은 물리적 폭력이나 사회적 지위에 의해 성적 자기결정권을 침해받고 있다. 강간이 그 예가 될 수 있으며, 여성들은 성매매를 통하여 착취당하며 포르노그래피를 통하여 남성의 성적 쾌락을 위한 도구로 탈인격화(depersonalized)되기도 한다.

급진주의 여성주의자들은 남성의 성적 지배와 통제가 성애화(eroticized)되는 것도 문제시하였다. 가부장제 사회에서 여성들은 성적 존재로 규정되며 남성의 성적 욕망을 만족시켜주는 대상이 되어야 했다. 여성은 성적 매력을 갖추어야 하며 성적으로 남성들을 얼마나 만족시키느냐에 따라 등급이 매겨지고 끊임없이 젊고 아름다울 것을 요구받는다. 여성에 대한 성적 억압은 결혼과 낭만적 사랑으로까지 연결된다. 사랑과 성에 대한 사회적 신화는 남성이 여성의 성을 소유하고 지배하려는 욕망을 낭만화 또는 성애화시켜 권력관계를 은폐한다. 경제적 필요에 의해 남편에 의지하고 그 대가로 성

아래의 글을 읽고 가부장제 사회와 모계제 사회에서의 여성의 성의 차이점은 무엇이며 이러한 차이를 발생시키는 사회적 맥락의 차이에 대해 토론해보자.

이슬람의 명예살인(honor killing)

이슬람 일부 국가에서는 가족 내 남성이 아내나 여동생, 딸의 성적 행동을 처벌할 수 있는 명예살인이 자행되고 있다. 한 예로 요르단에서는 다른 남성과 성관계를 맺었다는 이유로 오빠가 여동생을 살해하는 사건이 발생하였다. 그 오빠의 살인은 '가족의 명예'를 지키기 위한 것으로 인정되어 가해남성은 6개월 정도의 형을 살고 나왔고 가족들도 응당 해야 할 일을 했다고 생각한다. 여성들은 강간을 당했을 때에도 물론이고 심지어는 외간 남자와 이야기를 했다는 이유로도 불륜으로 몰려 남자 형제들에게 살해되고 있다. 명예살인 관행은 여성에 대한 혐의가 사실이든 아니든 일단 가족의 명예가 손상되었다고 생각할 경우 살인을 정당행위로 간주하고 있다. 요르단에서 공식적으로는 명예살인을 여성에 대한 인권 침해라고 보지만 아직도 25% 정도는 '사회적 윤리와 가치를 지킬 수 있는 유일한 방법'으로 여기고 있다. 여성의 성을 남성의 소유물로 여기는 가부장적 사회에서 여성의 성은 사회 규범을 유지하기 위해 강력하게 통제받는데 그 극단적인 예가 명예살인이다.

중국 모소족 여성의 자유로운 성

중국 윈난성(雲南省)에 살고 있는 소수 민족 모소족은 전형적인 모계제 사회다. 여성들이 생계를 책임지고 권위가 더 높으며 자녀들은 모계로 계승된다. 모소족은 우리 식의 일부일처제적 결혼보다는 여성들이 자유롭게 남자를 고르고 일정 기간 성관계를 맺게 되는 쩌우혼(走婚)을 맺는다. 이들 사이에서 아이가 태어나도 남자는 아이의 양육을 책임지지 않으며 여성의 오빠나 남동생이 실질적인 아버지 역할을 하게 된다. 여성들은 파트너를 자유롭게 고르나 남편과 함께 살지 않으며 필요시 남자들이 밤에 여성의 방을 방문한다. 남자도 원하면 언제든지 여자를 떠날 수 있다.

모소족은 19세부터 성이 허락되며 서로 원하는 사이에서는 자유롭게 연애하고 성관계를 맺을 수 있다. 여러 이성과 다양하게 사귀어보나가 쩌우혼을 하고 싶으면 여자 쪽 집에서 허락을 받아 관계를 유지한다. 여성들은 파트너 선택도 자유롭고 다수의 파트너를 선택할 수도 있다. 양성 모두 성의 영역에서 지배나 통제, 차별이 작동하지 않는 문화다.

적 서비스를 제공해야 하는 이성애 결혼관계는 '사랑'을 통해 '평등한 관계'로 미화되기도 한다. 비록 남성이 자신의 남성적 특권을 이용하지 않고 여성과의 평등한 관계를 만들기 위해 최선의 노력을 한다고 하더라도 남성과 여성 간의 사회적 불평등으로 인해 여성들은 이성애적 관계로부터 자유로울 수 없다.

여성주의에서 섹슈얼리티에 관심을 갖게 되면서 사적인 영역에서 은밀하게 감추어져 있던 여성들의 성적 피해들이 정치적으로 문제시되었다. 여성주의 성 연구는 비가시화되었던 여성의 성적 욕망이나 경험을 가시화시키는 것에서 그치는 것은 아니다. 여성의 경험을 다루되 여성을 성적 주체로 자리 매김하려는 정치학을 목표로 한다. 여성의 성적 억압성을 문제 제기함과 동시에 여성들의 사회적 맥락의 변화를 통한 성적 실천의 확대를 모색한다.

여성들이 성적 주체로 자리 매김하는 데에는 여러 가지 시도들이 필요하다. 우선적으로 여기에서 지적하고자 하는 것은 여성의 성적 경험들이 사회에 따라 다양할 수 있다는 것을 인식할 필요가 있다는 것이다. 그리고 이러한 차이들을 낳게 하는 사회적 맥락─사회 규범, 경제체제, 가족제도, 학교교육제도, 복지제도 등─과 여성의 지위가 어떻게 연결되어 있는가를 규명하는 것이다. 여성이 성적으로 자율성과 주체성을 확보하기 위해서는 여성의 성적 욕망에 대한 새로운 의미 발견 및 이에 대한 사회적 인정, 성과 혼인의 연결고리 해체, 여성의 경제적 자립, 여성의 출산과 모성에서의 자기결정권 확보 및 자녀 양육에 대한 사회적 지원 확대 등이 필요할 것이다.

03 여자와 남자의 성적 욕망을 말한다

여성의 성에 대한 가정들

- 여성들은 성적 욕망이 없다.
- 여성들은 성을 더럽고 위험한 것으로 본다.
- 성욕이 강한 여성들이 있으나 이들은 병적이거나 위험한 여성들이다.
- 여성들은 성적으로 수동적이어야 하고 남성이 이끄는 대로 따라야 한다.
- 성에 대해 무지하고 성적 욕망을 표현하지 않아야 여성답다.

남성의 성에 대한 가정들

- 남성의 성욕은 여성보다 더 강하다.
- 남성의 성욕은 충동적이어서 억제할 수 없다.
- 남성에게도 성은 위험할 수 있다. 그러나 성은 좋은 것이기도 하다.
- 남성은 성적으로 능동적이고 주도적이어야 한다.
- 성에 대한 지식이나 기술을 많이 알고 있어야 남성답다.

다수의 사회에서 사람들은 남성이 여성보다 강한 성욕을 갖고 있다고 믿는다. 이러한 차이는 임신, 출산 혹은 성 호르몬 같은 생물학적 차이에 기인하는 것으로 설명되기도 한다. 그러나 모든 사회에서 이러한 믿음이 통용되는 것은 아니다. 말리노프스키의 글에서 보면 트로브리안 아일랜더 부족과 쿠이머 마타코 부족은 여성의 성욕이 남성보다 더 강하다고 믿고 있다. 남태평양의 부족들은 대체로 남성이나 여성이나 성적 욕망의 차이가 없다고 믿는다(Marshall, 1971). 이러한 사실들은 남성과 여성의 성욕에 대한 가정들이 타고난 본능의 차이에 의한 것이 아니라 사회 문화적으로 구성된 것임을 뒷받침해준다.

실제로 남성의 성욕이 여성보다 더 강하다는 것을 입증할 자료는 별로 없다. 미국 청소년의 성에 관한 연구를 했던 브룩스 건 (Brooks-Gunn) 등의 연구를 보면, 남성들은 성관계를 여성보다 일찍 시작하고 성경험을 더 많이 하기는 하지만 남녀 사이의 성경험 시기와 횟수의 차이는 점차 줄고 있다고 한다. 성 개방화가 진전됨에 따라 젊은 세대에서 이성애 관계를 갖는 남성과 여성의 수는 비슷해지고 있다(Brooks-Gunn and Furstenberg, 1989).

한국에서도 젊은 세대의 경우 성 의식이 개방되어 있고 이에 따라 성경험이 늘고 성관계를 시작하는 연령도 낮아지는 추세다. 이러한 여성의 성의 변화는 여성의 경제적 자립 증가 및 성적 주체성 확립에 대한 요구 증가, 억압적인 성 규범의 약화 등과 같은 문화적 변화와 연관되어 있다.

여성의 성에 대한 가정, 태도, 믿음들은 문화적으로 구성되는데 '아이를 낳고 기르는 출산자'로서의 여성의 이미지가 작용하여 여성에 대한 성적 의미들을 구성해낸다. 전통적으로 성적 만족은 남성을 위한 것, 출산은 여성을 위한 것으로 강조되었다. 따라서 여성들은 무성적인 존재이자 모성 역할을 충실히 따를 것이 강요되었다. 여성들의 생물학적 특성은 문화적으로 구성된 가정들을 정당화하는 데 이용되기도 하였다.

그렇다고 해서 여성들이 출산자 즉 무성적인 존재로만 규정되는 것은 아니었다. 여성은 남성의 성적 욕망을 충족시켜주는 대상이 되어야 할 필요도 있었다. 이를 위해 남성 집단은 여성과 성적 결합은 하되 여성을 남성의 성적 대상으로 규정하게 된다. 남성은 성적 욕망을 규정하는 주체이고 여성은 남성의 규정에 따라 수동적 혹은 순응적이 되어야만 했다. 여성들의 성적 경험이나 즐거움은 가시화될 수 없었고 이를 유지하기 위한 여성의 성에 대한 왜곡된 신화들이 만들어지고 유포되었다. 여성들의 성적 즐거움을 드러내는 것은 남성 지배에 위협이 되므로 철저하게 봉쇄되었고 '여성들은 성욕이 없다, 성을 즐기지 않는다'는 신화들이 만들어졌다.

남성들이 만들어낸 여성의 성에 대한 왜곡된 신화들은 청소년기 때 성에 대해 알아가는 과정을 통해서 재생산되고 있다. 남성들은 비공식적인 대화를 통해서, 포르노를 보면서, 때로는 자위를 하면서 이러한 신화들을 '자연스러운 성'으로 배워간다. 여성들은 낭만적 사랑의 결합을 다룬 작품들을 통해 남성들의 성적 선호를 자연스럽게 습득하게 된다. 로맨스 작품들은 순진한 처녀가 세속적이고 경험이 많은 남성에 의해 성적 쾌락을 발견하게 되는 것이 주 내용이다.

남성들이 배워가는 성에는 여성의 성적 즐거움에 관한 정보가 거의 없다. 그들에게 있어서 성이란 성기 삽입이고 성의 목표는 오르가즘의 추구일 뿐이다. 이같이 남녀의 성이 이분화되어 있는 상황에서 여성이 남성에게 자신의 성적 요구를 알려주거나 요구하는 것은 어렵다. 그럴 경우 여성들은 경험이 많거나 타락한 여성으로 간주된다. 결국 남성 중심적 성 문화에서 여성들의 성, 즐거움, 주체성은 감추어야만 하는 것, 남성이 실현시켜 주어야 하는 것이 된다.

여성의 성적 즐거움마저도 남성의 쾌락을 위해 희생해야 하는 개념이나 관행들을 넘어서기 위해서는 어떻게 해야 할까. 여성들은 우리 자신의 성을 재규정해야만 할 것이다. '정상적인 성'이라는 개념을 넘어서 여성을 위한 새로운 가이드라인이 필요하다. 아직도 결혼 지침서에는 '남녀가 함께 만족할 수 있는 성'이라는 환상이 유포되고 있다. '표준적인' 성행위가 여성의 성적 기쁨을 보장하지 못한다면 과감하게 '표준'이 아니라고 말하자. 그리고 여성들에게 성적 만족을 가져다 줄 여러 가지 기법들을 발견하고 사용하도록 해보자.

다음의 속담을 여성 대신 남성으로 바꾸어서 만들어보자. 어색한가?
그렇다면 왜 그렇게 느껴지는지 토의해보자.

- 나 오늘 '한 팔에 안기는' 여자!
    → 나 오늘 '한 팔에 안기는' 남자!
- 그릇과 여자는 내돌리면 깨진다
    → 그릇과 남자는 내돌리면 깨진다
- 아랫목과 계집은 먼저 차지한 놈이 임자다
    → 아랫목과 사내는 먼저 차지한 년이 임자다
- 얻기 쉬운 여자가 버리기도 쉽다
    → 얻기 쉬운 남자가 버리기도 쉽다
- 여자와 옷은 새 것이 좋다
    → 남자와 옷은 새 것이 좋다
- 여자는 요물이다. 사내 등골만 빼 먹는다
    → 남자는 요물이다. 여자 등골만 빼 먹는다
- 계집과 음식은 훔쳐 먹는 것이 별미다
    → 사내와 음식은 훔쳐 먹는 것이 별미다
- 여자와 날고기는 오래 두고 보지 마라
    → 남자와 날고기는 오래 두고 보지 마라

－전혜영(1999)에서 인용

여성의 성을 남성에게만 국한시키는 데에서 나아가야 한다. 여성의 성, 그것은 남성과 여성 사이에서도 가능하지만 반드시 그럴 필요가 없을 수도 있다. 동성 간 또는 양성 간의 교류도 가능할 것이다. 파트너가 없이도 가능하고 몇 명의 파트너를 가질 수도 있을 것이다. 자기 몸을 통해 스스로 기쁨을 느낄 수도 있고 범 성적인

질 오르가즘의 신화

남성지배 사회에서는 여성의 성적 즐거움에 대한 오해나 왜곡들이 많다. 그 중의 하나가 '여성은 질 오르가즘을 통해서 성적 만족에 도달해야 한다'는 질 오르가즘 신화다. 다수의 여성들은 이성애 관계에서 질 오르가즘을 느끼지 않을 경우가 많고 오히려 음핵 오르가즘에서 더 많은 쾌락을 느끼게 된다고 한다.

그럼에도 불구하고 질 오르가즘 신화가 유포되는 것은 남성 중심적인 성 관행을 유지하고 여성을 성적으로 통제하기 위해서다. 여성의 질은 남성이 성적 만족을 얻을 수 있는 최선의 신체기관이다. 따라서 남성들은 여성 독자적으로 쾌락을 느낄 수 있는 음핵 오르가즘을 열등한 것 혹은 위험한 것으로 규정한다. 때로는 질 오르가즘 신화를 내면화한 여성들이 남성의 자아를 손상시키지 않기 위해 성적 극치감에 도달하는 연기를 하기도 한다. 질 오르가즘 신화는 여성을 독자적인 욕망을 가지고 있는 동등한 성행위 파트너로 인식하지 못하게 하는 효과적인 기제다.

음핵은 여성의 성적 욕망과 즐거움을 일깨워 주는 곳이자 성적 결합에서 남성을 필요로 하지 않는 기관이다. 음핵 오르가즘은 레즈비언이나 양성애 여성을 가능하게 하고 성적으로 남성에게 종속되지 않을 수 있는 잠재성을 내포하고 있다. 나아가 음핵 오르가즘은 이성애 내 삽입 성교만이 정상적인 성으로 규정되는 데 대해 도전할 수 있는 중요한 지점이기도 하다.

(pansexuality) 쾌락을 추구할 수도 있다. 지구, 하늘, 모든 사물 및 자연과 사랑 혹은 에너지를 나눌 수도 있다.

땅과 하늘을 사랑하라. 모든 사물을 사랑하라. 그러면 그것들이 너를 사랑할 것이다. 너 자신을 모든 사물을 연결해주는 거대한 에너지 장을 향해 열어라. 그리고 구하기만 하면 언제든지 얻을 수 있는 위대한 황홀경으로 연결되는 통로가 되라. 그 에너지 망 안에서 깊이 숨을 쉬어라. 그러면 여러 가지 유익함을 얻을 수 있다. 한 예로 너는 이제까지 그렇게 오랫동안 찾아 헤매던 완벽하고 이상적인 연인을 만날 수 있을 것이다. 그 연인은 바로 너 자신이다.[*]

[*] Annie Sprinkle, "Beyond Bisexual", in Allison Jaggar ed. *Living with contradictions: controversies in Feminist Social Ethics*(1994), Westview Press. pp.510-512.

새로운 성의 개념화, 이를 위해서는 여성 스스로 자신의 성을 존중하고 그것이 지닌 놀라운 가치를 인정해야 한다. 성적 죄의식이나 쾌락을 추구할 자격이 없다는 자격지심은 단호히 버려야 할 것이다. 무엇보다도 여성들은 '올바른 성'보다 '실험적이고 창조적인 성'을 우선시하는 일이 가장 필요할지 모른다.

04 성관계와 성폭력은 어떻게 다른가?

여성주의에서 섹슈얼리티 이슈 중 가장 먼저 관심을 가진 것은 성폭력이다. 성폭력은 여성주의가 명명한 새로운 폭력 개념이다. 성폭력이란 '본인의 의사에 반하는 성적 접근 또는 성적 행위'를 말한다. 성적 행위란 가벼운 터치나 애무, 추행, 강제적 성행위를 포함하는 신체적 접근을 포함하여 외모에 대한 언급이나 음담패설, 음란 전화 등과 같은 언어적 행위, 그리고 응시, 몸동작, 음란물의 전시, 성기 노출과 같은 비언어적 행위들을 말한다.

여성주의는 성폭력을 여성의 관점에서 새롭게 정치화하고자 하였다. 기존의 문화에서 성폭력 피해자는 '성폭력을 유발한 자' 혹은 '정조를 침해당한 희생자'로서 비난의 대상이 되었다. 이러한 관념에는 여성의 행동거지가 강간을 일으킬 수 있으며 여성이 진정 강간을 원치 않으면 저항할 수 있다는 믿음이 깔려 있다. 피해자 비난의 논리 이면에는 남성의 성욕은 억제할 수 없는 자연적인 본능, 충동이라는 성적 이중 규범이 깔려 있다. 따라서 남성의 성적 분출은 설사 그것이 폭력이라 할지라도 '자연', '본능'으로 이해받을 수 있는 문제가 된다.

성적 이중 규범의 논리 하에서 성폭력의 피해자는 언제라도 분출

될 수 있는 성적 충동을 부추긴 '가해자'가 된다. 이 논리에서 성폭력의 피해자가 '피해자'로 인정받기 위해서는 얼마만큼 강한 저항을 했는지 자신의 성적 전력이 보호받을 만한 종류인지를 증명해내야 한다. 심지어 피해자들이 은근히 강간을 원하고 강간을 즐긴다고 생각하거나 순진한 남성에게 강간죄를 뒤집어씌운다고 비난하는 사람들도 있다.

성폭력은 개인적인 차원에서 일어나는 것이 아니라 불평등한 성별 권력관계에 의해 발생하며 나아가서는 불평등한 사회적 지위의 권력관계 또는 국가간 권력관계 등에 의해 발생하는 구조화된 폭력이다. 가부장제는 여성의 성에 대한 소유권을 여성 개인에게 속한 것이 아니라 그 여성과 관계된 남성 집단의 소유물로 규정하는 긴 역사를 가지고 있다. 성폭력은 여성을 지배, 통제하기 위해 성폭력을 사용하는 가부장적 문화적 맥락에서 발생한다.

성폭력에 대해 문화적 비교를 해보면 강간에 허용적인 문화일수록 강간율이 높게 나오고, 강간을 비난하는 문화일 때는 강간이 드물거나 거의 없다고 한다. 여성들이 생산자 및 재생산자로 인정받고 있으며 친밀한 관계에서 폭력을 허용치 않는 사회에서 강간 발생률은 떨어진다. 반면 남성 지배가 강하고 여성을 소유물로 간주하거나 남녀 사이 적대감이 강하고 사회적으로 폭력 사용이 빈번한 경우 강간이 많이 일어난다고 한다.

가부장제가 강간을 문제시한 이유는 일부일처제 사회에서 한 남성에게만 독점되어야 하는 권리가 다른 남성에 의해 침해되었기 때문이었다. 이에 반해 여성주의는 성폭력을 여성 자신의 신체에 대한 권리가 부정되는 문제로 바라본다. 즉 여성이 순결이나 정조를 잃었기 때문이 아니라 성적 위엄이나 고결함을 침해당했기 때문에 문제삼는 것이다.

성폭력은 불특정 다수의 여성이 언제라도 잠정적인 폭력의 대상이 될 수 있다는 '공포'의 정치를 수반한다. 성폭력은 직접 피해를 당한 여성 외에도 다수의 여성들을 성폭력의 위협에 노출시켜 잠재적인 피해자로 만든다. 이로써 성폭력은 전 여성에 대한 성통제로 확대된다. 여성들은 언제 어디에서 성폭력을 당할지 모른다는 위험 때문에 끊임없이 자기 주변을 살펴야 한다. 이러한 공포로 인해 여성들은 공간적·심리적 압박을 느끼게 되고 일터나 삶의 영역들에서 제약을 받게 된다. 여성들은 종종 만나고 있는 남자의 행동을 점검하거나 그들의 성적인 의도를 예측해야만 한다. 일터에서 야근을 하거나 다른 지역으로 출장을 갈 때도 남성들처럼 자유롭지 못하다. 실제로 성폭력이 일어나는 것은 아니지만 여성들은 늘 밤길을 조심해야 하고 낯선 환경을 두려워해야 하는 것이다.

성폭력은 여성들로 하여금 구조화된 무기력 상태에 놓이게 한다. 언제든 폭력의 대상이 될 수 있다는 것은 그 대상을 손쉽게 통제할 수 있음을 의미한다. 남성과 여성의 관계뿐 아니라 남성과 남성의 관계에서도 피해자는 사회적으로 낮은 지위에 있는 '여성화된 지위'로 격하된다. 예를 들어 군대나 감옥에서 성폭력은 권력이 없는 남성을 대상으로 일어나고 피해자는 남성으로서의 지위에 심각한 손상을 입게 된다.

강간은 남성의 행위다. 남성적인 남성이든 여성적인 남성이든 간에, 상대적으로 긴 기간 동안 사귄 남성이든 짧은 기간 동안 사귄 남성이든 간에. 그리고 강간당하는 것은 여성의 경험이다. 여성적인 여성이든 남성적인 여성이든 간에. 상대적으로 긴 기간 동안 사귄 여성이든 짧은 기간 동안 사귄 여성이든 간에.[*]

* Shafer and Frye, "Rape and Respect", 매키넌에서 재인용.

쟁점: 이성애 제도 내에서 성적 강제와 동의

여성주의에서 성폭력을 성별 권력의 불평등의 산물로 이슈화한 것은 획기적이었다. 한국 사회에서도 성폭력 운동은 사회적으로 여성들의 호응을 받았고 법 제정이나 피해자의 권리를 보장하는 데에서도 성과를 이루었다. 그러나 성폭력 운동은 '성폭력'과 '정상적인 성관계'를 구분하기 어려워졌다고 성폭력을 남성 지배 여성 종속의 구도로 파악하므로써 여성을 피해자화하는 한계가 있다.

이성애 제도는 여성으로 하여금 성적 관계에서 수동적인 역할을 부여하고 남성에게는 주도적이고 능동적인 역할을 부여한다. 가부장제의 이중적 성 규범 각본 속에서 여성은 성적 자기결정권을 능동적으로 행사하는 데 구조적인 제약이 있다. 동의라는 개념은 남성들에게는 '자발성'을 의미할 수 있지만 여성들에게는 '거부하지 않음'으로만 이해될 뿐이다. 이러한 의미에서 성폭력 연속선 개념이 성립될 수 있으며 이때 성폭력과 성관계를 구분하기 모호한 문제가 발생한다.

여성의 성에 대한 권리가 여성 자신이 아닌 그 여성과 관계된 남성에게 있다고 보는 가부장적 논리에서는 성폭력으로 인정받을 만한 '성적 자격'이 있어야 한다. 피해자 여성은 성적으로 경험이 없는 여성이어야 하며 가해자의 물리적인 폭력이나 신체적, 경제적, 사회적 강제가 있어야 한다. 만일 피해자가 성적 접근을 원치 않을 때는 강력하게 저항해야 하며 그래야만 진정한 성폭력으로 인정을 받을 수 있다.

문제는 이성애 제도 내에서의 성적인 관계들이 '폭력적 성'의 전형에 포함되지 않는 경우가 많다는 것이다. 그래서 많은 강제적인 성적 접근들이 남성들에게는 성적 친밀함이나 악의없는 재미로 받아들여진다. 이것이 여성들에게는 강제적이고 모욕적인 침해였다고 어떻게 입증할 수 있는가? 남성들이 침해라고 규정하지 않는 것들에 대해 어떻게 침해라고 인정을 받을 수 있는가?

이러한 문제와 관련하여 쟁점이 되는 부분이 물리적 강제가 없이 일어난 성을 여성이 동의한 성이라고 볼 수 있는가 하는 것이다. 때로 남성이 여성에게 '감정적인 호소'를 하거나 '관계를 끊겠다고 협박'을 하면서 성관계를 요구할 경우가 있다. 이때 순응 이외에 대안이 없을 때, 남성의 요구를 거절하는 것이 미안하고 죄책감을 느낄 때 여성이 동의했다고 해도 이것은 실제로 강제라고 보아야 할 것이다. 여성이 성적 의사를 표현하는 것이 허용되지 않을 때, 상대와 의사소통의 통로가 없을 때, 남성-지배, 여성-종속의 성을 정상적인 성으로 수용하였을 때, 여성들은 '아니다'라고 표현하기 어렵다. 따라서 '아니다'라고 거부하지 못한 것이 곧바로 '동의'로 받아들여져서는 안 된다. 여성들의 '동의 가능성'은 상대 남성과의 관계의 맥락에 의해 많은 부분 좌우된다. 아내는 남편의 성적 요구에 대해, 성매매 여성은 상대 남성의 요구에 대해 언제나 동의하고 있다고 간주된다. 따라서 이 관계에서 여성이 거부하지 않음이 곧 '원함' 혹은 '자발'을 의미한다고 할 수는 없다.

두 번째 쟁점은 친밀한 관계에서 일어난 성적 접근은 동의한 성인가 하는 것이다. '데이트 관계', '부부 관계'는 남성들에게는 모든 방식의 '성적인 접근'도 가능한 관계로 받아들여진다. 판례상 '부부'사이는 '성교의 의무'가 있는 것으로 간주되고 있다. 일반적으로 데이트 관계나 부부 관계는 사랑과 상호성으로 이루어진 관계라고 가정한다. 남성들은 이러한 관계 내에 있는 여성과의 성관계는 성폭력으로 인식하지 않는다. 일반적으로 남성들은 '아는 여성과는 성관계만 할 뿐, 남성은 아는 여성을 강간하지 않는다'고 생각한다. 이

관계에서 성폭력이 있었다면 더 이상 상호적인 관계가 아니다. 따라서 데이트 관계에서 반복적으로 성폭력이 일어났을 경우 그것은 강제적 성으로 인정받기 어렵다.

'Men Can Stop Rape(남성은 강간을 막을 수 있다)' 라는 단체에서 제작해 판매하고 있는 포스터. www.mencanstoprape.org

마찬가지로 데이트 관계에서 여성의 의사에 반하였으나 폭력이나 협박이 없이 일어난 성폭력은 문제시하기가 어렵다. 친밀한 관계이기 때문에 더욱 엄격한 기준이 요구된다. 부부강간을 처벌하는 가정폭력특례법의 경우도 '폭행이나 협박의 경우가 현저해야 하며, 단순히 배우자의 동의 없는 강제적 성관계'는 배제된다. '때리면서 또는 때린 뒤 강제적 성관계를 맺거나 원치 않는 변태적 성관계를 물리력을 동원해 강요하는' 정도가 되어야 처벌대상이 된다.

데이트 성폭력에서 문제되는 것 중의 하나가 남성들이 여성들의 피해에 대해 잘못 인식하는 것이다. 한 예로 남성들은 가까운 사람으로부터 강간당하는 것이 모르는 사람에게 당한 것보다는 나을 것이라고 가정한다. 아는 사람에게 당했을 때 감정적 외상이 덜 할 것이라는 것이다. 하지만 여성들은 자신이 믿었던 사람이나 모르는 사람이나에 관계없이 피해로 느끼며 오히려 신뢰했던 상대일 경우 더 상처를 입는다고 한다.

05 성매매: 남성 성욕의 신화와 권력

성매매란 불특정인으로부터 금전적인 대가를 받고 성을 사고파는 행위라고 정의한다. 일반적으로 성매매는 성을 영리와 쾌락의 도구로 만들어 인간의 존엄성을 위배하고, 일부일처제적 결혼제도를 위협한다는 측면에서 문제시되고 있다. 여성주의에서 성매매를 문제시하는 지점은 성매매는 남성 구매-여성 판매의 구도로 일어나는 남성의 성적 지배의 전형이라는 점에서다. 성매매는 여성의 성적 대상화라는 가부장제의 논리와 여성의 성을 상품화하는 자본주의, 여성 노동시장의 주변화와 빈곤이 맞물려 발생하고 있다.

성매매가 지속하고 번창하는 데는 남성의 성 구매의 불가피성을 옹호하는 남성 중심적 가정들이 작동하고 있다. 그 첫 번째가 남성의 성욕은 억제할 수 없이 강해서 일부일처제적 결혼에만 국한될 수 없다는 것이다. 물론 여성들의 성욕에 대해서는 무성적이라고 전제한다. 이러한 가정들은 성욕을 개인이 통제할 수 없는 본능으로 본질화하여 남성의 성 구매 행위를 정당화시킨다.

두 번째는 성매매 여성에 대한 왜곡된 가정을 하여 성매매의 책임을 여성에게 돌리는 것이다. 남성 중심적인 성 문화에서는 성매매 여성을 건실한 노동을 싫어하고 성을 팔아 쉽게 돈을 벌려는 문란하고 타락한 여성들로 낙인찍는다. 이는 성매매 여성을 남성의 성적 쾌락을 극대화하기 위한 대상으로 소유할 수 있도록 하면서도 성 구매 남성과 성 판매 여성 간의 권력관계 속에서 발생하는 성매매 여성들의 피해를 은폐한다.

성매매는 성매매 여성을 착취하고 인권을 침해하는데 이들의 권리를 드러내기가 어렵다. 성매매 여성들은 경제적 어려움과 다른 대안의 부재, 이전의 성폭력의 경험들 혹은 인신매매 등으로 성매매로 유입되는 경우가 많다. 일단 유입되면 감금, 빚과 포주의 폭력으로 인해서 성매매로부터 탈피하기 어렵다. 성매매 과정에서 여성들은 남성 구매자로로부터 성적·신체적 폭력을 당할 위험에 항상 노출되어 있고 성병과 에이즈 등 건강에 대한 위협에도 무방비 상태다.

우리 사회는 '여성들은 성매매를 자발적으로 선택한다' 혹은 '여성들은 성매매를 즐긴다'는 잘못된 가정을 하고 있다. 이는 성매매 여성은 쉽게 비난하되 성 구매 남성의 행위는 어쩔 수 없는 것으로 변명해주고 심지어 성 판매 여성의 경제활동을 도와주는 행위라고 믿게 한다. 이로써 성매매에 이르기까지의 과정에서 그리고 성매매 경험 속에서, 성매매 여성이 경험하는 억압과 착취는 마치 존재하지 않는 것처럼 된다

성매매는 가부장제 지배 하에서 여성을 성적으로 비하하고 비인격화하는 문제가 있다. 여성주의자들은 성매매에서 여성만이 성적 서비스 제공자가 되고, 소외감을 느끼고, 낙인이 찍히게 되는 것을 문제시하였다. 남성은 성 구매자는 되어도 성 서비스 제공자가 되지 않는다. 남성이 성 서비스 제공자가 되는 것은 사회·문화적으로 규정된 남성성에 맞지 않기 때문이다. 성 서비스 제공자의 역할은 구매자의 뜻에 따라 수동적으로 도구화되는 것인데 이는 기존의 남성성과 배치된다. 마찬가지로 여성이 성 거래를 리드하고 남성 파트너를 주도하고 자신의 성적 욕망을 충족시키는 것은 여성성에 대한 우리 사회의 가정 속에서는 상상하기 어렵다. 성매매 시장이 남성 구매-여성 판매로 성별화되어 있는 것은 이러한 맥락에서 설명할 수 있다. 남성은 빈곤한 경우라도 성매매를 하지 않는데 그것은 남성이 올바른 성적 가치관을 가지고 있기 때문이 아니라 남성의 성을 매매할 시장이 형성되어 있지 않기 때문이다. 한 예로 호스트 바에 대한 단속이 성매매 여성에 대한 단속보다 더 강력한데, 이는 성을 파는 남성들의 존재가 남성 중심적 성 문화를 위반하고 도전하기 때문이다.

지금까지 성매매를 젠더 관점에서 설명해왔지만 젠더 불평등만으로 설명할 수 있는 것은 아니다. 성매매 산업의 성장은 경제적, 산업

인간을 사고 파는 것은 범죄라는 메시지를 전하는 외국의 홍보물

적 측면의 분석이 필요하다. 성매매는 단지 성 구매 남성과 성 판매 여성 간의 거래가 아니라 포주, 유흥업, 숙박업이 연결되어 있는 산업이며 경찰 권력까지 연계되어 있는 먹이사슬의 구조를 이루고 있다. 이들은 경제적 이윤 추구를 위해 지속적으로 성매매의 수요를 창출하고 공급을 확대해 성매매 산업을 번창시킨다. 향락산업의 성장과 인신매매 조직의 활동 등은 성매매가 단지 남성 구매자와 여성 판매자 개인의 선택 차원을 넘어서는 구조적 차원의 제약을 만들어낸다.

한국 사회에서의 성매매 관련법이 '윤락'에서 '매매춘'으로 그리고 '성매매'라는 용어로 변화하였는데 이는 여성계의 노력과 아울러 성매매의 산업적 측면을 인정하면서 가능하였다. 초기의 '윤락'이라는 개념이 성매매의 문제를 성매매 여성의 성적 타락의 문제로 간주하고 이들에 대한 단속과 처벌을 강화하는 것이었다면 '매매춘'은 성을 구매하는 남성에 대한 처벌을 강조하는 데로 나아가는 것이었다. 2004년 개정된 '성매매 특별법'은 '성매매'라는 중립적 용어를 처음 사용하여 성산업을 둘러싼 먹이사슬까지 드러내고 처벌할 수 있게 하였다.

또한 성매매는 이제 한 국가 내에서 발생하는 문제가 아니다. 현재 성매매는 전 지구적 차원에서 산업 재편을 이루어내고 있다. 가난한 나라의 젊고 어린 여성들이 부유한 나라의 남성의 성적 대상으로 유입되고 있다. 전 지구적으로 이미 천만 명의 어린 여성들이 성매매 시장에서 착취당하고 있고 매년 5세에서 15세 여자 어린이 이백만 명이 성매매 시장으로 유입되고 있다.

한국의 경우도 구소련 지역 및 필리핀, 중국, 베트남, 몽골, 남미 국가로부터 여성들이 성매매 산업으로 유입되고 있다. 동시에 한국 여성들은 미국, 일본, 홍콩 등지의 성산업으로 유출된다. 한국 남성

표 4-1 **한국 성매매 법의 변화**

법명·시기	제정 및 개정 내용
부녀자 매매금지 (1946. 미군정)	• "부녀자의 매매 또는 그 매매 계약의 금지에 관한 법령" 공포 시행
공창제 폐지 (1947. 미군정)	• "공창제 폐지령" 공포 • 정부의 소극적 태도 및 정책 부재로 실질적 효과 없음
윤락행위 방지법 (1961. 군사혁명부)	• 사회악 일소 정책 일환으로 "윤락행위 등 방지법" 제정 공포 • 윤락행위 및 알선 금지, 윤락행위자 보호지도소 위탁, 윤락여성과 포주 간의 채권 채무 불인정 • 1962년 전국 104개 특정 성매매 지역 설치 사실상 허용, 주한미군 기지촌 유흥업소에 면세 혜택 부여 등으로 실질적 영향력 없음
윤락행위 방지법 개정 (1995)	• 윤락행위 등 방지법 전문 개정 • 성매수 남성 처벌, 1년 이하 징역, 300만원 이하 벌금, 실질적으로는 훈방 등 관대한 처벌에 그침 • 성매매 여성 무조건 처벌 • 성매매 알선자 처벌, 법정형 하한 5년
성매매 특별법 (2004)	• 성매매 처벌에 관한 특별법 제정 • 성매매, 성매매 피해자 등 가치 중립적·인권 중심적 표현 • 성매수자 처벌, 무조건 입건 방침 • 성매매 알선자 처벌 강화, 법정형 상한 10년, 수익 몰수 및 추징 • 업주 강요에 따른 성매매 피해자 처벌 제외 • 성매매 피해자 보호, 자활지원, 의료비 지원, 긴급구조 요청 시 경찰관 동행 의무

들은 동남아 등지로 성 구매를 목적으로 한 섹스 관광을 떠나고 일본이나 서유럽의 남성들은 성매매 관광을 즐기기 위해 한국으로 오고 있다.

성매매가 산업화하고 성매매 산업이 전 지구적 성산업 체계 속으로 편입되고 있기 때문에 이제 성매매 문제에 관한 분석은 성별 이데올로기뿐만 아니라 성 구매자와 성 판매자의 인종, 국가, 민족, 계급 정체성 등이 교차하는 분석을 필요로 한다. 성매매 시장의 확대로 유색인종 여성일수록, 나이가 어린 여성일수록 성적·경제적 착취에 놓이게 될 위험이 커진다. 따라서 성매매 문제는 단일 국가 차원에서 나아가 전시 혹은 평화 시에 성산업을 유지하는 가부장제, 자본주의, 군사주의, 제국주의의 결합을 드러내야 할 것이며 전 지구적 차원의 여성 연대를 통해 성매매 산업 확산 방지 및 여성 인권 확보에 힘써야 할 것이다.

쟁점: 성 노동인가? 성적 착취인가?

성매매에 대해서는 여성들 내부에서도 여성주의자들 내부에서도 동일한 입장을 갖기 어렵다. 성매매가 성에 대한 남성적 권력의 지배와 착취의 형태이지만 성매매를 통해서 생계를 유지해야 하는 여성집단이 있기 때문이다. 이러한 상황은 성매매로 인한 자본과 남성의 지배에는 도전하면서도 다른 한편에서는 성매매 여성들의 인권과 생존권을 확보할 수 있는 논리를 필요로 한다.

2004년 3월 성매매 특별법이 통과되고 성매매 집결지에 대한 단속이 심화되자 사회적으로 성매매에 대한 논쟁이 뜨거웠다. 성매매 특별법은 남성들의 노골적인 반대의 목소리 외에도 성매매 여성들의 항의를 받게 되었다. 이들은 자신의 노동을 성 노동으로 규정하고 민성노련(민주성노동자연대)을 결성하고 항의 집회를 한다든지 단식 농성을 실시하였다. 성 노동자를 상담하러 간 여성단체 회원들과 갈등을 빚기도 하였다. 성매매 특별법은 남성과 여성의 대립적 구도 외에도 여성들 간의 차이와 갈등을 드러내주는 계기가 되었다.

성매매를 둘러싼 논쟁은 '여성은 자기 몸을 이용해 돈을 벌 권리가 있는가'와 '성매매 여성은 전 지구적 성산업의 노예인가'에 관한 것이다. 이는 성매매에 대해 사회적으로 규제할 것인지 합법화할 것인지와 연관된다. 성매매가 가장 심각한 여성억압과 착취의 형태라면 여성주의에서는 이 문제를 어떻게 해결할 것인가?

성매매와 관련된 입장은 성매매를 법적으로 범죄화하는 금지주의(penalization) 정책, 경찰, 행정관청의 허가나 통제 하에 실시되는 규제주의(regulation) 정책, 그리고 자유로운 활동으로 인정하되 포주의 착취나 매음 조장, 호객행위는 금지하는 비 범죄주의(decriminalization) 정책으로 나뉜다.

금지주의는 성매매 여성을 범죄자화 하므로 성매매 여성에 대해 음성적으로 자행되는 착취를 드러내기 어렵다. 규제주의는 여성의 성적 대상화 및 상품화에 대한 문제 제기가 쉽지 않고 경찰과 업주의 유착관계가 종식되지 않았을 경우 합법적으로 성매매 여성을 착취할 우려도 있다. 비 범죄주의는 전반적인 가부장적 억압에 대한 문제 제기 없이 시행될 경우 남성의 성적 지배를 강화하고 성산업 자본의 이득만 채울 수 있는 위험이 있다.

이런 측면에서 볼 때 어떤 입장도 성매매의 복잡한 문제들을 한꺼번에 해결할 수 있는 것은 아니다. 특히 한국 사회처럼 성매매 여성의 인권 문제를 이슈화해보지도 못하고 착취적이고 억압적인 성적 관행을 묵인해왔던 상황에서 성매매 문제 해결책을 일시에 도출해내는 것은 쉽지 않다. 성매매 여성을 일방적으로 희생자로 만드는 성매매 성 노동(sex worker)인가, 성 노예(sexual slavery)인가? 다음의 주장을 읽고 토론해 보자.

성 노동 입장

성매매는 애정을 파는 것이 아니라 단순히 성적 서비스를 파는 것이다. 따라서 다른 노동과 마찬가지로 성매매도 노동이 될 수 있고 여성도 자기 몸을 이용해 돈을 벌 권리가 있다. 만일 성매매가 성인 사이에서 일어나고, 강제가 아니며, 성매매 노동자들의 임금 수준도 높고, 노조도 결성할 수 있다면, 의료보험과 같은 혜택을 누릴 수 있으며, 휴가비도 지급된다면, 성매매에서 인종차별이나 특정 인종 선호가 없고, 어린이들이 일하지 않는다면, 그럴 경우도 성 노동은 잘못된 것인가?

여성들은 남성보다 자원이 부족하다. 가난한 여성, 특히 인종적으로 불이익을 당하는 집단의 여성은 경제적 선택의 기회가 제한되어 있다. 만일 성매매를 금지하고 국가의 개입을 요구하게 되면 성매매 여성들은 범죄자가 될 수밖에 없다. 성매매는 유일한 생계 수입이고 공장에서 힘든 일이나 쳇바퀴 돌 듯 하는 가사일보다 더 좋은 수입원이 되기도 한다. 이를 포기하는 것은 성매매 여성에게도 쉽지 않고 다른 대안을 찾기가 어려운 것도 사실이다. 따라서 성매매 여성을 성 노동자로서 인정하고 이들의 노동권을 보장해 주는 것이 필요하다.

성 노예 입장

성매매를 일(work)로 볼 경우 성 노동은 분명히 다른 노동과 차이가 있다. 성매매는 다른 노동과는 달리 '성적 서비스'를 매매한다는 측면에서 성매매 여성에게 낙인이 찍히게 된다. 어떤 노동도 그 노동을 하였다는 이유로 사회적으로 타락하였다는 비난을 받지는 않는다. 심지어 노예와 같은 상황에서 성매매를 강요당했다고 해도 성매매의 대가를 착취당했다고 해도 '타락한 여성'으로 낙인찍히지 않는 것은 아니다. 성 노동자들은 자신의 가족들이 타격을 받지 않도록 수치스러운 그들의 과거를 숨겨야 한다. 이 부분이 성매매가 다른 노동과 구분되는 지점이다.

성매매는 성매매 여성에게만 해당되는 문제가 아니다. 성매매는 여성의 성을 대상화하며 상품화하는 전형적인 가부장적 성적 억압의 관행이다. 성매매 여성에게는 폭력과 착취, 인권유린의 문제를 유발하고 일반 여성들은 성적 대상으로서 지위가 강화된다. 여성이 성적 매매 대상이 되는 것, 여성에게만 낙인이 찍히는 억압적 성매매 관행을 허용하는 것은 성매매 여성의 인권 보호에도 한계가 있고 여성의 성 전반에 대한 통제와 지배를 허용하게 된다.

것도 바람직하지 않으며 그렇다고 성매매를 합법화하는 것도 대안은 아니다. 우선 성매매를 둘러싼 여성들의 차이에 주목하고 각 집단의 목소리에 귀 기울이는 자세가 필요하다. 성매매에 대한 입장은 잠정적으로 오버올(Overall, 1992)의 결론, 즉 "성매매 여성의 일할 자격을 옹호하기는 하지만, 가부장제의 관행으로서의 성매매는 옹호하지 않는다"를 제안해 볼 수 있다.

성매매 분석은 성 노예냐 성 노동이냐 이분법적으로 구분할 것이 아니라 성매매를 둘러싼 경제적 차원, 젠더 차원, 성적 차원, 심리적 차원을 복합적으로 고려해야 한다. 성매매에 관한 분석은 성매매 여성들의 삶이나 남성 고객들의 성매매 동기들을 젠더 관계와 아울러 사회구조적 요인들, 문화적 가치, 경제적 기회나 제약 등과 같은 요인들과 함께 다루어야 할 것이다.

06 여성주의 성 정치학

이성애 관계 내의 강제와 동의 그리고 성매매의 합법화와 규제와 관련된 논쟁들은 하나의 입장으로 여성들의 성적 경험들을 일반화하기는 어렵다는 것을 보여준다. 이는 가부장제의 성적 지배와 착취라는 하나의 관점으로 모든 성적 이슈들을 설명하거나 실천 전략을 제시하는 것은 쉽지 않다는 것을 의미한다.

가부장제 사회에서 섹슈얼리티는 여성에 대한 지배와 통제가 일어나는 핵심적인 영역임은 분명하다. 강요된 이성애 제도 내에서 여성의 성은 쾌락과 동시에 위험과 억압에 노출되어 있고, 강제적 성과 합의에 의한 성을 구분하는 것도 어렵다. 여성들의 성과 성적 쾌락의 요소들을 정의하는 것 역시 남성 중심적 성 관념이며, 여성의 성적 서비스에 대한 매매도 남성 중심적 성 개념에 의해 정당화된다.

　그렇다고 해서 모는 여성이 동일한 방식으로 성적 억압을 받는 것은 아니다. 낯선 사람으로부터 물리적 폭력의 위협에 의해 성폭력을 당하는 여성이 있는가 하면 친밀한 관계에서 거부하기 힘든 성적 침해를 받는 여성도 있다. 인신매매, 감금, 빚의 사슬에서 착취 받는 성매매 여성이 있는가 하면 성매매를 직업으로 택한 여성이 있다. 어쩔 수 없이 생계를 위해 성매매를 떠날 수 없는 여성이 있다면 다른 한편에는 결혼 제도 내에서 남편의 경제력에 의존하여 성적 서비스를 제공하는 아내들이 있다. 이성애 중심 사회에서 이성애 여성과 동성애를 택한 여성의 입지는 엄청난 차이가 있다. 이들은 여성으로서의 공통된 억압과 피해를 경험하기도 하지만 차이가 훨씬 심할 수도 있다.

　여성주의 성 정치학은 성의 영역에서 여성들 간의 차이를 두려워하기보다는 각 집단마다 차이를 드러낼 수 있도록 해주어야 한다. 그리고 왜 이런 차이가 발생하는지를 다중적으로 분석해내야 할 것이다. 여성들이 속한 계급이나 성 정체성, 연령, 국적에 따른 차이 및 각 사회 문화 규범, 경제체제, 가족제도, 복지 체계 등과 연관을 지어 다뤄야 한다. 그래야만 사회적으로 덜 용인 받는 여성들을 가시화시키고 이들의 권리를 신장시킬 수 있을 것이다.

　여성주의 성 정치학은 성적 주체성의 확보를 위해 여성들의 사회적 맥락의 변화라는 성적 실천을 중시한다. 성은 사회 속에 위치하고 있다. 성의 영역에서 여성의 주체성이 확립되려면 사회 전반의 성 평등 향상과 여성의 지위 상승이 함께 가야 한다. 사회적인 영역에서 여성의 자율성이 확대되고, 경제적 평등이 확보될 때, 재생산 자유(reproductive rights) 및 전반적인 사회 정의가 확립될 때 여성의 성적 주체성은 확보될 수 있다.

여성주의는 여성의 성적 억압의 문제들을 계속 탐구하면서도 이러한 방식이 여성의 성욕을 근원적으로 부정하지 않을 전략을 찾아야 한다. '억압에 저항하면서 여성의 성적 즐거움은 지지'하는 '이중적 전략'이 필요할 것이다. 이러한 이중 전략은 젠더 관계, 계급, 성적 선호, 국가, 문화적 차원에서 검토되어야 하며 여성들 간의 차이 또한 함께 고려되어야 할 것이다.

🔒 생각해봅시다

1. 특정 문화 혹은 시기를 선택하여 각 사회에서 '여성의 성'과 '남성의 성'을 어떻게 규정하였고 어떠한 성 규범을 가지고 있었는지를 비교해보면서 성의 사회·문화적 구성에 대해 토론해보자. 예를 들어 한국의 고려시대, 조선시대, 근대에서 여성의 성적 욕망, 성 규범 등의 변화를 찾아보거나, 서구 사회에서 고대, 중세 기독교 시대, 근대, 현대의 다양한 성적 실천의 변화 등을 찾아보고 비교해보자.

2. 여성이 주체가 되는 성이란 어떠한 것인지 각각 생각해보자. 여성의 자율성과 주체성을 확보한 성을 상상할 수 있는가? 아니면 상상하기 어려운가? 그렇다면 어떤 요인들에 의해서 그런지 이야기해보자.

3. 전 지구적으로 확산해가는 성매매를 어떻게 보아야 할 것인가? 성매매 종식은 가능한가? 성매매 여성의 권리를 확보하려면 성매매는 합법화되어야 하는가? 성매매와 관련된 딜레마에 대해 논의해보자.

📚 더 읽을 책

수잔나 D. 월터스(김현미 외 공역)(1999), 『이미지와 현실 사이의 여성들』, 또하나의문화.

윤가현(2006), 『성, 그 억압과 진보의 역사』, 살림출판사.

정희진(2003), 『성폭력을 다시 쓰다: 객관성, 여성운동, 인권』, 한울아카데미.

조셉 브리스토우(이연정, 공선희 옮김)(2000), 『섹슈얼리티』, 한나래.

캐서린 A. 맥키넌(신은철 역)(1997), 『포르노에 도전한다』, 개마고원.

캐슬린 배리(정금나, 김은정 역)(2002), 『섹슈얼리티의 매춘화』, 삼인.

한국성폭력상담소(2007), 『성폭력, 법정에 서다: 여성의 시각에서 본 법 담론』, 푸른사상.

🎬 추천 영상물

⟨끔찍하게 정상적인(Awful Normal)⟩ 셀레스타 데이비스 감독, 미국, 2004, 다큐멘터리, 75분. *제7회 여성영화제 상영작

⟨싱글즈⟩ 권칠인 감독, 한국, 2003, 영화, 110분.

⟨욕망을 영화화하기: 여성감독이 말하는 섹슈얼리티(Filmer Le Desir)⟩ 마리 맨디 감독, 벨기에, 2001, 다큐멘터리, 60분. *제4회 여성영화제 상영작

⟨처녀들의 저녁 식사⟩ 임상수 감독, 한국, 1998, 영화, 105분.

여성은 자기 몸의 5장
주인이고 싶다

사람들은 '몸' 하면 무엇을 떠올릴까? 일반적으로 골격과 근육, 피부로 이루어진 해부학적 구조 또는 신진대사가 이뤄지는 생리학적인 기능이나 건강을 연상할 것이다. 그렇다면 몸이라는 단어 앞에 여성이란 말을 붙여보면 어떨까? 아마도 가슴이 나오고 허리가 들어간 젊은 여성의 몸, 이른바 S라인의 몸매를 상상할 사람이 많을 것이다. 물론 남성의 몸이라고 했을 때도 떠오르는 이미지가 있다. 이 경우는 떡 벌어진 어깨와 탄탄한 근육, 큰 키 등이 될 것이다. 이처럼 몸의 의미는 성별에 따라 아주 다르다.

남성의 몸과 여성의 몸만 다른 것이 아니다. 우리는 피부색에 따라서도 사람을 구분한다. 백인의 몸, 흑인의 몸, 우리 주변에서 흔히 볼 수 있는 제3세계 노동자의 몸이 있고, 각각의 몸에 대한 기대나 역할, 지위가 다르다. 연령과 계급에 따라서도 몸의 의미는 다르게 형성된다. 젊은 여성과 나이든 여성의 몸은 확연히 차이가 나고 귀족 계급의 여성과 노동자층 여성의 몸은 쉽게 구분할 수 있다. 이와 같이 우리의 몸은 객관적이고 보편적인 의미를 띠는 것이 아니라 각기 처한 사회적 맥락에 따라 다른 의미를 지닌다.

사회에 따라 몸에 대한 정체성, 기대, 역할, 지위가 다름으로 인해 남성과 여성의 몸의 특성들의 차이는 남성과 여성의 사회적 지위나 역할을 다르게 구성하였다. 그것은 집단 간의 단순한 차이로 인식되는 것이 아니라 여성의 사회적 지위를 열등하게 만들고 이를 정당화하는 데 이용되었다.

이 장에서는 여성의 몸에 대한 사회 문화적 의미들의 구성과 성별 불평등을 논의할 것이다. 근대 한국 사회에서 쟁점이 되었던 출산, 피임, 낙태에 관한 여성의 경험을 다루면서 여성 몸의 권리와 의미가 어떻게 변해왔고 생명공학 기술의 발달에 따라 향후 어떻게 변하게 될지를 살펴보고자 한다.

01 몸의 정치학

몸은 한 개인의 정체성을 구성하는 중요한 요소다. 우리 사회에서 남성과 여성의 몸은 각기 다른 정체성을 구성하고 이에 따라 자연스럽게 삶의 기대나 역할이 달라진다. 건장한 몸을 가진 남성에게는 일터에서 돈을 벌고 가족을 먹여 살리기 위해 경쟁하는 정체성이 부여되고, 임신과 출산을 하는 여성의 몸에는 아이를 낳고 기르는 어머니의 정체성이 부여된다. 사실 아이는 아버지와 어머니가 함께 길러야 함에도 불구하고 출산이라는 신체적 특성으로 자연스럽게 여성의 일이 되어버린다. 이렇게 집에서 아이를 기르면서 여성들은 남성에게 의존하게 되고 열등한 지위에 처한다.

남성과 여성의 몸의 차이에 따른 성별 정체성의 차이는 그것이 생물학적 특징들에 기초하고 있기 때문에 자연스러운 것 혹은 운명적인 것으로 받아들여진다. 생물학적 특징들, 염색체, 호르몬, 생식기관의 차이, 골격이나 근육의 차이 등은 변화할 수 없는 고정불변의 자질이다. 때문에 이에 기반하여 남성과 여성의 정체성이나 역할이 규정되어 버리면 이에 도전하는 것이 어려워진다. 생물학적으로 남성이 임신, 출산을 할 수 없기 때문에 자녀 양육의 문제는 결코 남성의 일이 될 수 없고 영원히 여성의 몫이어야 한다. 설사 여성들이 일을 한다고 해도 일과 가사, 자녀 양육이라는 이중의 부담은 여성의 어쩔 수 없는 운명이라고 믿게 한다.

남성과 여성의 몸은 생물학적인 몸이기도 하지만 동시에 사회적으로 구성되는 몸이다. 남녀 간의 생물학적 차이가 있기는 하지만 그것은 사소한 차이일 뿐이며 더욱이 여성과 남성의 역할과 삶을 규정할 수 있는 절대적인 것은 아니다. 남녀는 생물학적으로 차별성보다 동질성이 더 많고 남성 내에서의 차이나 여성 내에서의 차이가 더 클 수도 있다. 예를 들어 신장이나 체중의 차이는 같은 성 내에서의 차이가 남녀의 차이보다 더 클 수도 있다. 그러나 동성 간의 생물학적 차이는 사회적으로 별다른 의미를 갖지 않는다.

사회적으로 지배 집단에서는 특정한 집단의 차별적 차이를 정당화하기 위해 늘 대립되는 집단 간의 생물학적 차이(임신, 출산 혹은 피부색 등)만을 언급한다. 남성과 여성의 관계에서 여성의 열등성을 정당화하기 위해 여성의 임신과 출산이 언급되고, 백인과 흑인의 관계에서는 피부색이라는 생물학적 차이가 이 두 집단을 구별하는 주요 요인으로 부각된다.

한 사회에서 몸에 대한 의미부여 과정은 그 사회의 지배관계, 남성과 여성의 사회적 관계들에 규정을 받고 이로써 몸이란 힘(power)

의 각축장, 곧 정치학(politics)의 영역이 된다. 예를 들어 우리 사회의 물리적 공간의 설계나 설치 상태를 보아도 사회 구성원들의 다양한 몸이 동등하게 인정되고 있지 않음을 알 수 있다. 지하철의 손잡이, 자동차의 좌석, 가구들은 대부분 성인 남성을 기준으로 제작되어 남성보다 키가 작고 몸집이 작은 여성들이 이용하기에 불편하다. 계단이 많은 건물이나 도로, 신호등의 주기, 지하철 통로도 아이를 데리고 다녀야 하는 여성이나 유모차를 끄는 여성들에게는 불편하기 짝이 없다. 물론 나이든 사람이나 장애가 있는 사람들도 성인 남성 중심의 물리적 공간을 이용하는 데 불편함이 많다. 그러나 우리 사회에서 성인 남성과 다른 몸들(여성, 노인, 어린이, 장애인)은 사회적으로 드러나지 않는다. 그것은 모든 사회 구성원들의 몸의 특성들이 사회적으로 수용되는 것이 아니라 권력을 가진 집단의 몸의 특성만을 보편적인 기준으로 인식하기 때문이다.

남성과 여성의 몸의 사회적 의미는 사회 맥락의 변화가 있다면 달라질 수 있다. 여성이 남성과 같은 사회 경제적 지위를 획득하고 사회 참여를 하게 되면 변화한다. 한 예로 2000년대 여성들이 사회 진출이 늘어나면서 일·가족 양립의 어려움에 직면하자 사회에서는 남성들이 육아에 참여할 것을 권장하고 남성도 참여하는 육아휴직 제도를 만들었다. 이와 같이 기존의 남녀의 정치학이 변화한다면, 즉 여성이 활발하게 사회 참여를 하고 사회적 지위가 향상되면 여성에 대한 일, 역할, 정체성 등이 달라질 것이다.

남성 평균 키에 맞추어진 지하철 선반과 화장실 가방걸이
키가 작은 여성들이 이용하기에 불편하다. (사진: 임성진 외)

지하철 역의 높은 턱과 좁은 통과대
유모차나 휠체어 등을 고려하지 않은 채 만들었다. (사진: 임성진 외)

보행자들에게 적대적인 도시의 바닥들
특히 구두를 신는 여성들이 걷는 데 장해가 된다. (사진: 임성진 외)

이브에게서 탄생한 아담

여성이 남성에게 종속될 수밖에 없는 이유 중의 하나로 여성(이브)은 남성(아담)의 몸(갈비뼈)에서 만들어진 존재라는 신화를 들 수 있다.

그러나 배아 단계에서 여성 성 기관의 형성 과정을 보면 우리가 오랫동안 믿어왔던 성 분화(sex differentiation) 과정에 대한 생각을 바꾸어야 할 것이다. 배아 형태학적 관점에서 볼 때 페니스는 음핵이 커진 것이고, 음낭은 음순에서 분화한 것이며, 최초의 리비도는 여성적이라고 하는 것이 옳다. 남성의 성 기관에서 여성의 성 기관이 분화한다는 설은 조류와 파충류에만 해당한다. 우리 모든 포유동물들은 이브에서 아담이 나왔다는 새로운 신화를 만들어야 할 것이다(셔피, 1972). 이러한 발견들은 오랫동안 지속되어 왔던 여성차별의 신화 즉, 이브는 아담의 몸에서 만들어졌으므로 남성에 예속되어야 한다는 신화에 도전할 수 있도록 한다.

02 몸의 과학은 가치중립적인가?

사람들은 흔히 과학은 가치중립적이라고 생각하며 우리 몸에 대한 과학적 지식의 객관성을 의심하지 않는다. 과학은 연구자가 관찰과 실험을 통하여 객관적으로 얻은 지식을 토대로 하기 때문에 연구자의 이해나 가치가 개입될 수 없다고 상정한다. 하지만 과학적 지식이 생성되는 과정에도 지배 문화의 가치들이 개입하게 되고 그것은 성차별적 결과를 초래할 수 있다.

1) 남성중심적인 의학 지식

의학 지식에서 남성과 여성의 몸에 대한 지식 생산 과정을 보면 과학적 지식이 가치중립적이라고만 보기에는 의문을 갖게 된다. 의학에서 남성과 여성의 몸은 임신, 출산의 생리적 기능을 제외하고는 대체로 동일하다고 가정한다. 예를 들어 소화기능 장애, 혈액순환 장애, 간장 질환 등과 같은 질환들은 남성과 여성에게 공통적으로 일어나는 것으로 남성과 여성의 몸을 특별히 다르게 다룰 필요가 없다고 본다. 얼핏 생각하면 당연하고 문제가 없는 것으로 보일지 모른다. 그러나 의사들이 이러한 전제에 따라 남성과 여성을 진찰한 후 약을 처방한다면 여성들의 질병이 잘 드러나지 않을 수 있고 잘못 치료될 수 있다.

성차이를 고려한 의학을 주장하는 학자들은 여성과 남성의 몸은 뇌의 구조, 지적 능력의 차이, 골격계의 차이, 심장 기능의 차이가 있다고 한다(르가토, 1998). 예를 들어 남성의 뇌는 일반적으로 여성의 뇌보다 15~20%가 더 크고 여성은 언어 및 음악과 음조를 구분하고 있고 뇌의 특정 부분에서는 11% 가량 더 많은 신경세포를 가지고 있다. 뇌졸중의 경우는 여성보다 남성에게 더 빈번하게 나타나지만 여성에서 더 치명적이고 후유증도 더 심각하고 자살률도 높다.

골다공증의 경우도 여성이 남성보다 더 걸릴 확률이 높아 여성의 질병으로 간주되지만 남성도 골다공증에 걸릴 확률이 13~25%라고 한다. 흡연, 과도한 알코올 섭취 등으로 남성의 골다공증 발생 위험율이 높아지기도 한다. 여성 운동선수들이 무릎 부상을 입는 빈도도 남성에서보다 2~8배가 높다고 한다. 이는 여성의 골반이 더 넓고 현저하게 앞으로 기울어져 있어 뛰었다가 착지하여 균형을 잡을 때 무릎이 너무 심하게 퍼져 인대를 다칠 수 있고 여성의 관절은 에스트로젠의 영향으로 남성보다 더 느슨하기 때문이라고 한다(김지은·진건, 2005).

남성과 여성의 몸을 한 성, 즉 남성의 몸으로만 대표하게 되면 여성과 남성의 의학적 차이들이 반영되지 않을 수 있고 여성의 질병에 대해 잘못된 고정관념이 생겨 문제가 발생할 수 있다. 심장병을 예로 들어보자. 돌연사를 부르는 심장병은 남성의 병으로 여겨지지만 여성에게 더 치명적일 수 있다. 대한순환기학회 연구에 따르면 한국에서 심장병 환자 수는 남성이 많지만 사망률은 남성(2.81%)보다 여성(3.92%)이 더 높다고 한다. 왜냐하면 심장병의 증상이 나타나도 여성들은 화병(15.1%)이나 위장병(24.9%)으로 오인하기도 하고 수술에 대한 불안감이나 경제적 이유, 가족에 대한 부담 등으로 수술치료에 소극적이기 때문이다(연합뉴스, 2005. 9. 28). 미국에서도 심장 전문의는 환자가 호소하는 증세를 성별에 따라 다른 방식으로 처리하는 경향이 있어서 여성 환자의 증상을 히스테리나 감정적인 것으로 치부해버리는 경우가 남성보다 2배나 많았다고 한다(토빈 외, 1987). 심장

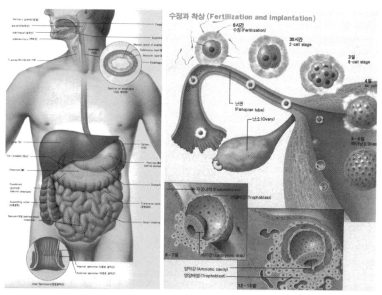

의학 책에 수록된 몸 그림
질병은 남성의 몸을 기준으로 그려지고 임신, 출산 같은 여성적 기능은 부분적으로 다루어진다.

병 연구에서 연구 대상은 주로 남성들이며 의사들도 남성 환자에게 더 적극적인 치료를 권장한다고 한다(캐롤 타브리스, 1999).

2) 생리전증후군에 대한 과학적 편견

의학에서 여성의 몸의 특성에 대한 기술이 객관적이지 않다는 것도 문제가 된다. 의학에서 월경에 대한 기술을 보면 성차별적 가정이 개입되고 있음을 알 수 있다. 미국 의학 교과서에서 월경을 묘사한 부분을 보면 "월경은 아기를 갖지 못함에 대해 자궁이 우는 것"이라거나 "실패한 생산"이라고 표현하고 있다. 이는 여성의 몸은 '임신'이라는 '생산적' 일을 해낼 때만 의미가 있다는 문화적 가정을 내포한다. 배란에서 생리의 과정을 기술할 때도 자궁내막이 "분해"되고, "허물어지고" 하는 식의 퇴화, 쇠약, 퇴보 등의 의미가 개입된다. 하지만 남성과 여성이 모두 가지고 있는 위장의 경우는 '위 내막의 허물이 벗겨지는' 유사한 과정을 거쳐도 이를 '실패', '분해', '허물어짐'과 같이 부정적인 용어로 기술하지 않는다(에밀리 마틴, 1987).

과학적 지식에서 여성의 월경을 부정적으로 묘사하는 것에 도전하여 여성 중심적인 가치에 따라 여성 몸에 대한 지식을 새롭게 구성해낼 필요가 있다. 한 예로 최근 대학가에서 여성의 생리를 긍정적으로 보려고 하는 '월경 페스티벌'을 들 수 있다. 이제껏 여성들의 생리는 '실패', '부정(不淨)', '금기'의 대상이거나 열등한 여성성을 의미하였다. 그러나 이런 행사를 통해 생리는 여성의 관점에서 생명 창조의 잠재성을 가진 긍정적 의미로 새롭게 구성된다. 이는 기존에 지식이 생성되는 맥락과 정치학에 도전하는 시도로서 의미가 있다.

월경과 관련하여 의학에서 생리전증후군(Premenstrual Syndrome)을 발견하면서 여성에 미친 영향을 살펴보자. 생리전증후군은

월경 페스티벌

제8회 월경 페스티벌 포스터

지금껏 남성의 눈으로 재단된 월경의 역사를 여성의 눈으로 돌려놓기 위한 움직임 속에서 탄생하였다.

1999년부터 제1회 '유혈낭자', 제2회 '달떠 들떠', 제3회 '애기치 못한 즐거움', 제4회 '경(慶)칠년들', 제5회 '百女百色', 제6회 '혈기충천 血氣衝天', 제7회 '피고 맺고' 제8회 '자화자찬'이 개최되었다.

"누려라 월경! 웃어라 여성!"이라는 슬로건에서 느껴지듯이 월경 페스티벌에서는 금기와 배제의 대상이었던 월경을 사회적으로 드러내는 것을 시작으로 여성의 월경이 긍정적 경험이자 존중되어야 한다는 점을 부각시켰다. 나아가 여성의 몸에 대한 억압과 금기를 깨고 여성 스스로 주체적이고 자유로운 성을 즐기자는 권리 주장으로 이어졌다. '피고 맺고'에서는 여자로서 끝이라는 의미의 폐경(閉經)을 완성이라는 완경(完經)으로 재규정하는 작업을 하기도 하였다.

1930년대에 호르몬의 변화와 생리의 관계가 규명되면서 발견되었고 이후 질병으로 명명되었다. 여성 호르몬의 발견은 단순히 여성 몸에 대한 과학적 지식의 발견으로 그치는 것이 아니었다. 이 새로운 과학적 발견은 여성이 호르몬의 주기에 따라 정서적으로 불안정해지고 신체 기능이 떨어지는 병적인 존재라는 가정을 만들어냈다. 여성은 호르몬 변화에 따라 '매사를 혼동하고', '집중이 어렵고', '뭔가를 잘 잊어버리고', '비능률적인' 존재들이 되어버렸다(캐롤 타브리스, 1999). 이러한 잘못된 가정은 여성을 지위와 임금이 높은 직종에 고용하는 데 문제가 있을 것이라는 불안감을 정당화하는 데 이용되었다.

생리전증후군에 관한 과학적 지식은 사회적 상황에 따라 다르게 생산되기도 한다. 생리전증후군이 발견된 시기는 대공황 직후 실업률이 높아져 여성의 노동 참가를 저지해야 할 때였다. 그런데 제2차 세계 대전이 발발하자 노동력이 부족해지면서 여성의 노동 참여가 필요해졌다. 과학자들은 생리와 생리전증후군이 일하는 데 부정적 영향을 전혀 끼치지 않는다는 연구들을 갑자기 발표하기 시작하였다. 그 결과 여성들의 노동 참가가 증가한 것은 물론이다.

우리 몸에 대한 과학적 지식이 반드시 객관적인 것은 아니다. 사회 문화적 가정들이 지식 형성 과정에 스며들어 성차별적인 지식을 만들어내고 여성들에게 불리한 결과를 초래하기도 한다. 따라서 우리는 기존의 과학적 지식을 여성의 관점에서 비판적으로 검토해야 할 것이다. 또한 여성의 몸에 대한 지식들을 여성 중심적인 가치에 따라 새롭게 구성할 필요가 있다. 왜냐하면 여성의 몸에 대한 새로운 가치들을 창조해내면 이러한 긍정적 가치들은 과학과 의학적 지식 생산에 영향을 미칠 수 있기 때문이다.

03 여성, 자기 몸의 결정권을 주장하다

임신, 출산이라는 여성의 신체적 특징은 여성 삶의 조건을 구성하는 데 적지 않은 영향을 미친다. 이러한 생물학적 특성에 근거하여 여성들은 이성애 혼인 내에서 적정한 수의 아이를 출산하고 양육하는 것이 자신의 본연의 임무라고 믿게 된다.

여성 몸의 특성들이 여성들의 삶에 영향을 미치지만 여성이 자신의 몸에 대해 완전한 권리를 행사하고 있지는 못하다. 여성이 언제, 누구의 아이를 몇이나 출산할 것인지를 전적으로 결정할 수 있는가? 이성애 관계에서 남성에게 피임을 당당하게 요구하는 것이 가능한가? 피임이나 낙태에 관한 정확한 정보와 서비스에 접근할 수 있는가? 이런 질문에 많은 여성들은 쉽게 그렇다고 답하지 못한다. 임신한 여성 가운데 출산 시 자신의 몸에 아기를 탄생시킬 수 있는 자생적 힘이 있다는 것을 아는 경우는 많지 않다. 폐경 이후 호르몬에 의지하지 않고도 충만한 삶을 살 수 있다고 믿는 여성도 그리 많지 않다. 날씬한 몸과 젊음을 요구하는 남성 중심적 문화에 흔들리지 않을 여성도 별로 없을 것이다.

몸의 통제권을 확보하기 위한 여성들의 운동

여성들이 집단으로 여성의 몸에 대한 권리를 주장하고 나선 것은 20세기 초부터였다. 영국과 미국에서 20세기 초반 마리 스톱스(Marie C. C. Stopes)와 마거릿 생어(Margaret Sanger)가 중심이 되어 여성의 권리로서 출산 조절을 주창하였다. 이들은 여성들이 과다한 출산과 육아로부터 해방되어야만 한다면서 이를 위해 여성들 스스로 출산을 조절할 것을 강조하였다. 이들은 산아제한 진료소를 개설하고 가난한 여성들에게 출산 조절의 필요성과 피임법을 교육하였다. 이들의 노력은 여성 스스로 몸에 대한 권리를 주장하였다는 점에서 커다란 의의가 있다.

그러나 당시의 여성들이 주도하는 출산 조절 운동은 순탄하지 않았다. 사회적으로 여성들의 주장은 쉽게 수용되지 않았고 여성 내부에서도 찬반 의견이 엇갈렸다. 당시 종교계는 피임은 자연에 거역하는 죄악이며 가장 더럽고 음란한 행위라고 비판하였고, 의학계에서는 피임은 암이나 난소 종양, 불임증, 노이로제를 유발하는 원인이 된다고 위협하였다. 이들이 피임을 반대한 명목은 남성의 성적 방종과 여성의 성적 자유를 허용한다는 것이었는데, 후자에 대해 더 부정적이었던 것으로 보인다.

여성들 사이에도 피임 도입은 논란을 일으켰다. 한쪽에서는 다산의 고통에서 벗어날 수 있고 육아의 부담이 줄어 여성의 사회 참여 및 지위 향상이 가능하다는 점에서 피임을 환영한 반면, 기혼 여성들은 남성들이 출산에 대한 부담 없이 자유롭게 성적 자유를 누릴 수 있다는 이유를 들어 반대하기도 하였다. 인구 증가에 대한 위협이 사회 문제화된 시기였던 만큼 보수적인 의학계나 당국에서는 인구 통제의 차원에서 여성들의 피임 권리를 인정하였다.

서구 사회에서 여성의 몸에 대한 권리를 본격적으로 확보한 계기는 페미니즘의 제2 물결, 즉 1960년대 여성건강운동이었다. 이 운동에 따라 여성의 사회적 지위 향상과 권리 증진을 위해서는 몸에 대한 통제권 확보가 중요하다는 인식이 등장했다. 성폭력, 불완전한 피임, 원치 않는 임신, 강요된 자녀 양육, 지나치게 의료화된 출산으로부터 자유 등이 운동의 중요한 의제가 되었다.

20세기 초의 운동이 여성의 몸에 대한 권리를 가족과 아동의 건강을 책임진 여성의 권리로 간주하는 경향이 있었다면, 이 무렵의 여성건강운동은 여성 자신의 권리로서 몸에 대한 자율권과 결정권을 가져야 한다고 강조하였다. 여성건강운동이 본격화할 수 있었던 것은 여성의 교육수준이 높아지고 경제적 참여가 활발해지면서 여성들이 결혼과 출산을 선택할 수 있게 되었기 때문이다.

서구에서 1960년대와 1970년대에 가장 큰 이슈는 낙태의 합법화 문제였다. 미국에서는 1970년대까지 이학적 측면에서 특별히 문제가 있다는 소견이 제시되지 않는 한 낙태를 할 수 없었다. 중산층 여성들은 어느 정도 낙태가 가능하였지만 가난한 여성들은 그대로 아이를 낳거나 불법 낙태를 하는 수밖에 없었다.

이런 상황에서 여성들은 자조 조직을 만들어 인공유산을 도왔다.

시카고에서는 여성들이 '제인 콜렉티브'라는 조직을 만들어 안전하고 협조적인 인공유산을 불법으로 시술하였다. 여성들은 인공유산 권리를 주장하는 집회와 행진을 하고 필요한 때에는 인공유산 합법화를 위해 로비도 하였다. 여성운동의 지난한 노력의 결과로 마침내 1973년 '로 대 웨이드' 사건에서 미국 법원은 '사적 자유 개념'에 입각하여 여성의 유산 결정권도 포함한다고 판결을 내렸고 임신 1기(임신 3개월 이내) 동안 임신부와 의사가 유산을 결정할 수 있도록 하였다.

여성건강운동이 서구 여성에 한정하여 펼쳐졌다면, 유엔을 중심으로 여성의 재생산 권리를 증진하는 운동은 전 지구적 차원에서 영향을 미쳤다. 1960년대에서 1970년대 유엔의 초기 의제는 인구정책과 병행하여 여성들을 조혼과 다산에서 벗어나게 하는 것이었다. 따라서 자녀수, 터울, 출산 시기, 출산 여부 등을 여성들이 결정하도록 하는 것과 가족계획 정보와 서비스에 쉽게 접근하도록 하는 것이 주요 의제가 되었다.

여성의 몸에 대한 권리를 본격적으로 주장하게 된 것은 1994년 카이로 인구발전세계대회와 1995년 북경 여성대회라고 할 수 있다. 이 대회에서는 여성이 자신의 몸과 관련된 권리를 갖는 것은 인권으로서 정당하게 보장되어야 한다는 주장이 제기되었고, 이를 위한 '재생산 건강 권리'(reproductive health right) 개념이 선포되었다.

재생산 건강권은 글로벌 차원에서 여성들의 몸에 대한 권리를 인정하고 선포한 것이라 할 수 있다. 재생산 건강권에서는 건강 개념을 의학적 차원에서 사회적 차원으로 확대하여, 여성들의 몸의 권리를 개인적인 차원에서 보호할 뿐만 아니라 제도와 규범까지 바꾸도록 하였다. 즉 여성 몸의 권리를 확보하기 위해 가족규범, 가족제도, 성규범의 변화와 함께 국가 및 작업장, 종교단체, 지역사회 등의 사회제도와 조직의 변화를 요구하게 된 것이다.

04 국가와 출산 통제

1) 가족계획 정책

서구의 여성들이 근대 의학 기술의 발달과 여성들의 권리 인식을 통하여 피임법을 사용하였다면 한국 여성들은 국가의 인구통제정책을 통해 근대적 피임법을 접하게 되었다. 1960년대 이후 국가경제발전을 위해 정부의 주도로 강력한 가족정책이 시행되었다. 국가의 발전을 위해 경제발전과 아울러 적정한 인구 유지가 필요했기 때문이다. 가족계획정책은 주로 여성들을 대상으로 피임제 보급이나 루프 삽입, 영구불임시술을 하였다. 남성들의 참여를 유도하기 위해 정관수술 시 예비군 훈련을 면제해주기도 하였고, 영구불임 시술을 하면 아파트 입주 혜택을 주는 등의 유인책을 쓰기도 하였다.

국가 주도의 출산 통제가 모든 여성들에게 혜택을 준 것은 아니다. 당시 여성들은 도시 중산층과 농촌 여성·도시빈민 여성으로 이분되어 있었다. 도시 여성에게는 자비로 의료기관을 이용하는 피임을 유도하였는데, 적은 수의 자녀를 낳아 잘 기르는 것이 근대적이고 합리적인 모성이라는 홍보가 효과를 거두었다. 그러나 농촌 여성과 도시 저소득층 여성들은 출산율이 높아 위험 집단으로 비춰졌다. 이들은 전통적 가족 규범을 수용하고 있었고 경제적 여력도 없어 출산력이 높았다. 국가는 이들을 대상으로 가족계획 요원을 투입하여 계몽 교육을 실시하거나 직접적인 서비스를 제공하며 개입하였다.

가족계획정책을 통해 인구의 양적 통제는 성공적으로 수행되었다. 1960년대 합계 출산율은 6.3이었으나 1970년대에 접어들어 소자녀관이 정착하고 핵가족화하면서 출산율이 낮아졌다. 1970년대 말부터 농촌의 출산율까지 하락하면서 1984년 합계출산율은 인구 대체 수준인 2.1에 도달하였다. 국가의 목표대로 경제성장도 빠르게 이루었고 인구 조절도 성공적이었다.

가족계획정책은 제한적이나마 여성들이 출산력을 조절할 수 있는 기술적 조건과 사회적 맥락을 제공하였다고 할 수 있다. 가족계획 정책은 전반적으로 피임 실천율을 향상시켰다. 정책 시행 초기에는 피임 실적이 미미하였고 주로 여성의 영구불임술과 낙태를 통해서 출산 조절이 이루어졌다. 피임률은 1970년 25.0%에서 1976년 44.2%로 향상되었고 1980년대 이후 80%로 안정적 수준에 이르게 된다. 피임 방법도 여성 위주 피임에서 남성 피임의 증가로 그리고 영구적 불임에서 일시적 피임 중심으로 바뀌었다. 이는 가족계획의 성공도 있지만 여성들의 성평등 의식 향상과 교육수준 및 경제활동 참여 증가에 따른 것이라 할 수 있다.

30여 년간 시행된 한국의 가족계획 정책은 사회·경제 변화, 그리고 여성의 지위 향상과 맞물려 여성의 출산 조절 영역에서 커다란 변화를 가져왔다. 한국 여성들은 근대적 피임법을 이용하여 다산의 부담에서 벗어날 수 있었고 임신·출산과 성을 분리시킬 수 있었다. 한국에서 가족계획이 빠르게 성공할 수 있었던 것은 이러한 여성들의 이해가 적극 반영되었기 때문이라 할 수 있다.

그러나 가족계획정책은 경제발전정책의 일환으로 국가가 주도하였기 때문에 여성의 재생산 권리 확보에는 한계가 있다. 국가는 도시 저소득 여성·농촌 여성을 주 타깃으로 목표 할당제를 시행하는 등 직접적으로 출산을 통제함으로써 여성의 출산권을 침해하였다. 출산력 저하를 위해 기혼 여성을 대상으로 정책을 폈기 때문에 십대를 포함한 미혼 여성은 정책 지원대상에서 처음부터 배제되었다. 그 결과 피임 교육과 서비스 보급이 필요한 이들에게 적절한 정책적 지원이 이루어지지 않았다.

2) 낙태를 둘러싼 모순

아이를 낳을 것인지 아닌지를 결정하는 일 역시 여성의 삶에서 중요한 권리라고 할 수 있다. 실제로 피임만으로는 여성이 완전히 출산을 조절했다고 말할 수 없다. 원치 않는 임신을 하였을 경우 이를 종결할 수 있는 방법은 낙태이며 낙태는 남성의 협조 없이 여성 혼자

낙태 관련법 조항

〈형법〉

제269조〔낙태〕

① 부녀가 약물 기타 방법으로 낙태한 때에는 1년 이하의 징역 또는 200만원 이하의 벌금에 처한다.

② 부녀의 촉탁 또는 승낙을 받아 낙태하게 한 자도 제 1항의 형과 같다.

제 270조〔의사동의 낙태, 부동의 낙태〕

① 의사, 한의사, 조산사, 약제사 또는 약종상이 부녀의 촉탁 또는 승낙을 받어 낙태하게 한 때에는 2년 이하의 징역에 처한다.

② 부녀의 촉탁 또는 승낙 없이 낙태하게 한 자는 3년 이하의 징역에 처한다.

〈모자보건법〉

제 14조 〔인공임신중절수술의 허용한계〕

1) 의사는 다음 각호의 1에 해당되는 경우에 한하여 본인과 배우자(사실상의 혼인관계에 있는 자를 포함한다. 이하 같다)의 동의를 얻어 인공임신중절수술을 할 수 있다.
1. 본인 또는 배우자가 우생학적 또는 유전학적 정신장애나 신체질환이 있는 경우, 2. 전염성질환이 있는 경우, 3. 강간 또는 준강간에 의한 임신, 4. 혈족 및 인척간 임신, 5. 임신의 지속이 보건학적 이유로 모체의 건강을 심히 해하고 있거나 해할 우려가 있는 경우.

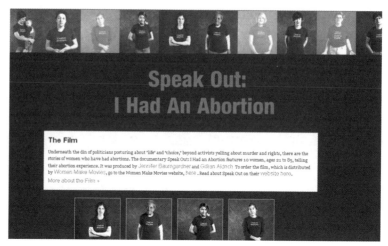

낙태 경험을 드러내는 여성들

21세부터 85세까지, 10명의 여성들이 자신의 낙태 경험을 이야기하는 다큐멘터리 〈소리쳐라:
나는 낙태했다(Speak out: I had an abortion)〉 관련 웹 사이트. www.speakoutfilms.com

선택할 수 있는 방법이기도 하다. 아직까지도 자녀 양육은 여성의
책임으로 되어 있기 때문에 원치 않는 자녀의 출산은 여성의 사회
진출이나 삶의 조건을 제약하기 쉽다. 따라서 여성들이 안전한 방법
으로 낙태를 선택할 수 있는 권리가 보장되어야 한다.

한국 사회에서 여성들의 낙태권을 살펴보면 이중적이고 모순적인
현실을 발견하게 된다. 현실에서 여성들은 낙태가 필요할 때 큰 규
제 없이 시술을 받을 수 있다. 그러나 법적으로 낙태는 형법에서 살
인죄로 규정되어 있고 낙태한 여성이나 시술한 의사 모두 처벌의 대
상이다. 이러한 법은 1953년 제정되어 현재까지 지속되고 있다. 그
렇다면 어떻게 해서 여성들은 낙태를 하고도 처벌을 받지 않는 것일
까? 그것은 1973년 제정된 모자보건법에 의해서 가능하다. 모자보
건법에는 법으로 허용할 수 있는 낙태의 조건들을 제시하였는데 제
5조에 '모체의 건강을 저해 혹은 저해할 우려가 있을 경우' 낙태를

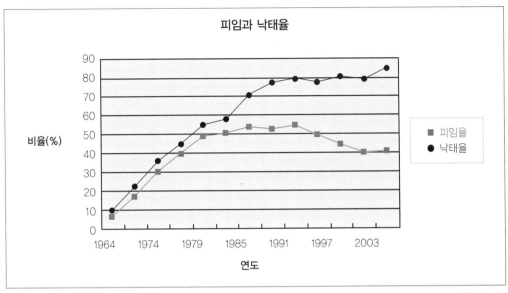

피임과 낙태율

비율(%)

■ 피임율
● 낙태율

연도

출처: 각 년도 출산력 조사.

할 수 있다고 되어 있다. 바로 이 모호한 조항을 통해서 여성들은 낙태를 할 수 있고 의사도 시술을 하게 된다.

가족계획정책 초기였던 1960년대는 피임 실천율이 떨어져서 출산 통제가 어려워지자 인구 조절을 위해 모자보건법을 제정하여 낙태를 암묵적으로 허용하게 되었다. 1970년대까지만 해도 낙태는 피임의 한 방편으로서 사용되었다고 해도 과언이 아니다. 위의 그림에서 보면 1970년대까지 낙태율과 피임률은 함께 증가하고 있다. 낙태는 일단 원치 않는 임신을 종결하여 출산력 조절에 상당히 기여하였다.

여성들이 자기 몸에 대한 통제권으로서 낙태권을 가져야 한다면 모자보건법의 내용이 바뀌어야 할 것이다. 낙태권이란 '낙태를 할 권리'와 '하지 않을 권리'를 모두 포함한다. 여성은 자신의 이해에 따라 원치 않는 임신을 종결할 수 있어야 한다. 그리고 여성이 낙태

표 5-1 **국가별 낙태 허용 규정**

구분	임산부 건강	강간 및 근친강간	태아 이상	사회·경제적 이유	본인 요청
한국	○	○	△	×	×
일본	○	○	×	○	×
중국	○	○	○	○	○
싱가포르	○	○	○	○	○
스웨덴	○	○	○	○	○
독일	○	○	○	○	○
프랑스	○	○	○	○	○
미국	○	○	○	○	○
호주	○	○	○	○	×

자료: 보건복지부 · 고려대학교(2004), 『인공임신중절 실태조사 및 종합대책 수립』.

를 선택했다면 저렴하고 안전하며 효과적인 낙태 서비스를 받을 수 있어야 한다. 미혼 여성의 경우 사회적 오명을 입지 않고 서비스에 쉽게 접근할 수 있어야 한다.

여성들이 낙태를 선택하였다 하더라도 건강권은 최대한 보장받아야 한다. 잦은 낙태는 여성에게 출혈이나 요통 등의 부작용을 유발하고 불임을 초래할 수 있다. 낙태가 부득이하다면 가능한 한 초기에 시술을 받고 횟수를 줄일 필요가 있다. 무엇보다 원치 않는 임신의 예방이 중요하다. 그러려면 여성이 피임을 요구할 수 있어야 하고 남성이 일방적으로 주도하는 성관계에 문제를 제기해야 한다.

현재 한국 사회에서는 기혼 여성의 낙태율은 감소하고 있다. 하지만 아직도 법적으로 낙태는 '살인죄'로 규정되어 있다. 여성의 몸에 대한 권리로서 낙태권이 보장되려면 모자보건법에 '여성의 경제적, 사회적 사유'로 인한 낙태 허용 조항이 포함되어야 할 것이다. 모든 여성에게는 연령이나 혼인 여부, 경제적 상황과 관계없이 저렴하고 안전한 낙태 서비스를 받을 권리가 보장되어야 한다.

05 생명공학 기술과 여성의 몸

최근 생명공학 기술이 급성장하면서 인간의 삶이 미래에 엄청나게 변할 것이라는 환상이 유포되었다. 생명공학 기술은 생명 특유의 기능인 유전, 증식, 대사 들을 물질의 생산이나 검출 등에 이용하는 기술이다. 체세포 핵 이식을 통해 자신과 동일한 유전적 형질을 복제할 수 있는 이 기술로 복제 양, 복제 소가 탄생하였다. 체외 수정이나 체세포 핵 이식술로 복제 배아에서 줄기 세포를 배양해 다양한 인간 장기를 생산할 수 있는 기술도 실험 중이다. 이러한 기술이 실현되면 사고로 하반신이 마비된 경우도 신경을 복원시켜 다시 걸을 수 있게 되고 장기 손상이나 암과 같은 불치병도 고칠 수 있을 것이다.

다른 한편에서는 유전공학의 발달로 유전 정보를 이용한 유전질병 검사 및 치료가 가능해진다. 유전적 질병, 예를 들어 다운증후군, 유방암 같은 경우 사전에 유전자 검사를 통해서 예방이나 조기 발견 등이 가능해진다. 또한 특정한 유전 물질을 환자의 세포에 넣어 정상 유전자로 대처하는 유전자 조작 기술의 발달은 이미 식물에 적용되어 다수확 곡물을 생산하는 데 이용되고 있다.

생명공학 기술의 발전은 인류에게 유익한 측면도 있지만 도덕적이고 윤리적인 문제들을 야기하게 된다. 윤리적 논쟁에서는 유전적 개체성 및 고유성의 문제, 복제 시 유전적 결함이나 잠재적 위험, 우생학적 이용 가능성의 문제들이 주로 논의되고 있다. 물론 최근에는 고도의 기술 자체의 진위 여부가 문제가 되면서 연구자의 윤리 문제가 불거지기도 하였다. 또 다른 한편에서는 국가의 발전과 경쟁력 확보를 위해 생명공학 기술을 어느 정도 허용하는가 하는 문제도 논쟁점이 된다. 인간의 생명 존엄성을 존중하면서도 신기술 발전을 위해 생명안전윤리법에서는 인간 복제나 인위적 조작 행위를 금지하지만 희귀병이나 난치병 등의 연구를 목적으로 시행되는 배아 복제는 제한적으로 허용하고 있다.

1) 여성 몸의 도구화

생명공학 기술에 대한 윤리적 논쟁이 진행되고 있지만 쟁점들은 주로 '인간' 혹은 '생명'이라는 보편적 주제들에 치중되어 있고 생명공학 기술이 여성의 몸에 미치는 영향에 대한 논의는 별로 없었다. 실제로 생명공학 기술의 발전은 여성의 난자와 자궁이라는 재생산 기능이 없으면 불가능한 기술이다. 복제 소 영롱이는 체세포와 난자, 자궁을 제공한 세 마리의 어미 소가 있어야 한다. 첫째 품종이 우수한 암소의 자궁세포(물론 이는 수컷의 체세포도 가능하다)가 필요하다. 연간 우유 생산량이 다른 소의 세 배나 되는 18,000킬로그램을 생산하는 암소의 체세포가 이용되었다. 둘째는 건강한 난자를 제공한 암소다. 이 난자에서 핵을 제거하고 앞의 소의 핵을 이식하였다. 셋째는 이식 자궁을 제공하고 출산한 암소다.

생명공학 기술은 엄청난 수의 난자와 체세포, 그리고 여성의 건강한 자궁을 필요로 한다. 한 예로 체세포 핵이식 방법으로 줄기세포를 만드는 실험에(성공 여부와 관계없이) 천 개 이상의 난자가 사용되었다. 더구나 핵 이식을 위해서는 얼려서 보관 중인 난자를 쓸 수 없으며 바로 채취된 난자를 사용해야만 한다.

생명공학 기술에 관한 언론 보도들은 기술에 대한 환상만 심어줄

뿐 이 기술이 여성의 재생산 기능에 의존하고 있다는 것은 거의 다루지 않고 있다. 기술은 발전되어야 하고 그래야 전 지구적 차원에서 국가 경쟁력을 확보하고 수많은 환자들을 구할 수 있다는 메시지를 계속 만들어내고 있다. 그렇다면 연구에 필요한 그 많은 난자들은 어떻게 구한 것일까? 2005년 생명윤리법 통과로 난자 매매가 금지되었는데 그 많은 난자를 여성들의 자발적 난자 공여로 확보할 수 있는가 하는 의문이 있다.

난자를 채취하기 위해서는 과 배란제를 투입하여 한 번에 인위적으로 20~30개의 시술을 해야 한다. 이런 시술은 여성의 건강을 위협한다. 실제 난자 채취 과정에서, 여성들은 사전에 난자 채취 방법이나 신체적 위험에 대한 정보를 충분히 얻지 못하였으며 난자 채취 후 출혈, 부종, 혈압 상승, 골반염, 불임 등의 후유증에 시달리고 있다고 한다. 줄기세포 연구에서 불치병 환자를 위해 자발적으로 연구진을 찾아가 난자기증 동의서를 쓰고 29개의 난자를 추출했던 한 여성은 "부작용을 미리 알았다면 달리 판단했을 것"이라고 고백하였다. 그 여성은 난자 채취 후 배에 물이 차고 염증이 생겨 입원을 하는 등의 신체적 고통을 당했고 불임 가능성 때문에 고민하고 있다 (http://www.ohmynews.com). 난자를 제공한 여성은 일단 자신의 몸을 떠나 실험실로 들어간 난자에 대해 통제권을 행사하기 어렵다. 예를 들어 시험관 아기 시술 후 남은 잉여 배아의 수나 배아에 대한 시술 현황 등은 파악되지 않고 있다.

이런 상황인데도 기존의 생명윤리 논쟁에서 여성 몸의 도구화 문제는 배제되어 있고 여성의 몸에 대한 권리는 사회적으로 이슈화되기 어렵다. 여성의 재생산 권리를 주장하면 수많은 환자의 어려움을 외면하는 이기적인 여성이 되고 엄청난 부가가치 창출이 가능한 기술 발달을 저해하는 집단으로 비판받았다. 이러한 상황들은 한국 근대사에서 경제발전이나 국익을 위해 여성의 몸에 대한 권리를 기꺼이 희생해야 한다는 인식과도 연결된다. 난자 채취 과정은 여성의 몸과 건강에 대한 접근이 가장 우선석으로 고려되어야 한나. 그리고 그것은 여성의 기본적인 권리다. 그렇기 때문에 독일, 아일랜드, 이탈리아, 오스트리아 등 가톨릭 국가들은 배아복제 연구나 난자기증 등을 원천적으로 금지하고 있고, 배아복제 연구를 허용하는 영국에서도 불임시술 전반을 엄격하게 규제하고 있다(김한선혜, 2006).

여성의 난자 공여에 있어서는 여성 몸에 대한 권리 인식이 강화되어야 하며 난자 제공 과정이나 절차를 투명하게 해야 한다. 또한 자발적 공여를 가장한 난자 기증 강요를 막기 위해 생명공학 연구에서 여성의 권리와 건강을 보호하기 위한 사회적 장치들이 구비되어야 할 것이다.

2) 난자 매매에 나타난 여성 서열화

최근의 줄기세포 연구에서는 난자 확보를 위해 음성적으로 난자를 매매하였던 것으로 드러났다. 줄기세포 연구의 한 핵심 참여자는 '학비가 모자라는 여대생의 난자까지 포함'하여 실험하였으며 '병원 측이 학비 부족으로 어려움을 겪는 여대생에게 직접 난자 매매를 알선하기도 했다'는 사실을 토로하였다. 줄기세포 연구에서는 다수의 난자가 매매되었고 난자 채취 시 1회당 150만 원 정도가 지급되었다고 알려졌다.

줄기세포 연구 외에도 불임 부부를 위해 난자를 기증하거나 매매하는 경우가 있다. 난소 기능에 문제가 있는 여성은 타인의 난자를 공여받아야 하는데 주로 친족 내에서 제공되곤 하지만 이것이 여의치 않을 때는 암암리에 난자 거래가 이루어졌다. 생명윤리법이 통과되기 이전에 실제로 젊은 여성들의 난자가 불임시술 병원 주변에서 수백만 원에 거래되었다고 한다(김한선혜, 2006).

난자 매매는 여성의 몸을 위계화한다는 문제를 안고 있다. 여성의 재생산 기능이 분화되어 사용되면서, 시술 목적에 따라 DNA 뱅크나 난자 은행이 생기고 이것이 매매로 이어질 가능성이 높다. 난자가 매매되는 과정에서 여성의 나이, 학력, 지능, 키, 몸무게, 출산 유무, 결혼 유무, 피부색 등에 따라 차등이 생길 수 있다. 미국 명문대생 난자는 5,000달러에서 1만 달러에 거래되기도 하였고 한국의 경우 음성적으로 난자가 200만 원에서 400만 원에 거래되었다. 여성의 몸의 기능들이 기존 문화에서 가치를 평가하는 기준에 따라 차등적으로 가격이 매겨지게 된다.

3) 대리모: 여성 몸의 상업화

기술 발달은 여성 몸의 도구화 혹은 상품화 외에도 파편화를 초래한다. 이전에는 생명의 잉태와 출산이 한 여성의 몸에서 이루어졌지만 이제는 각기 다른 여성의 몸으로 분리되어 일어날 수 있다. 생명공학 기술은 여성의 재생산 기능을 난자, 체세포, 자궁으로 파편화하여 한 생명체에 어머니가 셋이나 되게 할 수 있다. 이에 따라 여성의 몸을 하나의 통합된 인격체나 몸의 권리를 가진 존재로 보기보다 기능 별로 분화하여 실험 대상으로 이용하거나 자궁 대여기와 같은 도구로 간주할 위험이 있다.

대리모는 여성 몸을 파편화하고 상업화하는 대표적인 예다. 대리모는 난자를 제공하고 자궁까지 제공하는 경우와 자궁만 제공하는 경우로 나뉘는데, 주로 저소득층 여성들이 대리모 서비스를 제공하게 된다. 대리모 역시 임신 기능을 상업적인 목적으로 타인에게 양

누가 엄마일까요?

생명 공학 기술로 몇 명의 어머니가 가능할까요?
각 어머니는 아이에 대해 어떠한 권리를 가져야 할까요?

1. 체세포(유전정보)를 제공한 어머니
2. 난자(핵을 제거한)를 제공한 어머니
3. 자궁을 제공한 어머니
4. 태어난 아이를 양육하는 어머니

도할 수 있는가 하는 문제와 여성 간의 계급 및 인종 차별의 논쟁을 불러일으킨다. 그 예로 한국 사회에서 대리모 여성들은 조선족이 다수를 차지하고 한국 여성들은 일본 여성의 대리모가 되기도 한다.

사회 전반적으로 상업적 대리모를 규제하지만, 암묵적으로 불임 여성들의 경우 대리모를 의뢰하면서 불법적 대리모 시장을 형성하게 된다. 이는 경제적, 사회적으로 취약한 대리모의 권리가 침해당할 우려가 있다. 예를 들어 쌍둥이를 낳았을 경우 한 명의 아이만을 데리고 가거나 장애아를 낳았을 경우 대리모 계약을 파기하거나, 인공수정에서 임신이 성공하지 못하면 보상을 받지 못하는 경우들이 발생한다. 대리모가 아기에 대한 모권을 요구할 경우 이것이 인정되지 않는 문제도 있다.

생명공학 기술이 나날이 발전하고 있지만 이와 관련된 여성의 몸의 권리에 대한 논의는 활발하지 못하다. 생명공학 기술과 관련된 인권 논의는 여성의 몸에 대한 권리와 연계되어야만 한다. 난자와 배아는 여성의 몸과 분리될 수 없기 때문이다. 기술과 관련된 여성 몸에 대한 정보들이 이에 참여하는 다수의 여성들에게 정확하게 그리고 충분히 제공되어야 하며 각 기능을 제공한 여성들이 실험 결과나 생산물에 대한 권리를 동등하게 가질 수 있어야 할 것이다. 계급적 차별이나 인종적 차별에 의해 특정한 여성들의 모성권 및 몸에 대한 권한이 침해되어서도 안 될 것이며 사회적인 편견이나 차별에 의한 여성 내부의 위계화 문제도 시정되어야 할 것이다.

06 몸의 권리를 위하여

여성의 재생산 기능이나 여성의 몸 자체는 사회 경제적 발전과 기술의 발전에 따라 다양한 방식으로 사회와 관계를 맺는다. 피임, 낙태, 생명공학 기술 등과 관련된 논의들은 여성의 사회적 지위 향상과 몸에 대한 권리 인식의 확산이 중요하다는 것을 알려준다. 사회적 차원에서 여성의 재생산 기능 확보나 기술 발전에만 관심을 둘 것이 아니라 여성 몸의 권리에 대한 인식을 높이고 여성의 사회적 힘을 강화하는 방향으로 나아가야 할 것이다.

가장 시급한 것은 여성이 자기 몸에 대해 자율권과 결정권을 행사하는 일이다. 여성은 혼인 상태나 연령, 계급 등과 무관하게 자기 몸과 관련된 정확한 정보를 알아야 할 권리가 있고 이에 근거하여 자율적으로 의사결정을 할 수 있어야 한다.

법적으로 모자보건법에서는 피임과 낙태에 있어서 모든 여성이 안전하고 저렴하며 쉽게 접근할 수 있는 규정들이 포함되어야 할 것이며 여성의 사회경제적 이유로 인한 낙태 허용 조항이 포함되어야 할 것이다. 생명윤리법에서는 난자 채취 및 공유에 있어서 여성들의 건강과 안전을 확보할 수 있는 정보들을 제공해야 하고 여성들의 자율적인 선택권을 보장할 수 있어야 한다. 그리고 그러한 조항들이 실제 의료 현장에서 철저하게 지켜질 수 있도록 해야 할 것이다.

아울러 사회 전반에 여성의 몸의 안전과 선택권 확보를 위한 여건이 조성되어야 할 것이다. 사회 정책 차원에서 혼인 여부나 연령, 계층과 무관하게 여성들이 자녀를 양육하며 독립적인 삶을 살 수 있는 주택 지원, 노동조건 개선, 자녀양육 지원, 직업교육이나 훈련 지원 등을 확대해야 할 것이다. 이러한 사회 정책적 지원이 있어야 사회 구성원들이 혼인이나 성과 관련된 가부장적 규범이나 제도에 과감히 도전할 수 있을 것이며, 여성이나 남성이 혼인하지 않고도 아이를 낳아서 기를 수 있는 여건을 조성할 수 있을 것이다.

여성들이 자신의 몸에 대한 정보와 의사결정권을 확보하고 이를 사회적으로 이슈화하기 위해서는 집단적인 실천, 즉 여성건강운동이 필요하다. 시민단체나 여성단체에서 여성의 몸과 관련된 의제들을 활발하게 논의하고 이를 일반 여성들과 공유하면서 여성 스스로 권리를 쟁취하는 것이 필요하다. 여성들 스스로 운동을 통해서 권리를 쟁취하고 여성의 몸에 관한 새로운 지식들을 축적하고 공유했던 서구 여성운동의 경험을 다시 한번 새겨보는 것도 필요할 것이다.

1. 정상 성인 남성을 기준으로 지어진 도시 공간 중 임신한 여성, 아이를 기르는 여성들에게 불편을 초래하는 사례들을 찾아보자. 도시에서 여성에게 안전을 위협하는 공간이나 시설들을 찾아보고 시정방안을 모색해보자.

2. 여성의 몸에 대한 의학적 지식 중 여성의 관점에서 비판적으로 보아야 할 것들이 어떤 것이 있는지 생각해보자. 예를 들어 한국에서 제왕절개 분만 비율이 40%대로 과도하게 높은 현상이나 폐경기 호르몬 치료의 적정성 등에 대해 논의해보자.

3. 생명공학 기술의 발전으로 불임 부부들이 아이를 낳을 수 있고, 불치병을 고칠 수 있는 길이 열리고 있다. 다른 한편에서 기술의 발전은 여성의 몸을 난자와 자궁으로 분리시켜 거래하거나 도구화하기도 한다. 미래 사회에서 생명공학 기술의 유용성을 살리면서 여성의 몸의 권리를 보장하기 위해서는 어떠한 노력들이 필요한지 토론해보자.

📖 더 읽을 책

김은실(2001), 『여성의 몸, 몸의 문화정치학』, 또하나의문화.

양현아 편(2005), 『재생산권』, 사람생각.

이블린 폭스 켈러(민경숙, 이현주 옮김)(1996), 『과학과 젠더: 성별과 과학에 대한 제 반성』, 동문선.

캐티 콘보이, 나디아 패디나, 사라 스텐베리 엮음(조애리 외 편역)(2001), 『여성의 몸, 어떻게 읽을 것인가』, 한울.

크리스 쉴링(임인숙 옮김)(2000), 『몸의 사회학』, 나남출판.

크리스티안 노스럽 지음(강현주 옮김)(2000), 『여성의 몸, 여성의 지혜』, 한문화.

🎬 추천 영상물

〈가타카(Gattaca)〉 앤드류 니콜 감독, 미국, 1997, 영화, 106분.

〈더 월(If These Walls Could Talk)〉 낸시 사보카·쉐어 감독, 미국, 1996, 영화, 95분.

〈미인시대〉 (사)한국여성연구소, 한국, 다큐멘터리, 20분.

〈바비인형의 제국(I, Doll: The Unauthorized Biography of america's 11 1/2)〉 툴라 아셀라 IZ 감독, 미국, 1996, 다큐멘터리, 57분.

〈생리해서 좋은 날〉 김보정 감독, 한국, 2005, 단편영화, 38분. *제7회 여성영화제 상영작

〈핸드메이드 핸드메이즈(The Handmaid's Tale)〉 폴커 슐렌도르프 감독, 미국·독일, 1990, 영화, 108분.

3부

여성의 일상
들여다보기

6장 연애 시대에 대한 성찰

사랑과 연애는 가까운 사이에서나 나누는 흥미로운 이야깃거리로 여겨지지만 그것은 존재와 윤리에 관한 물음을 내포한 심각한 삶의 주제다. 누구와 어떻게 사랑하는가는 나는 어떠한 사람이며, 어떠한 삶을 살고 있고, 어떠한 인간관계로 이루어진 세계를 지향하는가와 연관되어 있기 때문이다.

페미니스트들은 가부장제 사회에서 사랑과 연애를 통해 여성에 대한 지배가 은폐되고 낭만적인 것으로 정당화되었다고 고발함으로써 사랑을 정치적 논제로 만들었다. 사랑과 연애는 누구에게나 자아를 찾고 개방하는 기회라는 의미를 갖지만, 남녀의 사회적 위치가 다르기 때문에 그 경험이나 의미도 달라진다. 사회적으로 무엇이 되기보다 남성과의 친밀한 관계 속에서 일차적 위치를 갖도록 길러진 여성에게 연애는 특히 중요하다. 이 장에서는 우리 사회의 사랑과 연애 관념과 풍조를 페미니즘 관점에서 비판하고 대안을 찾아본다.

01 나는 왜 당신을 사랑하는가?

사랑이라는 말은 감정이자 행위, 나아가 관계를 나타내기도 한다. 감정으로서의 사랑과 행위로서의 사랑은 개념적으로는 분리할 수 있지만 현실에서는 분리되지 않는 경우가 많다. "나는 누구를 사랑한다."라고 할 때 일차적으로 감정을 나타내지만, 그 진술은 사랑의 행위를 한다는 뜻을 내포하기도 하고, 누구와 사랑하는 사이라는 관계에 관한 진술이 되기도 한다. 사랑을 감정만이 아니라 행위와 관계도 포함하는 용어로 보려는 것은 사랑을 단지 마음에 속한 문제가 아니라 인간관계의 맥락에서 이해하고자 하는 것이다. 사랑은 인간 사이에서 일어나는 문제이므로 관계에 관한 질문을 벗어나기 어렵다고 보기 때문이다.

사랑을 이해하는 방식에는 몇 가지가 있다. 우선 사랑을 자연에 속한 문제로서 생물학적으로 이해하는 방식이다. 인간의 성호르몬을 통해서 또는 동물 행동 레퍼토리의 한 가지로서 사랑을 설명하는 것이 여기에 속한다. 이 경우 인간의 사랑에는 특정한 법칙이 있다고 설명된다. 사랑은 차이에 끌리는 것으로서 남녀는 서로에게 끌리게 되어 있다는 식의 설명이 그런 예다.

이러한 설명은 자연의 일부로서의 인간 섹슈얼리티를 이해할 수 있게 해주지만, 현실에서 경제적으로 사회적으로 비슷한 부류의 남녀가 사귀는 것을 설명하지 못한다. 또한 예외적인 현상에 대해서는 사회문화적 도덕관념이나 개인의 의지 등으로 설명함으로써 생물학의 범위를 넘어서게 된다. 또한 사랑의 관습이나 의미는 사회마다 다를 수 있으므로 자칫 연구자 자신이 사회문화적 통념에 젖어 편견을 생물학의 이름으로 정당화할 가능성이 있다.* 더욱이 이러한 논의는 섹슈얼리티에 관한 논의로 환원되는 경향이 있는데, 섹슈얼리

* 예를 들면, 생물학적으로 애정과 성은 배타적이기 때문에 일부일처제가 성립하게 되었다는 설명은 다른 결혼 규범을 가진 사회를 비정상적이거나 미개한 것으로 보게 한다. 남성은 번식 본능 때문에 바람기가 있으며, 여성은 좋은 유전자를 얻기 위해 강한 남성을 원하도록 진화되었다는 이야기는 가부장제의 이중적인 성 규범을 본능에 의한 것으로 정당화한다. 또한 호르몬의 영향으로 사랑에 빠져 있는 기한이 정해진다는 논리는 주객이 전도되어 있다.

티와 사랑은 밀접하게 연관되어 있지만 성에 관한 설명이 사랑에 관한 설명을 모두 포괄할 수는 없다. 인간의 감정과 행위 그리고 관계를 생물학으로 환원하여 실명하는 것은 인간을 자칫 생물기계처럼 이해하게 한다. 인간 행위와 인간관계는 목적의식적 행동, 반성과 비판, 정치적 투쟁의 산물이기도 하다.

심리학이나 정신분석학에서는 사랑을 인간 마음의 특정 원리에 따라 설명한다. 프로이트는 인간에게 본래적으로 양성애적 성격(bi-sexuality)이 있다고 보았다. 프로이트는 이 개념으로 인간에게 여성적 성향과 남성적 성향이 모두 있으며 이성뿐 아니라 동성에게도 성애를 느낄 수 있다고 설명하였다. 그런데 프로이트는 외디푸스 단계를 거치면서 이성을 향한 성애를 느끼게 되는 이 과정을 성장으로 보았다(프로이트, 2003).

심리분석가인 스토르히(Maja Storch)는 융의 이론을 따라 인간이 가진 이성의 성향과 그림자 이론을 통해서 강한 여성이 빠진 사랑의 딜레마를 설명한다. 여성은 자신 안의 남성적 요소인 아니무스(animus)에 부합하는 남성상을 찾으려 하는데, 이것을 아니무스 투영이라고 한다. 우리 사회에서 강한 여성 내면의 아니무스는 가부장적 남성상이다. 강한 여성은 그런 남성을 만나 사랑에 빠지고 난 뒤에는 상대 남성의 약점만 눈에 들어오는데 이것이 아니무스 투영의 철회다. 스토르히는 성숙된 애정 관계에 도달하기 위해서는 남성성의 투영을 철회한 후 내면의 남성성을 만나야 하며, 내면의 원형적 여성을 강한 여성으로 성장시켜야 한다고 주장한다(스토르히, 2003).

정신분석 및 심리이론은 양성성이라든지 남성성과 여성성의 공존이라든지 인간 심리에 대한 최초의 가정에서 출발하는데 그 최초의 가정은 반증될 수 없지만 확증될 수도 없다. 다만 논리적 정합 속에서 상당한 설명력을 가지게 되었을 때 의미 있는 논의가 된다. 프로이트의 정신분석 이론은 18세기 영국 빅토리아 시대 부르주아 가정의 여성 환자들에 대한 임상 경험을 바탕으로 한 것이어서 시간적 문화적 차이를 넘어서는 설명력을 갖지 못한다는 비판에 부딪혔다. 특히 페미니스트들은 그가 주장한 외디푸스 콤플렉스 설은 남성성이 가치 있는 것으로 평가되는 가부장제 사회를 전제로 하지 않고는 설명될 수 없다고 비판한다. 프로이트나 스토르히 같은 정신분석 및 심리 이론가들은 사랑을 인간 심리의 심층적 차원에서 이해하는 방법을 제시해준다. 하지만 현실 세계에서 일어나는 사랑의 행위와 의미, 관계를 이해하기 위해서는 사회문화적이고 역사적인 맥락을 고려해야 한다.

사랑은 인간 개인에 속한 감정이지만 인간은 사회문화적 맥락 속에 놓여 있기 때문에 사랑의 행위와 관계는 이러한 맥락 속에서 해석해야 한다. 이성애적 친밀함으로서의 사랑이 대부분의 사람들 삶에서 빼놓을 수 없이 중요해진 것은 근대라는 역사적인 과정을 거치면서 일어난 현상이다. 한국 사회에서 사랑과 연애가 보편화되고 사회적으로 긍정적으로 받아들여진 것은 최근 50년 안팎의 기간 동안 일어난 변화다.

사랑과 결혼 그리고 성이 밀접하게 연관되어 있다가 최근에는 이 결합에도 변화가 일어나고 있다. 누구와 사랑할 것인가의 문제에도 눈에 띄는 변화가 있다. 일례로, 서구 사회나 한국 사회에서 동성애는 근대를 거치면서 금기시되었고, 최근에 다시 성정치 담론을 통해 정치적 이슈로 등장하였다. 만화나 영화, 심지어 텔레비전 드라마에서 동성 간의 성애적 관계가 등장하고 이런 종류의 재현물에 대한 매니아 층이 형성되었다. 기혼자들의 혼외 사랑도 단순히 미풍양속을 저해하는 불륜으로 여겨지는 데서 벗어난 지 오래다. 애정 풍속의 변화는 사회경제적 변화뿐 아니라 사랑과 성에 관한 관념과 윤리의식, 가족 형태 및 가족 관념 변화 등의 결과이며 그것을 불러일으키는 원인이기도 하다. 특히 애정 풍속의 변화는 젠더 관계의 변화와 매우 밀접한 관련이 있다.

02 사랑과 연애의 사회

사랑하는 사람과 결혼하여 성애를 추구하는 것이 이상이 된 것은 근대를 거치면서 일어난 변화다. 서구의 경우, 중세 시대에는 성이 생식을 위한 것이라는 관념이 지배적이어서 부부의 침실에서도 쾌락적 성이 금기시되었다. 근대에 퍼져 나가기 시작한 낭만적 사랑의 이상도 성애적 접촉에 대한 금기를 포함한 것이었다. 18~19세기 무렵 불법화와 비싼 비용이라는 제약을 넘으면서 피임방법이 보급되어 사랑과 쾌락적 성의 결합이 가능해졌고, 낭만주의 대중 연애소설이 보급되어 사람들의 마음에 사랑에 대한 기대를 불러일으켰다. 하지만 19세기 말에도 여성에게 혼전 성관계는 여전히 금기였고, 여성들은 성교에까지는 이르지 않는 다양한 성적 장난(flirt)을 통해 상대를 유혹하기도 하고 성적 욕구도 해소하였던 것으로 전해진다(카스타-로자, 2003).

우리 역사에서 보면 1920년대 문학이나 기록에서 사랑이 중시되고 연애에 대한 동경이 확산되었던 것이 확인된다(권보드래, 2003). 그것은 자유연애의 이상으로 나타났는데, 자유연애란 말은 당시 연애에 대한 사회적 억압을 역설적으로 보여준다. 사회주의 이념과 결합한 붉은 연애라는 말도 있었는데, 이는 사회주의자들의 동지적 연애로서 자유연애보다 훨씬 더 개방적인 성 관념을 포함했다.

연애가 결혼과 결합하는 과정은 순탄하지 않았다. 우선 연애는 구습에 대한 파괴이자, 양풍(서구적 풍습)의 한 가지로, 즉 서양 문물을 따라한 사치와 향락의 풍조로 여겨졌다. 자유연애는 결혼과 이어지기 어려웠고 자유연애를 추구하던 남녀는 불행한 삶을 살기도 했다. 특히 신여성이 지탄의 대상이 되었다. 연애의 확산은 소비주의와 맞물려 있기도 하여서 더한층 비난과 동경의 대상이 되었다. 당시에는 서양제 문물을 도입하고 소비하는 것이 중산층의 교양과 계급의 표식이었다. 이에 따라 자유연애의 주창자인 신여성들은 단발을 하고, 양장을 하고, 책을 끼고 다니고, 축음기로 음악을 들으며 연애편지를 쓰는 존재로 그려지기도 했다.

신여성의 연애를 풍자한 삽화

연애는 남녀가 함께 하는 일이었지만 특히 여성적인 경험으로 부각되었다. '연애질'로 불릴 만큼 연애가 불건전하고 비생산적인 것으로 여겨지는 경우에는 특히 여성화되고, 여성이 비난의 대상이 되었다. 이러한 현상은 서구 사회에서도 마찬가지였는데, 근대에 성별 분업이 강화되면서 남성성은 노동시장에서 요구되는 독립성과, 여성성은 사랑스러움과 다정함, 그리고 부드러움 등과 연관되었다. 따라서 여성은 남성보다 사랑에 관심과 능력이 많다고 여겨졌다. 캔시언(Francesca Cancian, 1987)은 이러한 현상을 '사랑의 여성화'라고 명명했다.

근대에 이루어진 결혼과 사랑과 성의 결합은 이성애(남성과 여성 간의 사랑과 성) 중심주의가 강화되는 과정이기도 하였다. 그 관계가 성애적인 것이었는지는 분명하지 않으나, 서구의 18~19세기 여성들 사이에는 상당히 관능적이고 열정적인 우정이 일생 동안 지속되었다(Rosenberg, 1996). 로젠버그는 여성들 간의 이러한 열정적인 우정을 당시 사회의 가족구조와 성역할 분리, 남녀관계와 연관시켜 파악해야 한다고 주장한다. 한국 사회에서도 "여류명사들의 동성연애기"가 잡지에 실릴 만큼 여성들 사이의 동성애는 흔한 것이었다.[*] 근대 연애 결혼의 이상을 통해서 친밀성의 영역에서 남녀 간의 성애가 가장 중요한 자리를 차지하게 되지만, 그 이전에는 남성은 남성끼리, 여성은 여성끼리 모이는 동성사회적(homo-social)인 성향이 강했다. 남편이 집을 비우는 날이면 여성들은 동성 친구들을 불러 모아 차를 마시고 음식을 나누며 이야기꽃을 피우는 등 주로 동일한 젠더 집단 내부에서 친밀감을 나누었다.

성과 사랑과 결혼의 결합은 이러한 친밀성 구조가 변화하여 결혼한 남녀, 즉 부부 사이가 친밀성의 영역에서 특권적인 지위를 차지하게 된 것을 의미한다. 부부애가 가장 중요해지면서 결혼에 이르기까지의 남녀간의 사랑이 인생에서 가장 중요한 사건이 되었다. 그것은 우정과 애정을 명확히 구분하고, 성애적 관계와 플라토닉한 관계를 구분하였는데 그 구분은 위계성을 띠었다. 즉 우정은 애정보다 덜 중요한 것이 되었고 비성애적 관계는 성애적 관계보다 열등한 것이 되었다. 결혼과 가족이 친밀성의 영역에서 특권을 갖게 되었기 때문에 결혼하지 않은 사람은 친밀한 유대 관계를 맺기 어려워졌다. 연애는 결혼을 하기 위한 필수적 단계로 여겨지게 되었고, 연애를 하지 않는 사람은 괴팍한 사람으로 상상된다.

[*] 1931년 명문가의 홍옥임과 김용주가 함께 찍은 사진 한 장을 남기고 기차에 몸을 던져 자살하는 사건이 일어났다. 두 집안은 "생전에 서로 지극히 사랑하던 그 정의를 생각하여 한 묶음으로 함께 화장"하기로 결정하였다고 한다 (여성사연구모임 길밖세상 편, 『20세기 여성사건사』, 여성신문사, 2001, 101쪽)

19세기 서구 사회에서 여성들 간의 관능적이고 열정적인 우정은 사회 일반적으로 받아들여졌다.

19세기 중반 열여섯 살 지니와 열네 살 사라는 메사추세츠에서 가족과 함께 휴가를 보내던 중 만났다. 지니는 여성의 이름을, 사라는 남성의 이름을 썼으며 늙을 때까지 이 비밀 이름을 사용하였다. 1864년 당시 29살로 기혼녀이자 어머니였던 사라가 지니에게 쓴 편지에는 이런 내용이 있다. "(다음 주에) 나는 완전히 혼자 있게 될 거야. 내가 너를 얼마나 절망적으로 원하는지 너는 모를 거야…" (중략) 지니는 이렇게 썼다. "다음 편지에 내게 말해 주었으면 해. 내게 확신을 줘. 네가 가장 사랑하는 사람이 나라고. 내가 너를 의심하는 건 아니고, 질투하는 것도 아니지만 네가 그렇게 말하는 걸 한 번 더 듣고 싶어. 네 목소리가 내 귀에 와 닿은 지 오래 지난 것 같아. 애무와 친애의 표현으로 페이지의 반의 반을 채워줘. 너의 어리석은 안젤리나."
—Rosenberg(1996) 중에서

03 연애에 대한 페미니즘의 비판

부부애가 중요해진 것은 확실히 아내로서 여성의 지위를 격상시켰다. 하지만 이러한 변화는 성별분업의 강화라는 근대의 변화와 함께 이해해야 한다. 이제 아내는 가사를 전담하고 가족들에게 정서적 지원을 하는 사람으로 여겨지게 되었다. 이것은 근대적 여성의 성격을 애정과 특별히 연관시킨 것이다.

여성은 부드럽고 의존적인 존재로 묘사되었고, 이것은 집 밖의 노동 세계에 속한 남성의 이미지인 독립성과는 상반되는 것으로 여겨졌다. 여성은 애정적이어야 하지만, '사랑밖에 모르는' 비생산적인 존재로 여겨지게 되었고, 냉혹한 노동의 세계에 견주어 사랑은 '사랑 타령'이니 '사랑 놀음'이니 하는 말로 자주 격하되었다. 노동의 세계에서 요구하는 노동자의 이미지는 남성적인 것이기 때문에 여성은 집 밖의 노동시장에서 받아들여지기 어려웠다. 여성성과 집 밖의 노동 세계는 양자택일의 문제가 되었다. 근대의 사랑관은 이처럼 사랑을 여성이라는 성별과 연결지었을 뿐 아니라, 근대 남녀의 위치를 분리시키고 위계적으로 만드는 데 일조했다.

근대의 낭만적 애정관에서는 이성애가 중심이었다. 이 관념 속에서는 권력 있는 남성과 권력 없는 여성 간의 성애적 결합이 극도로 낭만화되었다. 남성의 권력, 즉 육체적 힘이나 경제력 그리고 사회적 지위 등은 남성적 매력의 핵심이 되었다. 여성의 매력은 보호본능을 불러일으킬 만큼의 의존적인 외모, 어린아이에 가까운 순진무구함(또는 백치미)에서 점점 성적 매력을 강조하는 방향으로 변화해왔다. 낭만적인 남녀의 결합은 부유하고, 학력이 높고, 키도 크고, 심지어 나이도 많은 남성과 그러한 권력을 통해 구원받는 여성 간의 결합이었다. 이러한 낭만적 이성애 관념은 근대에 '남성=생계부양자, 여성=정서제공자 또는 가사노동자'라는 성에 따른 일의 분리(성별분업)를 정당화시켰다.

페미니스트들이 낭만적 사랑을 신화라고 공격하는 것은 그것이 남녀 연인 사이의 권력관계를 은폐하고 낭만화시키기 때문이다. 낭만적 사랑의 관념은 여성성과 남성성을 대립적으로 이원화시켜 왜곡하고 성별분업을 정당화할 뿐 아니라, 여성을 비생산적이고 의존적인 존재로 재현하기까지 한다.

살스비(Jacqueline Sarsby)는 『낭만적 사랑과 사회』에서 사랑이 사회적 산물이라고 지적한다. 사랑에 대한 관심에서 남녀는 불평등한데, 여성은 남성과의 관계를 통해, 궁극적으로는 결혼을 통해 지위를 얻는 반면에 남성은 여러 가지 통로를 통해 지위를 얻기 때문이라고 하였다. 근대 세계에서 노동과 생산만이 가치 있는 것으로 여겨졌고, 사랑은 노동을 방해하는 것으로, 즉 사랑과 노동은 대립적인 것으로 간주되었다. 또한 남성을 생계부양자로 보는 성별 분업이 강화됨으로써 남성성은 노동중심적으로 정의되었다. 남성은 직업적 성공과 사회적 지위를 통해 사랑하는 여성을 얻지만, 여성은 사랑을 통해서 그녀를 보호해줄 남성을 얻고 그의 사회적 지위를 공유하게 된다(살스비, 1985).

영화 〈바람과 함께 사라지다〉의 포스터
사랑에 빠진 남녀의 모습을 재현할 때 남성은 의지를 지닌 인물로, 여성은 사랑에 빠진 인물로 흔히 묘사된다.

파이어스톤의 말대로 "여성은 자유롭게 사랑할 입장에 처해 있지 않으며 사랑과는 아무런 상관이 없는 사회적이고 경제적인 이유들 때문에 사랑을 필요로 한다"고 할 수 있다. 파이어스톤은 성적 불평등이 계속되었기 때문에 남녀간의 사랑은 타락하게 되었다고 주장한다(파이어스톤, 1983).

여성은 일보다는 사랑을 위해 노력해야 한다는 기대 때문에 더욱 생계를 남성에게 의존하게 된다. 여성은 자기가 좋아하는 일에 대한 열의와 성취를 향해 달려가기보다 자신의 욕구를 희생하고 남성의 성공을 돕는 것이 미덕으로 여겨졌다. 이러한 맥락에서 남성의 성공은 사랑하는 여성을 위한 것으로 그 의미가 확장되고, 여성은 그의 능력을 믿고 따르며 존경과 봉사를 통해 남성의 자신감을 북돋아야 한다. 부봐르(Simone de Bouvoir)는 『제2의 성』에서 여성과 남성에게 연애라는 말은 의미가 다르다고 주장한다. 여성은 사랑하는 상대를 우상화하며 사랑하는 남자에게 절대적인 가치를 부여하는데, 보봐르는 이러한 사랑은 진정한 사랑이 아니라고 보았다. 일방적인 존경과 우상화는 권력 관계를 은폐한 것이기 때문이다(보봐르, 1986).

사랑이 여성과 과도하게 연결되면서 많은 여성들이 노우드 (Robbin Norwood)가 주장하는 '지나치게 사랑하는 병'을 앓게 된다 (노우드, 1988). 이 병을 앓고 있는 여성들은 자신에게 고통을 주는 연인에 대한 집착을 버리지 못한다. 이 여성들은 연속적으로 바람을 피우거나 믿을 수 없고 이기적이거나 폭력적이고 도박과 마약으로 괴로움을 안겨주는 남성 때문에 고통스러워하면서도 그를 계속해서 받아준다. 여성성을 애정과 위안을 베푸는 것으로 정의하는 사회에서 부당할 정도로 희생하는 것과 지순한 사랑을 구분하는 것은 여성에게 쉬운 일이 아니다.

04 연애를 통한 여자 되기/남자 되기

가부장제 사회에서 남녀간의 사랑은 남성성과 여성성을 재생산하는 장치 중의 하나다. 사랑에 관한 행동 규칙이 성별화되어 있다는 점은 이에 관한 설득력 있는 예다. 로즈(Judith L. Laws)는 이를 성 각본 (sexual script)이라는 개념으로 설명한다. 성애적 관계에서 마치 연극의 각본처럼 남성적 역할과 여성적 역할이 구분되어 있으며, 남녀는 배우가 각본을 따르듯이 이것을 따르게 된다는 것이다(Laws, 1977).

스위들러(Ann Swidler)는 문화가 어떻게 인간 행동에 영향을 미치는지를 분석하면서 그 둘을 연결시키는 것으로 약호, 개인이 처한 맥락, 그리고 사회문화적 제도를 지적한다(Swidler, 2001). 꽃이나 선물, 어떤 행동들은 일정한 문화적 맥락 속에서 특정 의미를 지닌다. 따라서 어떤 의미를 전달하고자 할 때 이러한 각본 또는 약호를 따르게 된다. 근대의 친밀성은 이성애 결혼과 그것에 기반을 둔 가족

성 각본

성 각본 개념은 개그넌과 사이몬(Gagnon & Simon, 1973)이 처음 도입한 것으로, 성에 대한 설명을 생물학적 차원으로 환원시키는 방식에 도전하여 사회적인 차원에서 성을 보도록 하는 데 기여하였다.

로즈와 슈바르츠(J. L. Laws & P. Schwartz, 1977)는 우리 사회가 가부장적 사회이기 때문에 여성의 성은 단지 각본에 따른 것이 아니라 가부장적 각본에 따른 것이어서 구애를 기다리고, 남성의 성적 접근을 기다리는 등 수동적인 배역을 맡는다고 보았다. 이러한 각본은 데이트, 구애, 결혼 등의 장면에 모두 존재한다. 성 각본에는 행동과 지위를 관장하는 규칙, 기대, 재가가 있으며 사회 집단에 의해 인정된다. 사회에는 각본에 따를 것이라는 기대가 있고 우리는 그것을 따르기 위해 노력한다. 로즈와 슈바르츠에 따르면 여성은 각본을 수동적으로 따르기만 하는 게 아니라 여러 각본들 속에서 협상하기도 하고 저항하기도 한다.

에 부여된 특성이며, 다른 인간관계는 약화되었다. 이에 고독해질 위험에서 벗어나고 싶은 여성과 남성은 상대의 개별적인 선호를 알 수 없기 때문에 사회적으로 통용되는 연애 각본과 약호를 따라 행동하기 쉽다.

페미니스트들의 주장대로 우리 사회에는 성별분업을 자연스러운 것으로 정당화하고, 남성성과 여성성을 고정적인 대립항으로 이해하는 고정관념이 지배적이다. 연애와 데이트는 이러한 사회문화적 맥락 속에서 일어나기 때문에 이러한 맥락 속에서 행위의 의미를 분석해야 한다. 데이트하는 남녀의 행동에 영향을 주고 개인 행동에 대한 해석을 제공하는 문화적 약호 또는 각본은 데이트 비용 쓰기, 선물 주기, 외모 가꾸기 등으로 나타난다.

데이트 비용을 남성이 전적으로 부담하는 풍조에서 많이 벗어났지만, 남성이 여성을 위해 돈을 쓰는 행위는 상대방에 대한 호감을 의미하는 사회풍조 때문에 데이트 비용 사용에서 남녀 평등은 이루어지기 어렵다. 그것은 남성이 여성의 생계부양자이자 사회적 보호자라는 성역할을 의미하기 때문이다. 여성의 돈쓰기는 남성보다 간접적이고, 적고, 나중이어야 한다. 여성이 데이트 비용을 전적으로 또는 보란 듯이 쓰는 것은 때로 상대 남성에게 관심이 없다는 의미로 해석되기 쉽다. 이러한 행동이 경제적 부양자로서의 남성성을 의심하고 자신이 권력을 가지려는 행동으로 비치기 때문이다.

여성이 상대에게 호감을 보이는 표시는 외모 가꾸기다. 소비사회에서 외모 가꾸기는 재력과 세련된 소비방식을 나타내는 것이기도 하기 때문에 남녀 모두에게 강조되고 있다. 여성들은 무엇보다도 외모를 중심으로 매력이 평가되기 때문에 여성들의 외모 가꾸기는 사랑하는 사람을 위한 봉사의 의미도 갖는다. 외모를 가꾸지 않는 남성의 태도는 그의 사회경제적 지위 등 다른 장점으로 상쇄될 수 있지만, 외모를 잘 가꾸지 않는 여성의 태도는 그러한 점들로 상쇄되기 어렵다. 드라마 등 매체에서는 성공한 여성을 세련된 외모로 재현하기 때문에 외모를 가꾸지 않는 여성은 오히려 사회적 지위가 낮은 것으로 받아들여질 가능성이 높다.

예전에 사귀었던 제 남자 친구는 저에게 살 빼기를 무척 강요했습니다. 처음 만났던 당시보다 살이 붙으니까 보기에 안 좋다는 게 이유였죠. (중략) 그러나 전 몸무게가 조금씩 늘어났을 뿐, 비만도 아니었고 표준 체중이었습니다. (중략) 저는 자존심도 상하고 무척 실망스러워서 남자 친구와 이 얘기가 나올 때마다 싸우다 보니 자주 싸웠고, 이 때문에 헤어질 위기에 처한 적도 있었습니다. (중략) 그런 다툼 끝에 항상 돌아오는 얘기는 '사랑하는 사람이 원한다면 그 정도는 그냥 해줄 수도 있는 거 아니냐는 남자 친구의 항변이었죠. 저는 정말 이해가 되지 않았습니다. 그렇다면 왜 그 친구는 사랑하는 사람의 몸을 있는 그대로 봐줄 수가 없었던 걸까요?

– 여성주의 저널 일다 "공개수배" 중에서. www.ildaro.com

경제적 부양자나 후원자와 같은 행동을 하는 것이 남성다움의 표시로 받아들여지기 때문에 남성은 여성에게 비싼 선물을 하는 것으로 남성다움을 과시하고 집을 바래다주는 등의 행동으로 상대방에 대한 호감을 표시할 수 있다고 믿는다. 여성이 남성에게 선물을 하는 경우도 있는데 종종 남성이 데이트 비용을 과하게 썼거나 비싼 선물을 한 것에 대한 답례인 경우다. 여성은 직접 만든 요리나 직접 싼 도시락을 선물하기도 한다.

여성이 남성에게 주는 최고의 선물은 성적인 접촉을 허락하는 것이라고 여겨진다. 데이트하는 남녀 사이에서 여성은 성적 접촉을 원하지 않는 경우에도 호감이나 감사의 표시로 남성의 성적 요구를 들어주기도 한다. 이러한 맥락에서 데이트하는 남녀 사이의 성관계가 남성에게는 사랑 때문에 한 것으로 이해되지만, 여성에게는 강요 때문에, 또는 남성이 자신에게 잘해주는 것에 대해 고맙고 미안해서 한 것으로 이해되는 등 전혀 다른 해석이 나오기도 한다. 남성이 평소에 데이트 비용을 많이 쓰고 여성에게 비싼 선물을 하였다면 여성은 성관계를 거절하기가 어려워진다. 남성의 경제력은 본인이 의도하지 않더라도 권력으로 작용하는 것이다.[*] 여성이 응했지만 사실은 원하지 않았던 성적 접촉은 데이트 성폭력 논쟁을 불러일으키기도 하는데, 여성의 몸에 대한 접근권이 남성에게 주는 선물이 된 성문화 속에서 일어나는 혼란이다. 남성은 상대 여성을 위해 기꺼이 돈을 쓰는 것으로, 여성은 상대 남성을 위해 기꺼이 성적 접촉을 허

[*] 남녀의 데이트 비용 쓰기에 관한 흥미로운 글이 있어 소개한다. 나임윤경 (2005), 『여자의 탄생: 대한민국에서 딸들은 어떻게 '여자다운 여자'로 만들어지는가』(서울: 웅진) 중 「데이트 비용을 둘러싼 권력 싸움」.

락하는 것으로 자기의 사랑을 증명할 수 있다고 여겨지는 가부장제 사회에서 여성의 성과 사랑은 남성의 돈과 교환되는 상품처럼 여겨지기도 한다.

커플 중심주의

연애 중심의 현대 사회 풍토 속에는 커플을 이루지 못한 사람들, 즉 애인이나 배우자가 없는 사람들은 미성숙한 사람, 실패자 또는 낙오자, 또는 괴상한 사람들로 보는 관념이 있다. 사회의 제도와 문화도 커플 구성을 전제로 한다. 이러한 현상은 커플 중심주의라고 할 만한데, 그것은 짝이 없는 사람들에 대한 편견으로 가득 차 있다. 다음의 내용은 이러한 편견과 신화를 다루고 있는 한 책의 목차다.

1. 결혼한 사람들이 가장 잘 안다.
2. 싱글은 오직 한 가지—커플이 되는 것—에만 관심이 있다.
3. 싱글은 불쌍하고 외로우며 삶은 비극적이다.
4. 싱글은 어린애처럼 자기중심적이고 미성숙하며, 노는 것 외에는 할 일이 없으므로 시간을 무가치하게 보낸다.
5. 일이 사랑을 보상해주지 않으며 싱글의 난자는 곧 메마를 것이고, 싱글은 난잡하고 아무것도 없게 된다.
6. 싱글인 남성은 발기되어 있고 초라하며 무책임하고 겁 많은 범죄자다. 또는 섹시하고 괴팍하며 경솔한 게이다.
7. 부모가 싱글인 아이들은 불운하다.
8. 싱글에겐 아무도 없으며 생활도 없다.
9. 싱글은 홀로 늙어갈 것이며 혼자 죽고 몇 주가 지나도 아무도 그가 죽은 것을 알지 못할 것이다.
10. 모든 특전과 수당, 증여, 현금은 커플들에게 주고 그것을 가족 가치라고 부르자.

출처: DePaulo, Bella(2006) *Singled Out: How Singles are Stereotyped, Stigmatized, and Ignored, and Still Live Happily Ever After*, St. Martin's Press.

우리 사회의 남녀 간 사랑에 대해 페미니스트들이 비판하는 이유는 가부장제 사회의 애정관이 사랑을 여성성과 여성 역할의 핵심으로 여김으로써 여성이 사랑을 위해 자기만의 꿈과 세계를 포기하고 희생하게 만들어왔기 때문이다. 사랑에 빠진 여성은 자아를 잃고 자신의 자아를 사랑하는 남성의 지배 아래 두어야 했다. 연애 관계에 모든 시간과 에너지를 쏟아부어야 하는 연애 풍조는 연애 이외의 다른 인간관계를 소원하게 만든 원인이기도 하고 결과이기도 하다. 특히 여성들은 사랑밖에 모르도록 길러지기 때문에, 연애를 하는 시기에는 여성들 간의 우정이 더욱 유지되기 어렵다.

05 세상에 없는 그(녀)를 찾아서

여자 아이들이 어릴 때부터 읽는 동화책, 사춘기 시절의 로맨스물은 사랑과 결혼, 성의 낭만적 결합을 가르치는 교본이다. 그 이야기들의 결말은 대개 사랑하는 왕자나 남자를 만나 오래오래 행복하게 살았다는 내용이다. 신데렐라 이야기처럼 이 로맨스물들은 사랑하는 남자를 만나면 비천한 인생으로부터 구원받거나, 죽음과 같은 잠으로부터 깨어난다는 구원서사가 주종을 이룬다. 여자의 사랑으로 남성을 변화시키는 이야기도 있는데, 야수나 냉혈한을 만나도 지순한 사랑을 바치면 왕자나 착한 남자로 변한다는 이야기들이다. 표면의 이야기는 남자가 여자의 사랑을 통해 구원되는 것이지만, 이면은 여성의 지위가 상승하는 소원성취의 서사다. 냉혈한이나 야수, 철없는 재벌 2세, 건방진 바람둥이가 여성의 사랑을 통해 왕자나 훌륭한 남자로 변하는 이야기는 사랑의 권능을 과장한다.

최근 이러한 연애 문화가 많이 바뀌었다. 영화나 텔레비전의 로맨스물에는 말괄량이에다 독립적인 여성이 등장한다. 이 여성 인물들은 예쁘지 않거나, 뚱뚱하거나, 나이가 많거나, 심지어 외모가 남자와 구별이 안 될 정도로 털털하다. 이 여성 인물들은 남성에게 의존적이지 않으며 직업과 미래를 위한 계획도 가지고 있다. 이러한 변화는 젊은 여성들의 희망을 대변하는 것으로 보인다. 여성다움의 규범을 깨뜨린 이 여성 인물들이 성과 사랑에서 적극적인 모습을 보이고 결국 멋진 남자를 얻기 때문에 보는 여성들은 대리 만족을 느낀다. 여성 인물들뿐 아니라 남성 주인공의 성격도 변했다. 그들은 여성보다 더욱 어른스럽고 듬직한 기사도의 청년들이 아니다. 놀기 좋아하고 귀여우며 말썽꾸러기이기도 하다. 여자의 꿈과 야망을 존중해주고 도와주기도 한다. 심지어 여자보다 더 사랑에 매달리고 지고지순한 인물도 있다. 이러한 남녀상은 기존의 성별 고정관념이 변하고 있음을 보여준다.

하지만 독립적인 여성과 귀여운 남성이라는 지금의 연애 드라마에서 여전히 유지되고 있는 성 각본이 있다. 그것은 '남성 권력, 여성 무권력'이라는 구도다. 특히 자본주의 사회에서 결정적으로 중요한 재력은 여전히 남성의 것이다. 최근의 남성상은 권력을 과시하는 권위적인 인물이 아니라 놀기 좋아하거나 야망보다는 부드러운 감수성을 가진 재벌 2세 또는 3세로 그려지기 때문에 이 권력 관계는 은폐된다. 산업사회의 일중독에 빠진 남성상이 소비사회가 요구하는 세련된 외모의 부드러운 남성상으로 대체된 결과다.

일중독의 남성이건 소비 주체로서의 남성이건 경제력을 그 핵심으로 한다는 사실은 변함이 없다. 무권력이 여성다움의 핵심이기 때문에 여성의 독립성과 야망은 부정적으로 그려진다. 예외적으로 여자 주인공이 가난한 집안 출신일 때만 경제력 추구가 정당화된다. 상층 남성과 하층 여성의 결합이라는, 현실에서는 이루어지기 어려운 사랑이 자본주의 가부장제 사회에서 흔히 보이는 연애의 로망이다. 이러한 로맨스물은 매력 없는 여성도 멋진 남성을 얻을 수 있다는 성공의 신화를 가지고 있기 때문에 여성들로 하여금 이야기에 빠져들게 한다. 현실에서 이러한 여성들은 남성들에게 웃음거리가 되거나 자기의 처지와 비슷하게 가난하고 못생긴 남성을 애인으로 둘 가능성이 크다. 그리고 그 애인에게 살을 빼라는 주문을 받게 될 것이다.

현재 여성성과 남성성의 변화는 새로운 관계의 가능성과 함께 갈등과 혼란도 일으키고 있다. 특히 여성적으로 행동하도록 요구 받으면서 동시에 여성성은 남성성보다 열등하다는 이야기를 들어온 여성들에게 전통적인 성역할에서 벗어나고자 하는 동기는 더욱 강할 수밖에 없다. 남성이 보호자처럼 구는 태도에 매력을 느끼는 여성들이 여전히 존재하지만, 다른 한 편에는 여성을 어린아이 취급하는 태도라며 발끈하는 여성들도 생겨났다. 하지만 이러한 여성들도 어떤 국면에서는 남성의 경제력을 확인하고 싶어하기 때문에 남성들은 혼란에 빠진다. 여성의 입장에서 보자면 부드럽고 재미있는 사람이면서 여전히 경제력이 있는 남성이 매력적이다. 여성들은 성적으로 적극적이고 솔직한 여성에 대한 선호가 남성들 사이에서 새로이 생겨난 것을 안다. 하지만 결혼 시장에서 여성의 성경험에 대한 남성들의 태도가 여전히 보수적이라는 것을 알고 나면 성적으로 어떻게 행동해야 할지 혼란스러워질 것이다.

과거의 성별 고정관념에 대해서는 비판적이지만 대안적인 이성애의 상을 정립하지 못한 경우, 연애는 갈등의 연속이 된다. 남성이나 여성이나 상대에 대해서는 전통적인 성역할에 매여 있지 말 것을 기대하면서도 자신의 구태는 충분히 변화시키지 못하고 있다. 전통적인 남성상과 여성상은 비판하지만 완전히 평등한 상을 가지고 있지도 않은 것으로 보인다. 남성들은 경제력을, 여성들은 외모를 이성의 관심을 끌 수 있는 힘으로 여기면서도 상대로부터 그러한 요구를 받는 것은 부당하다고 느낀다. 인터넷 카페나 개인 블로그에 올라오는 글들은 연애와 데이트에서 느끼는 남녀의 혼란과 모순을 보여준다.

이렇듯 상대방에게 요구하는 것이 많아졌기 때문에 마음에 드는 사람을 만나는 것은 더욱 어려워졌다. 게다가 때로는 평등을, 때로는 전통적인 성역할을 기대하기 때문에 남녀는 모두 혼란에 빠져 있다. 여성들은 남성에게 경제력을 요구하면서도 집안 살림을 잘해야 한다든지 날씬한 외모를 가져야 한다는 남성의 요구에 대해서는 부당하다고 느낀다. 데이트 비용을 남성이 부담하기를 기대하는 여성을 비난하면서도, 여성은 날씬해야 하고 자신보다 연봉이 낮은 것이 좋다고 느끼는 남성들이 여전히 많다. 남녀가 상대방의 모순에 대해 느끼는 실망과 분노는 인터넷 게시판을 뜨겁게 달구는 논쟁거리들을 만들어내고 있다.

이성애 중심주의의 약화와 이원적 성별에 기반을 두지 않은 새로운 연애의 가능성이나 로맨스 환상도 이성애 연애에 대한 불만을 증폭시킬 가능성으로 작용한다. 확산되고 있는 이반[이성애자를 일반적(straight)이라고 보는 사회를 비판하는 취지에서 동성애자들은 자신들을 역설적으로 이반(二般 또는 異般)이라고 부르기도 한다.] 문화가 새로운 로맨스 서사를 제공하고 있는데, 만화, 영화, 심지어 텔레비전 드라마에서도 동성애 코드가 자주 등장한다. 여성 관객과 독자들은 이러한 문화를 소비하는 데서 그치지 않고, 패러디물을 만들어 유통시키거나 팬조직 활동을 통하여 이반 문화를 확산시키고 있다. 이반들의 바와 클럽들도 생겨나는 등 놀이문화도 형성되어 있다. 이반 문화는 남녀 모두가 참여하는 것이지만 특히 여성들의 이반 문화는 대

이반 문화

이반 문화는 이성애가 성별 권력관계와 연루되어 있는 점을 비판하는 레즈비언 페미니즘의 주장이 확산되는 환경을 만들어준다. 한국 사회에서도 다양한 성적 정체성을 기반으로 한 라이프 스타일과, 그것을 옹호하는 권리운동, 그에 관한 학술적 논의들이 과거에 비해 눈에 띄게 활성화되었다. 동성애를 지지하는 모임이나 커뮤니티가 생겨나고 잡지와 책자가 발간된다. 온라인 사이트들이 개설되어 관련 연구와 정보를 제공하고 고민을 상담하고 서로 지지를 보내주기도 한다. 특히 여성들끼리의 동성애 관계는 이성애 관계나 남성 동성애 관계들보다 정서적 친밀성이 강하고 만족도도 높은 것으로 알려져 있기 때문에 여성에게 좋은 대안으로 제시되기도 한다.

동성애는 또 하나의 사랑으로서 권리와 인정을 요구하는 주장이 제기되지만, 페미니즘과 결합되어 이성애 중심주의에 대한 공격을 함의하기도 한다. 예를 들어, 파이어스톤은 사랑은 남녀관계처럼 불평등한 관계에서 파괴적 결과를 가져온다고 하면서 평등에 기초를 둔 것만이 진정한 사랑이라고 주장하고, 레즈비언 되기를 선택할 것을 요구한다. 이성애 관계를 불평등한 권력관계에서의 사랑이라고 보는 페미니스트들은 이성애자 페미니스트들에게 정치적 긴장을 불러일으킨다. 동성애가 이원적인 성 구별에 대해 도전하기 때문에, 또한 이성애처럼 성별 권력관계에 연루되지 않았기 때문에, 특히 여성끼리의 사랑은 페미니즘으로부터 지지받기 쉽다.

하지만 우리 사회에서 젠더 권력관계가 유일한 권력관계는 아니어서, 여성들 간의 동성애 역시 경제력, 사회적 지위, 인종, 외모, 학력을 근거로 한 위계에 면역되어 있지 않으며 이 점은 레즈비언들과 레즈비언 페미니스트들 사이에, 또는 레즈비언 페미니즘 내부에서 격한 논쟁거리가 된다.

레즈비언 페미니스트들 사이에서 또는 여성이반과 레즈비언 페미니스트들 사이에서 이루어진 정치적으로 올바른 연애에 대한 논쟁은 다음을 참조. 김지혜(1997), 「레즈비언/페미니스트 관점에서 본 서구 레즈비언 이론의 발전과정과 역사적 의의에 대한 연구」, 이화여자대학교 대학원 석사학위 청구논문.

중매체에 영향을 미치고 있는 것으로 보인다. 이반 감수성 때문이 아니더라도 여성들의 기호는 여성성과 대립적인 것으로 구성되어 있던 남성성과 멀어지고 있는 것으로 보인다. 전혀 지배적이지 않을 뿐 아니라 여성보다 더 감수성이 풍부하고 아름다운 외모의 꽃미남 남성상의 득세도 남성에 대한 여성들의 기호 변화를 보여준다고 할 수 있다.

벡과 벡-게른스하임은 현대 사회에서 사랑이 종교가 되었다고 분석하면서, 사람들은 점점 더 연애에 매달리지만 사랑은 점점 깨지기 쉬워지고, 그럴수록 사랑에 더욱 매달리는 악순환이 일어나고 있다고 분석한다. 그들은 사랑이 깨지기 쉬워진 것은 전통적인 성 역할이 변화되는 과정에서 남녀 간에 갈등이 심화되고 있기 때문이라고 보았다(벡과 벡-게른스하임, 2000). 이들의 분석대로 성별관계의 재편 중에 생기는 갈등 때문이든, 또는 새로운 연애 기회나 새로운 연애 판타지 때문이든 지금의 연애 풍속은 끝없는 만남과 이별의 연속이다.

06 냉정의 에토스와 연애 중독

현대 사회에서 사랑은 일생을 통해 가장 큰 관심사가 되었다. 초등학생부터 노인에 이르기까지 이성과의 연애에 관심을 갖는 것은 더 이상 이상한 일이 아니다. 결혼과 연애의 연결은 약화되면서 연애 그 자체가 중요한 인생의 경험이 되었다. 일생 동안 연애로 보내는 기간이 길어졌고, 그만큼 여러 사람을 사귈 기회도 많아졌다.

통신수단의 발달, 성과 사랑에 대한 솔직한 태도의 확산으로 감정의 확인이 빠르고 그만큼 연애 관계의 진전 속도도 빨라졌다. 이 때문에 만남에서 이별까지의 기간이 짧은 연애 경험도 많아졌다. 짧은 기간 동안이지만 시간의 압축만큼 경험도 압축적이다. 연애의 기회가 많기 때문에 이별도 상대적으로 쉬워진다. 누군가를 만난다는 것은 일생일대의 운명적 조우가 아니라 여러 번의 연애 경험 중의 하나로 여겨지게 되었다. 망설임과 주저보다는 마음에 들면 일단 만나면서 상대를 알아가려고 한다.

데이트 상대를 연결해주는 인터넷 사이트가 성황을 이루고, 이런 업체들은 오프라인 파티를 열어 한꺼번에 여러 남녀들이 서로를 알아가며 애인을 찾도록 주선도 한다. 이른바 연애시장이 형성된 것이다. 개인이 직접 자신의 정보와 원하는 이상형을 인터넷에 공개하기도 하고, 인터넷 채팅을 통해 다소 모험적인 관계를 해볼 수도 있다. 이렇듯 사이버 공간까지 고려에 넣는다면 연애 상대를 만날 수 있는 시간과 공간은 대단히 확장되었다. 한 사람이 동시에 여러 사람과 사귀는 일도 쉬워졌다.

소비풍조의 만연으로 연애풍속도 점점 상품과 소비에 의존하게 되었다. 연애는 호감을 표현함으로써 진전되는데, 선물 등 상품이 호감을 나타내는 중요한 매개물이 되었다. 선물을 주고 비싸고 분위기 좋은 곳에서 데이트를 하는 것은 애정표현의 중요한 수단이 되었다. 애정을 감동적으로 전달하기 위해 비용을 들여 이벤트 회사를 이용하는 등 감동의 상품화 현상도 일어난다. 연애가 성인의 일상적인 놀이가 된 데다 매우 돈이 드는 일이 되었기 때문에 즐거운 데이트를 위해서는 놀이문화와 소비 형태가 비슷한 애인을 구해야 할 필요가 생겼다. 더욱이 연애는 결혼으로 이어질 가능성이 있기 때문에 연애 상대를 고르는 데에도 결혼시장 못지 않은 사회 계급계층에 대한 구분이 필요해졌다. 특정 거주지역이나 특정한 상품에 대한 기호 또는 소비 형태가 연애시장에서 상대를 고르기 위한 단서가 되기도 한다. 연애에서 기획과 관리, 통제가 누골화되고 강하되고 일상화되었다.*

결혼 연령이 늦어짐에 따라 연애를 경험할 기간이 길어지고 그 결과 연애 기회가 확장됨으로써 결혼 전 성관계에 대한 금기는 대단히 약화되었다. 이러한 태도는 동거의 확산으로도 나타나는데 연애 기

* 사랑이 결혼의 전 단계로서 의미를 가질 때 여성들은 연애 과정에서 사랑을 조절함으로써 결혼에 적합한 상대하고만 사랑을 유지하고 결혼 후에는 부부간의 사랑을 유지하기 위해 노력한다(박혜경, 1993). 하지만 최근에는 연애와 결혼이 분리되면서 연애 자체가 중요한 경험의 장이 되었고 연애를 위해 전략을 짜고 기획하는 경향이 강화되었다. 김신현경(2003)은 이러한 현상을 "연애의 프로젝트화"라고 부른다.

회와 더불어 동거의 기회는 적합한 배우자를 만나기 위한 학습의 기회가 된다는 점에서 긍정적이다. 하지만 이면에는 원하지 않는 임신이나 낙태, 십대 동거와 출산 등 시행착오의 가능성 역시 도사리고 있다. 연애 경험이 일찍 시작되는 것에 비해 청년 집단의 경제적 사회적 독립이 늦은 사회풍조 때문에 부모에게 경제적으로 의존해 있는 상태에서 성과 사랑의 자유를 구가하려는 자녀 세대와 부모 세대 사이에 갈등도 일어나기 쉽다.*

이렇게 연애가 쉬워진 현대 사회에서 연애에 대한 새로운 태도가 관찰된다. 소위 '쿨한 태도'라는 것인데, 한 상대에게 집착하지 않으려는 태도이기도 하고, 연애 그 자체를 가볍게 여기는 태도이기도 하다. 지나치고 부당한 집착에 대한 비판을 반영한 것이기도 하고, 많아진 이별 경험에서 상처를 받지 않으려는 방어심리의 발로일 수도 있다. 또는 새로운 관계를 시작하려 할 때 과거의 상대가 장애가 되는 것을 비난하는 태도일 수도 있다.

여기에는 페미니즘의 영향도 큰 것으로 보인다. 페미니스트들은 여성성을 과도하게 사랑과 연관시킨 문화를 비판하고 여성도 일과 사회 관계 속에서 자아를 찾고 경제력 등 힘을 가짐으로써 남성과 동등한 사회 일원이 되어야 한다고 주장해왔다. 페미니스트들은 여성들이 연애에 많은 시간과 노력을 들이느라 자신의 일과 성취 등 생애의 다른 문제에 소홀해지는데도 굳이 진정한 사랑을 위해서 그토록 노력해야 하는가를 묻는다. 이러한 페미니스트들의 목소리는 우리 사회에도 퍼져 나갔다. 유명한 페미니스트 대중잡지 『미즈(Ms)』의 편집장 글로리아 스타이넘(Gloria Steinum)은 "남자 없는 여자는 자전거 없는 물고기와 같다"고 말하면서, 남성에 대해 집착하지 말 것을 권고한다.* 굳이 페미니스트가 아니더라도 페미니즘의 메시지와 유사한 주장들이 대중서를 통해 퍼져 나갔다. 일이 우선이

* 중산층의 경우 자녀세대의 자립이 더 지연된다. 대학과 그 이후까지 부모에 대한 경제적 의존이 지속되기 때문이다. 중산층 대학생들은 대단한 소비집단이며 현대 사회에서 연애는 왕성한 소비활동을 통해서 이루어지기 때문에, 연애를 통한 성과 사랑의 자유와 경제적 의존은 악순환될 가능성이 높다.

고 남자는 있어도 되고 없어도 되는 존재라는 의미를 단 책 『남자는 디저트다』** 와 같은 책이 출간되었다. 여성들에게 사랑보다는 일과 성공이 우선이라고 권고하는 대중서들은 과거의 희생적이고 착한 여성성에서 벗어나라는 의미에서 아예 나쁜 여자가 되라고 권하기도 한다. "착한 여자는 천국에 가지만 나쁜 여자는 어디든 간다"거나,*** "여자가 진화하면 나쁜 여자가 된다" 등이다.****

　일을 우선하라는 관념은 자본주의의 신자유주의 질서 속에서 그 영향력이 더 확고해지고 있다. 부와 성공의 가치가 절대적이 되고, 일자리는 점점 불안정해지는 가운데, 부를 향한 맹렬한 경쟁을 치러야 하는 사회로 점점 변화되고 있기 때문이다. 이제 적어도 젊은 여성들 대다수는 남자에게 집착하는 것은 어리석은 일이며 경제적 자립과 성공을 추구하는 것이 제대로 사는 길이라고 믿는 것 같다. 이들은 사랑과 결혼을 위해 일을 포기했던 구세대의 여성들을 비난하는 데서 나아가, 자신의 진로에 방해된다면 연애는 청산하는 것이 옳다고 생각하는 경향도 보인다.

　이러한 태도는 사랑이 목숨을 거는 비장한 거사로 여겨지던 근대의 낭만적 사랑 풍조와 대조를 이룬다. 이제 사랑은 일생 동안 단 한 사람에게만 향하거나 헤어진 사람을 평생 못 잊는 그런 사랑이 아니다. 비장함이 근대 낭만적 사랑의 에토스라면 현대 사회의 에토스는 냉정의 에토스라고 부를 수 있다. 목숨 건 사랑의 에토스가 특히 여성에게 지나친 희생을 강요하였던 점을 상기하면 냉정의 에토스야말로 여성에게 필요할지 모른다.

　하지만 문제는 좀 더 복잡하다. 무엇보다 이 냉정의 에토스는 역설을 낳고 있기 때문이다. 연애에서 냉정의 에토스 이면에는 연애 중독이 있다. 쿨해진 것은 연애와 이별의 기회가 많아진 결과이기도 하고 그러한 결과를 낳기도 한다. 연애와 이별의 가능성이 커졌기

* 글로리아 스타이넘 (1995), 『여성 망명정부에 대한 공상』, 현실문화연구.

** 소냐 프리드만(양영란 옮김)(1996), 석필.

*** 우테 에하르트(홍미정 옮김)(2000), 『나쁜 여자가 성공한다』, 글담.

**** 최도경(2003), 『나쁜 여자 cool한 여자』, 들녘. 이 밖에도 페미니즘 입장에서 일과 성공을 강조하는 대중서들이 발간되었는데, 이 책들은 모두 희생적이고 착한 여성상에 대한 기대를 배신할 것을 권한다. 필리스 체슬러(이광용 옮김)(1999), 『죽이고 싶은 여자가 되라: 젊은 페미니스트에게 보내는 편지』, 제삼기획; 캐시 하나워(번역집단 유리 옮김)(2002), 『그래 나 못된 여자다: 26명의 여자들이 섹스, 고독, 일, 모성, 결혼에 관한 진실을 말하다』, 소소; 카메론 터틀(김경숙 옮김)(2001), 『배드걸 가이드: 나쁜 여자가 되어 원하는 것을 다 가져라』, 해냄 등.

때문에 일생 동안 연애에 매달리게 되었다. 인터넷 카페나 게시판에는 젊은 남녀가 싱글이 된 지 몇 개월이나 지났다는 둥의 하소연 조의 글이 올라온다. 애인 없이 지낸 지 일 년이 지났다면 지나치다는 반응도 쉽게 접할 수 있다. 연애에 냉정을 유지하면서도 끊임없이 연애와 이별을 반복하는 것, 즉 연애하지 않는 상태를 견디지 못하는 것이 냉정의 에토스의 이면이다. 또한 지금의 냉정의 에토스는 사랑에 매달리는 것과 친밀한 관계에서 전념(committment)의 가치를 구분하지 못한다. 사랑에 대해 가벼워진 현상이 성적 쾌락이 숭배에 가까울 정도로 관심의 대상이 된 현상과 나란히 일어나고 있는 점은 의미심장하다. 성적 쾌락은 열정적으로 추구하되 사랑은 냉정하게 해야 하는 모순적인 상황이 되었기 때문이다.

여성이 성적으로 능동적으로 됨으로써 쾌락을 적극적으로 향유할 것을 권하는 책들이 출간되었다.* 페미니즘을 표방한 한 대중잡지는 여성의 성경험과 성욕을 대담하게 노출하여 여성에게만 부여된 정조 이데올로기를 조롱하기도 하였다. 이러한 잡지와 책들은 여성으로 하여금 스스로의 몸에 대해 지식을 가지게 하였고 여성에게만 부여된 정조 관념 등 성적 금기를 깰 수 있는 해방적인 목소리를 들려주었다. 그 결과, 사랑보다는 자신의 일을 우선시해야 하며 여성도 성적 쾌락을 추구할 권리가 있다는 생각이 여성들에게 일반적으로 받아들여지고 있는 것으로 보인다. 여성만을 회원으로 하는 인터넷 카페에서는 이런 내용의 글을 쉽게 찾아볼 수 있다. 성과 사랑에 대한 이러한 태도는 여성에게 부여된 사랑의 의무와 성적 억압에 저항할 논리와 자신감을 갖게 해주는 것으로 보인다.

그런데 사랑보다 일과 성공을 우선시하라는 메시지와 성적 쾌락을 추구하라는 메시지가 동시에 퍼지면서 여성들은 혼란에 빠진 것처럼 보인다. 사랑은 일보다 뒷전으로 미루고 성적 쾌락은 적극적으로 추

* 대중서적으로는 베티 도슨의 『네 방에 아마존을 길러라』(곽라분이 옮김, 2002, 현실문화연구)와 이은미의 『솔직한 여자가 사랑도 잘한다』(2004, 닥터레디)와 같은 책이 있다.

구하는 방법은 무엇인가? 이러한 혼란은 결과적으로 성과 사랑에 대해서 남성과 비슷해지는 결과를 낳기도 한다. 친밀한 관계에 무관심한 남성 문화마저 답습된 것이다. 이 점에서는 이반 문화도 별다른 대안을 만들지 못한 것으로 보인다.

오늘날 여성의 성적 쾌락을 옹호하는 젊은 여성들은 이성애 관계가 연루되어 있는 성별 권력관계와 싸우느라, 가부장적 일부일처제에서 유래한 배타적 성관계에 대해 반대하느라, 관계의 성실성, 전념 등에 관해 고민할 수 있는 언어를 아직 찾지 못한 것 같다.

가부장제의 낭만적 사랑을 비판하려다가 깊이 사랑하는 것의 의미를 찾는 노력이 무가치해져 버린 지금은 혹시 목욕물을 버리려다가 아기까지 버리게 된 상황이 아닌가? 지금 연애의 전 세대적 전 생애적 확산은 친밀성의 증가인가, 아니면 친밀한 관계에 드는 심리적 경제적 비용이 증가한 것인가? 이 과정에서 사랑은 그저 성관계를 위한 알리바이거나, 설렘과 이별, 슬픔과 고독을 경험하게 해주는 가슴 뛰는 놀이가 된 것인가?

더욱이 사랑에는 가볍고 성에는 적극적인 풍조는 여성에게 이중적 결과를 낳는다. 한편으로는 그것이 여성의 성해방으로 여겨졌지만, 그것은 이미 성적 자유를 구가하고 있던 남성들이 편리하게 조달할 여성들이 늘어났음을 의미하기도 한다. 이러한 현상은 서구 사회에서도 나타났고 이에 대해 여러 페미니스트들이 비판했다.[*]

냉정의 에토스는 일과 성공을 사랑보다 우선해야 한다는 근대의 노동중심적 세계관을 따르고 있어서, 근대적 세계관보다 더 나은 이야기를 만들어내지 못하고 있다. 혹실드(Russell Hochschild, 2003)는 이러한 현상에 대해 페미니즘도 일조하였다고 비판한다. 페미니즘이 사랑보다는 일을 중요하게 여기는 남성적 태도를 여성들이 닮아가도록 했다는 것이다. 사실 지금의 현실은 "우리가 바라는 것이 겨

* 이 문제는 벨 훅스(bell hooks, 2002)가 『행복한 페미니즘』에서 지적하는 등 여러 페미니스트들에 의해 언급되었다. 바댕테르는 이 문제와 더불어, 미국 급진적 페미니스트들의 피해자 담론, 남성 성에 대한 본질주의적 접근에 대해 맹렬히 비판하는데, 자유주의적 접근에 기울어 적절한 대답을 찾아내지는 못한 것으로 보인다(바댕테르, 나애리 옮김, 2005, 『잘못된 길』 서울: 중심).

우 남성과 같아지는 것인가?"라는 페미니즘의 오랜 질문을 되씹게 한다.

또한 일과 사랑에 대한 대립적이고 양자택일적인 태도는 그것의 양립 가능성을 찾기보다는 그것이 불가능한 현실을 어쩔 수 없는 것으로 받아들이는 현상을 낳기도 한다. 여성이 일단 사랑과 결혼을 선택하면 자기의 일에 대한 장래 계획은 희생하고 주부와 어머니로서 완벽해지는 데 집중하기도 한다. 또는 일과 사랑의 양립 불가능성에 안주함으로써 사실상 경제적 자립과 독립적 태도를 이루는 데 대한 두려움을 은폐하려는 것일 수도 있다. 이로써 사랑은 다시 여성성의 중요한 일부로 재생산되고, 사랑과 결부된 역할과 노동이 여성의 일이 되는 현실 또한 재생산된다.

07 사랑 속에서 사랑을 잃다

지금의 시대에는 과거의 도덕 규칙에 빠진 성 담론에 염증이 난 나머지 사랑을 윤리적 물음과는 전혀 관련이 없는 것으로 보려는 태도가 확산되고 있다. 하지만 사랑은 사람들 사이에서 일어나는 것이기 때문에 인간관계의 중요한 측면이며, 그렇기 때문에 어쩔 수 없이 힘의 관계에 대한 성찰을 요구하는 정치적 주제이기도 하다. 이러한 무관심은 친밀한 관계에 대한 대안을 마련하는 것에 대한 무관심과 무능함으로 이어진다. 예를 들어 사랑을 할 때 여성의 희생과 양보를 강요하는 가부장제 연애 풍조에 대한 반대는 옳지만, 희생과 양보의 가치를 사랑에서 모두 삭제하는 것이 가능하며 바람직한가?

여성에게 사랑은 연인과 남편, 자녀를 위한 것이었다. 남성에게는 애정적이고 부드러운 태도가 요구되지 않기 때문에 여성의 사랑은

영화 〈연애의 목적〉의 한 장면

남녀 사이에 연애가 성관계에 대한 관심을 둘러싸고 시작되고 갈등이 빚어지는 것을 그린 영화. 성관계와 사랑을 분리하는 남자와 그것을 분리하지 않는 여자 사이에 갈등이 있지만 남녀 모두 성적 욕망에서는 차이가 없다. 섹스에만 관심이 있는 남자의 성행동은 성폭력과 구분되지 않는데, 주인공 여자는 이 남자를 성폭력으로 몰아 그의 사회적 지위를 박탈한다. 학원 강사로 전락한 남자를 찾아온 여자. 남자의 권력을 해체한 뒤 비로소 그에게서 사랑을 느끼는 현대 여성들의 변화를 읽을 수 있다.

희생적이고 일방적이기까지 하다. 일 중심적이고 사랑할 줄을 모르거나 사랑을 표현할 줄 모르는 차가운 근대 남성과의 친밀한 관계를 유지하는 것은 여성들로 하여금 사랑 속에서 자아를 잃고 심지어 자아를 지배당하도록 해왔다. 그렇기에 페미니즘이 사랑을 정치적 논제로 제기하고 근대의 낭만적 연애관을 비판해온 것은 정당하다. 하지만 사랑보다 일과 성공을 우선시하는 최근의 풍토 속에서 관계에 대한 성실과 전념의 가치는 망각되기 쉬워졌다. 이분법적인 성별 관념에 물든 낭만적 연애 속에서 여성들이 자아를 잃었다면, 그것에서 벗어나고 있는 지금의 여성들은 넘쳐나는 연애의 기회 속에서 오히려 사랑을 잃을지 모른다.

성과 사랑에서 대안을 찾는 논의 중 이성애를 전제로 관계와 대화의 기술에 관심을 둔 논의들이 있다. 하지만 고정된 여성성과 남성성 위에서 대화와 관계의 기술만 계발하는 것은 문제를 근본적으로 해결하지 못한다. 이성애 관계가 거의 싸움의 연속에 이르게 된 원인에 대해서는 개인적 차원을 넘어서 사회구조적이고 역사적인 차원에서 이해가 필요하다.

보다 급진적인 논의들은 새로운 평등한 이성애를 모색해야 한다거나, 이성애를 거부하고 여성 간의 친밀한 성애적 관계를 추구해야 한다거나, 아니면 다양한 성적 기호를 인정해야 한다는 주장으로 나타난다. 사실상 대안적 논의는 마지막 주장, 즉 평등한 이성애와 동성애 그리고 성적 정체성을 정의하지 않거나 양성애적인 경향이 모두 공존할 수 있어야 한다는 논의로 수렴되는 듯하다.

이성애 중심주의는 이성간의 성애 외에는 사랑이 아닌 질병이거나 더러운 결합으로 보고 추방하려 하기 때문에 이성이 아닌 사람을 사랑할 권리와 그에 기반한 정체성을 주장하는 논의가 필요한 것은 사실이다. 이성애 중심주의는 여성성과 남성성에 위계를 부여하고 대립적이고 분리된 것으로 사고하면서 그것을 재생산하기 때문에, 그것에 대한 비판은 페미니즘과 여성학에서 이론적으로 실천적으로 차지하는 중요성이 크다.

하지만 사랑에 관한 급진적 대안 논의가 상대의 성이 무엇인가로 앙상해진 것, 또는 모든 사랑이 평등하게 존중되어야 한다는 권리의 문제로 축소된 것은 한계로 보인다. 물어야 할 많은 질문들이 봉쇄되어 있기도 하다. 평등한 이성애를 꿈꾼다면, 왜 이성애를 전제하는가? 그것은 젠더로서의 욕망과 다른 것인가? 동성애를 인정한다면, 그것을 인정하는 권력에 대해 질문해야 할 것이다. 이성애자들이 동성애를 인정할 권리를 자부한다면 그것은 이성애와 동성애를 평등하게 다루는 것인가 아니면 자비로운 권력을 행사하는 것인가?

성애적 관계의 형태들은 다양하다는 생각이 필요하지만, 그것으로 만족할 수 있는가? 대안 논의에서 다양성에 대한 인정은 토론과 투쟁을 위한 최소 요건이지 최대 요건일 수 없다. 하지만 지금의 다양성 논의는 다양성 자체만을 목적으로 하고 있는 논리 구조여서 다양성이 인정된 뒤에 사랑을 다시 정치적 논제로 다룰 수 있을지 회의스럽다.

지금의 사랑 딜레마에서 빠져나오기 위해 우리에게 필요한 것은 개인적 문제로서 사랑이 아니다. 즉 사랑을 할 것인가, 말 것인가, 또는 이 사람을 사랑할 것인가, 저 사람을 사랑할 것인가 하는 질문을 넘어서야 할 것이다. 먼저 친밀성을 중심으로 이상적인 사회를 다시 상상해보는 일이 필요하다. 그것은 필히 인간관계에서 덕(德)의 문제를 고민하게 할 것이며, 그것은 관계의 윤리에 관한 물음이다.

사랑을 주고받는다는 것은 무엇인가? 미친 듯이 일만 하느라 타인을 위해, 심지어 친밀한 그(녀)에게 시간을 낼 수 없는 삶을 우리가 바라는 것인가? 사랑한다는 것이 돌봄의 소통을 의미한다면, 양보와 희생이 없는 돌봄이 가능한가? 그것을 특정한 성별이나 계급에게 강요하지 않으면서 서로 나누기 위해서 우리 사회의 인간관계를 조직하는 제도들은 어떻게 재구성되어야 하는가? 이로써 우리는 왜 사랑이 필요하며, 어떻게 사랑할 것인가의 문제를 다룰 수 있게 된다. 궁극적으로 친밀한 관계에 대한 나의 이상은 무엇인가? 그것은 지금과 같은 사랑과 연애인가? 내가 바라는 세상은 어떠하며 내가 꿈꾸는 친밀한 관계는 어떻게 그 이상 사회와 조화를 이룰 것인가? 공동체의 가치와 관계의 배타성은 어떻게 공존할 것인가? 배타성을 거부해야 한다면 관계의 성실성과 전념은 무엇으로 유지할 것인가?

그 다음에야 비로소 누구를 사랑할 것인가, 즉 왜 당신인가 하는 질문이 중요해진다. 내가 사랑하는 상대는 성별, 나이, 계급·계층적 지위, 외모 등 각각 심각한 논쟁을 불러일으키는 요소들로 이루어진 골칫덩어리의 결정체이기 때문이다. 이 질문은 당신을 사랑하는 나, 즉 또 하나의 골칫덩어리인 나는 무엇인가 하는 물음을 요청한다. 사랑은 단지 놀이가 아니라 자신에 대한 의문과 도전, 자기와의 투쟁이 일어나는 치열한 경험의 장이기 때문이다.

1. 연애하면서 자신이 여자다워졌다거나 남자다워진 경험에 대해 이야기해보자.
2. 이상적인 사회에서의 친밀성에 대해 상상해보자.

📖 더 읽을 책

로빈 노우드(김상기 옮김)(1987), 『사랑이 지나친 여성들』, 서울: 동아출판사.

변혜정 엮음(2006), 『섹슈얼리티 강의, 두 번째: 쾌락, 폭력, 재현의 정치학』, 서울: 동녘.

앤터니 기든스(황정미, 배은경 옮김)(1996), 『현대사회의 성, 사랑, 에로티시즘』, 서울: 새물결.

울리히 벡, 엘리자베트 벡–게른스하임(강수영, 권기돈, 배은경 옮김)(1999), 『사랑은 지독한 그러나 매우 정상적인 혼란』, 서울: 새물결.

🎬 추천 영상물

〈연애의 목적〉 한재림 감독, 한국, 2005, 영화, 121분.

〈하지만 나는 치어리더예요(But I am a cheerleader)〉 제이미 바빗 감독, 미국, 1999, 영화, 81분.

7장 애정과 투쟁의 장소로서의 가족

유교 전통에 따른 내외관념에 더하여, 근대를 통해 강화된, '남성은 생계벌이자 여성은 가사전담자'라는 성별분업 관념으로 인하여, 그리고 공적인 세계는 남성의 세계로, 사적인 세계는 여성의 세계로 이분법적으로 분리시켜 보는 관념으로 인하여, 여성의 삶은 가족 내부로 제한되어왔다. 여성은 가족에서의 역할과 위치를 가장 우선시하도록 길러지기 때문에 여성의 경험을 이해하고자 할 때 가족을 분석하는 것은 특별히 중요하다. 가족 연구를 하고자 할 때에도 가족 일상사의 책임을 일차적으로 담당하고 있는 여성의 경험을 이해하는 것이 필요하다. 페미니스트 가족 연구자들은 기존의 가족 연구들이 여성의 가족 경험을 간과하거나 배제함으로써 편파적이고 왜곡된 지식을 형성해왔다고 비판한다. 가족 연구에서 성별을 고려하는 것은 점점 중요하게 인식되고 있는데, 특히 최근의 가족 변화에 관한 분석에서 성별관계의 변화는 가장 중요하게 다루어진다.

01 '전형적 가족'과 가족의 다양성

흔히 전형적 가족이라는 것이 존재한다고 여겨지는데, 사람들이 생각하는 전형적 가족은 아버지가 가족의 생계를 부양하고 어머니는 집에서 가사를 돌보며 자녀를 기르는 핵가족이다. 하지만 가족의 형태와 경험은 사회적 계급계층에 따라, 사회와 문화에 따라, 인종과 민족에 따라 차이가 있다. 핵가족은 일반적인 가족의 모습이 아니라 도시의 중산층을 기준으로 한 가족 모델이다. 남성 한 사람의 벌이로 4인 정도의 가족이 살 수 있는 것은 도시 중산층 이상의 계층에서나 가능하기 때문이다.

중산층 가족이 일인 생계 부양자로 유지될 수 있는 것과 달리 기층 가족은 여러 가족원이 생계 활동에 참여한다. 어머니나 성인기 이전의 자녀가 가족의 주된 생계 부양자가 되기도 한다. 전업주부나 성인이 될 때까지 부모에게 전적으로 의존하는 자녀는 기층 가족에서는 찾아보기 어렵다. 흑인 사회의 가족은 어머니가 생계부양자의 역할을 맡는 경우가 많고 모계를 중심으로 한 친족 네트워크가 발달해 있는 것으로 알려져 있다. 이러한 사실을 간과한 가족에 대한 일반화는 백인 중산층 중심적인 것으로 비판된다. 이처럼 가족의 형태와 경험이 다양하다는 사실을 고려하면 소위 '전형적 가족'이란 관념적으로 만들어진 허구인 것을 알 수 있다.

영어권에서 가족(the family)이라는 용어도 한 가지 형태의 가족, 즉 전형적 핵가족상을 가정하고 있기 때문에, 가족이라는 용어가 지시하는 '가족' 역시 상상의 산물이다. 즉, 우리가 '가족'에 대해 말할 때 그것은 실재하는 것이 아니라 사회적인 관념에 의해 구성된 것이다(구부리움 & 홀슈타인, 1997; 기틴스, 1997). 페미니스트 가족연구자들을 비롯하여 최근의 가족연구자들은 '가족' 대신에 '가족들

가족은 거의 대부분 아버지, 어머니, 자녀로 구성된 이성애 핵가족으로 재현된다. 다른 다양한 가족들을 보이지 않게 하거나 비정상적인 것으로 보이게 하는 이러한 가족상에도 불구하고 이러한 형태의 가족으로 분류할 수 있는 가구는 전체 가구의 절반 가량일 뿐이다.(이미지 출처: www.goodasyou.org)

(families)'이라는 용어를 사용함으로써 가족 형태와 생활방식의 다양성에 대한 인정을 나타낸다. 또는 친밀한 결사체(intimate association)라고 부르기도 한다(Struening, 1996).

가족의 형태와 경험이 다양하기 때문에 가족의 개념을 정의 하는 것도 어려워졌다. 가족 연구자들 사이에서는 가족을 정의하는 것이 가능한지 자체가 쟁점이 된 지 오래다(쏘온·얄롬, 1991). 가족의 본질적인 특성이 있다고 가정하고 그것을 내용으로 가족의 정의를 내리는 대신 "사람들이 가족이라고 생각하는 것이 가족"이라고 정의하기도 한다(Cheal, 1991).

여기에서는 친밀한 결사체가 가장 적절한 용어라고 보지만, 사람들이 가족이라고 생각하는 것에 대해 말하기 위해, 또한 복수명사를 잘 사용하지 않는 한국어의 특징을 고려하여 가족과 가족들, 친밀한 결사체라는 용어를 혼용할 것이다.*

형태와 경험의 측면에서, 가족은 다양하며 그 다양성은 점점 강화되고 있다. 때문에 가족과 가족 아닌 것 사이의 판명한 차이를 말하기가 어려워졌다. 우선 형태의 측면에서 보자면 핵가족이 보편적이라는 주장은 통계적으로 입증되기 어렵다. 핵가족 통계는 가구 통계를 근거로 하는데 어떠한 형태의 가구를 핵가족으로 볼 것인가는 연구자의 관점과 관심에 따라 다르다. 핵가족의 이념형인, 부부와 미혼자녀로 구성된 가족의 비율은 서구 사회에서 매우 낮은 것으로 보고되며, 한국의 경우, 통계청의 2000년 인구주택 총조사보고에 따르면 48.2%의 가구가 이념형 핵가족에 해당한다. 핵가족에 편부모

* 가족을 다양한 것으로 보면서도, 가부장제 가족의 현실을 비판하고자 하는 목적으로, 여성의 가족 경험에 관해서는 전통적인 이성애 핵가족 모델을 중심으로 설명할 것이다.

가구와 부부가구를 모두 포함시키는 경우도 있는데, 그럴 경우에는 약 70퍼센트 정도의 가구가 핵가족으로 분류된다. 무자녀 가구는 핵가족이 될 것이기 때문에, 편부모 가구는 핵가족을 거쳐 온 것이기 때문에 모두 핵가족으로 본 것인데, 이러한 접근으로는 영구적인 선택적 무자녀 가구나 비결혼 편부모 가구의 존재가 핵가족 모델의 전형성에 균열을 일으킨다는 사실을 인식할 수 없다. 또한 편부모 가족의 증가가 핵가족 관계의 불안정성을 의미한다는 사실을 은폐하게 된다. 이런 식의 핵가족 통계는 핵가족이 보편적이라는 사실을 보여 주기보다 핵가족을 보편적인 것으로 보는 관념을 반영하는 것이다.

일인가구가 증가하고 있으며 그중에서 농촌의 여성 일인가구가 대다수를 차지하지만 도시의 젊은 일인 가구 비율도 꾸준히 높아지고 있다. 특히 35세 이상의 비결혼자의 경우 여성이 남성보다 일인가구를 형성하는 경향이 강하다. 실질적인 가장 역할을 하는 가구주의 성별을 보면 여성이 가구주인 가구가 증가하여 통계청 자료에 의하면, 2007년 여성이 가구주인 가구는 19.9%로, 1975년 12.8%, 1995년 16.6%에서 계속 증가해왔다. 여성가구주 가구의 사유로는 사별이 가장 많지만 이혼과 비결혼이 차지하는 비율이 크게 증가하고 있다. 속칭 '기러기 아빠'로 불리는 일인 가구들도 증가하고 있다. 학업이나 직업을 위한 이동으로 인한 일시적인 비동거 가족들은 늘 있어 왔는데, 기러기 아빠 현상은 전지구적 이동이 가능해진 환경에서 나타난 비동거 가족형태. 서구 사회뿐만 아니라 한국 사회에서도 동성간의 결혼이나 가족을 이룬 삶의 형태가 가시화되고 있고, 더불어 이러한 형태의 가족들에 대한 제도가족과 동등한 법적 권리와 인정을 요구하는 주장이 제기되고 있다.*

가족의 다양성을 존중해야 할 당위가, 과거에 비해 가족이 매우

* 한국 사회에도 동성애 가족이나 동성애결혼을 권리로 주장하는 운동이 전개되고 있는데, 이러한 문제에 관심을 가진 단체들이 온라인과 오프라인에서 활발히 활동하고 있다.

다양해지고 있다는 양적인 논리를 근거로 주장되기도 한다. 양적으로 다양성이 증가한 것은 사실이지만, 다양성의 존중은 소수자의 권리에 대한 옹호이기 때문에 수의 많고 적음을 근거로 하는 것은 직절하지 않다. 더욱이 가족 다양성에 대한 옹호는 궁극적으로 어떠한 친밀한 관계를 구성하여 살 것인가를 국가나 사회가 지시하고 강제할 수 있는 문제가 아니라는 인식을 바탕으로 한다.

어느 사회에건 어느 시대에건 가족은 다양한 형태로 존재해왔을 것이다.* 최근에 와서 삶의 다양성을 인식할 수 있는 개념적 변화들이 일어나고 있기 때문에 다양성 인정을 위한 투쟁이 가시화되고 있다고 할 수 있다. 가족의 다양성을 인정하지 않는 관점에서 보면, 특정한 방식 이외의 삶의 방식들은 비정상적인 것이어서 그것의 발생을 예방하거나 치료를 통하여 정상적인 것으로 변화시키거나 정상세계와 판명하게 구분지음으로써 격리시켜야 할 대상이다. 다양성을 옹호하는 관점에서는 이러한 정상화 논리는 개인 간의 차이를 억압하는 것이며, 정체성에 대한 통치이기도 하다.

02 따뜻한 안식처라는 가족의 이상

가족이라는 말은 '따뜻함' 등 친애적 정서를 나타내는 단어를 연상시킨다. 애정적인 성격이 가족의 가장 본질적인 측면이라고 여겨지지만, 사실 그러한 생각 자체가 근대를 통해 형성되었다. 가족의 애정적 특성을 강조하는 관념은 한편으로는 가족생활에서 친밀성을 강화시켰지만, 그럼에도 불구하고 가족 경험은 복잡한 권력 관계와 갈등을 내포할 수 있다. 애정적 가족관이 오히려 가족의 권력 관계나 갈등을 은폐시키고, 특정 사회계층이나 집단의 삶을 더 어렵게 만들

* 우리의 역사에서 조선 시대만 하더라도 허벅지살을 베어 부모에게 고기국을 끓여 드리는 효부가 있었는가 하면, 아버지 상투를 잡고 마당을 도는 불효자도 있었고, 열녀도 있었지만 재가 또는 삼가 하는 여성도 있었다. 어느 시대에나 독신, 미혼모, 사실혼, 편부모 가족이 있었으며, 세종 며느리 봉씨와 궁녀 소쌍 사이의 동성애와 같은, 궁중 여인들 간의 동성애 기록도 있다.

기도 한다. 애정적 가족관은 특히 여성의 삶과 밀접하게 관련되어 있으므로 그것이 어떻게 형성되었으며, 여성의 삶에 어떠한 영향을 미쳤는지 살펴본다.

전통적으로 가족은 경제 공동체이며 가족 관계는 정략적인 성격을 가졌다. 가족에서 개인의 감정이 중요해진 것은 근대적 변화의 일부다. 그것은 일차적으로 인간을 집단보다는 개인으로 인식하는 관념이 생겨난 것, 그리고 산업화로 인하여 개인이 가족 등 공동체로부터 독립함으로써 자신의 감정에 따라 배우자를 선택하는 것이 가능해지는 등의 변화를 통해 일어났다(조은·조주현, 1997). 이것이 사랑하는 사람과 결혼하는 것이 당연시 되는 현상, 즉 가족과 연애의 결합이다. 또한 남녀 간의 쾌락적 성이 점차 가능해지고 지지되는 사회 변화가 일어나면서 결혼할 상대들 간에 그리고 부부 사이에서 성애적 쾌락을 추구하는 것이 가능해졌다. 또한 근대에는 아동에 관한 관념이 변화되었다. 인간이 생애 동안 아동기라는 시기를 거치게 된다는 관념이 생겨나고 아동에 대한 관심이 강화되었다(아리에스, 2003; 김혜경, 2006). 자녀의 중요성이 증가하면서 모성애가 강조되었는데, 어머니는 자애롭고 자녀에게 집중하여야 한다는 관념이 퍼져 나갔다(Donzelot, 1997; Dally, 1982; 이재경, 2003).

모성애의 강조는 근대의 성별분업의 강화와 관련되어 있다. 전통적으로 남녀의 일은 구분되어 있었지만 근대에 일터와 가정이 분리되면서 남녀의 일의 구분, 즉 성에 따른 일의 분리(성별분업)가 강화된다. 이제 가정은 더 이상 생산이 단위가 아니며 여성은 집안에서 가사를 돌보며 자녀를 양육하는 일에 전념해야 했다. 화폐를 벌어들이는 노동만이 가치 있게 여겨지면서 주부가 하는 일은 일로 여겨지지 않고 기껏해야 '사랑의 노동'으로 미화되었다. 다른 한편으로 주부와 주부가 하는 가사노동은 무가치하고 천하게 여겨졌다. 성별분업 관념은 여성의 직업 생활을 어렵게 했고, 실제로 직업을 가지게 되더라도 불리한 조건으로 채용되고 가사노동까지 병행하도록 만들었다. 남성은 혼자 벌어서 전 가족을 부양하는 책임을 져야 한다는 관념이 형성되었다.

사실상 이러한 성별분업 관념은 중산층 이상의 가정에서만 실현될 수 있었다. 자녀에게 관심을 집중시키고 사랑으로 자녀를 기르는 것이 어머니의 본분이라는 관념은 이러한 근대의 성별분업에 기반을 둔 중산층 가정을 모델로 한 것이었다. 집밖에서 노동을 함으로써 자녀를 부양해야 하는 노동자 어머니는 중산층을 모델로 한 모성관으로 인하여 어머니 노릇을 제대로 하지 못한다는 비난과 의심, 죄책감에 시달리게 되었다(Donzelot, 1997).

애정적인 가족관은 근대에 강화된 공사 이분법과도 연관된다. 공적인 세계와 사적인 세계가 분리되어 있다는 관념은 근대에 강화되었는데, 성별분업 관념과 결합하여 공적인 세계는 남성의 영역으로 사적인 세계는 여성의 영역으로 여겨지게 되었다. 공사 분리 관념 속에서 사적인 세계는 사랑이 넘치는 세계이며 공적인 세계의 비정함이 스며들 수 없는 고립된 안식처라는 이미지가 형성되었다. 주부는 사적인 세계를 지키는 존재로서, 가족들에게 정서적 지원을 하는, 가정 안의 천사로 그려졌다. 공사 이분법의 논리는 사생활 보호 주장과도 연관되는데 사생활 보호 주장은 개인의 은밀한 세계에 대한 국가의 간섭을 막는다는 구실로 가족 안이 부정의한 가부장이 지배하는 왕국이 되도록 방치하는 효과를 낳았다. 페미니스트들은 공사 이분법 관념이 가족 문제를 공적인 토론의 장에서 배제되도록 했다고 비판한다.

가족의 친밀성에 대한 기대는 1920~30년대 미국에서 생겨난 우애적 가족(companionate family) 개념에서도 연장된다. 우애적 가족이 현실에서 꽃피운 것은 미국 사회의 경우 1950~60년대라고 분석된다. 현재 미국 사회에서 일어나는 복고적 가족주의 경향은 아버지는 생계를 부양하고 어머니는 집안을 아늑하게 꾸미고 가사를 돌보며 주말이면 자동차를 타고 소풍을 나가는 풍요롭고 안정적인 1950~60년대 가족에 대한 향수를 반영한다. 하지만 우애적 가족 개념의 낭만적 이미지에도 불구하고 우애적 가족은 이혼의 증가 등(Mints, 1988), 핵가족의 불안정성을 내포하고 있었다.

한국 사회의 가족은 유교적 가족 연고주의 전통과 더불어, 근현대사를 통해 강제 징집, 전쟁, 분단을 겪으면서 강화된 혈연 공동체로서의 유대의식을 특징으로 한다. 최근에는 부부애와 자녀에 대한 사랑이 강조되는 가족관이 점점 확산되고 있다. 특히 아이엠에프 체제이후 경제위기를 가족의 사랑으로 헤쳐가야 한다는 담론이 확산되는 등 가족주의가 되살아나고 있다.

가족에 대한 낭만적 이미지에도 불구하고, 가족은 성별 위계와, 경쟁적이고 물질 만능의 자본주의 사회 성격으로부터 결코 무관할 수 없다. 가족 안에서 아내에 대한 폭력과 자녀 학대, 살상과 살인, 성폭력이 일어난다. 하지만 이러한 폭력은 친애적 가족관 때문에 은폐될 뿐 아니라, 심지어 사랑의 이름으로 행해지기도 한다.

03 여성의 가족 경험과 성별 권력

1) 부권적 가족질서와 여성의 위치

최근 한 문중 재산 분배를 둘러싸고 그 딸들이 집단 소송을 제기한 사건이 일어났다. 이 사건은 한편으로는 금전에 대한 다툼이지만,

깊은 차원에서는 가족 구성원 자격의 문제, 즉 성원권(membership)에 대한 다툼이다. 문중 구성원으로서 자격이 같다면 문중 재산에 대한 권리도 같을 것이지만, 재산 분배에서 딸들에 대한 차별은 딸들을 문중의 진정한(serious) 성원으로 보지 않는다는 것을 의미하기 때문이다.

가족 안에서 딸은 아들과 달리 2차적인 성원권을 갖는다. 딸의 결혼은 집을 떠나는 것(출가)으로 의미화되며, 결혼한 딸은 '남의 집 사람'으로서, 출생 가족 안에서 더욱 주변적인 위치로 밀려난다. 이러한 이유로 교육 기회 등 자원 분배, 위신의 부여에서 아들은 딸에 우선하고 우월한 지위를 갖는다. 최근에는 자원 배분에서 아들딸의 차별이 많이 완화되었지만 자원이 부족한 경우에는 아들 중심적인 자원 배분이 다시 나타난다. 가족에 대한 권리와 책임에서도 아들을 우선시하는 경향이 남아 있다. 조선 후기에 만들어진 장자우대차등상속제(長子優待次等相續制)가 우리의 전통으로 받아들여져 근대 민법에 반영되어 오랫동안 부모 재산 상속에서 성별, 출생순위, 딸의 경우에는 결혼 여부에 따른 차별이 있었다. 여성단체들의 가족법개정 운동을 통해 1990년에 균분상속제로 변화되었다. 하지만 법과 상관없이 상속과 증여를 통해 가족 재산이 아들에게 우선적으로 분배되는 현실은 여전히 지속되고 있다.

우리 사회에 가족관계는 다른 어떤 인간관계보다 강한 유대감을 바탕으로 한다는 믿음이 있다. 이른바 핏줄의식은 이러한 가족 간 유대감을 단적으로 나타내 준다. 그런데 이 혈연은 남성중심적으로 인식된다. "가부장제 가족제도는 부계(父/夫/男系), 부거(父/夫/男居), 부명(父/夫/男名)의 제도로 이루어진 부권(父/夫/男權)제도다"(장필화, 1997). 혈연을 남성들 간의 계보로 인식하게 하는 "부계제도 속에서 처계(妻系)와 모계(母系) 등 여계(女系)는 삭제되고"(양현아, 2000), 여성은 계보를 이어주는 도구적 존재가 된다. 여계까지 고려하면 가족계보는 선(線)구조가 아니라 망(網)구조이며, 망구조 속에서 무슨 성씨 무슨 파 몇 대 손이라는 위치는 표시될 수 없다.

부거제 아래에서 관계나 공간으로서의 집(家)을 대표하는 것은 남성이다. 여성은 결혼하기 전에는 아버지의 집에서, 결혼 후에는 남편의 집에서 산다고 여겨진다. '시집간다'는 표현은 부거제 결혼을 의미하는데, 평등을 바라는 젊은 세대들도 결혼할 때 집은 남자가 마련하는 것을 당연히 여기고 있어 부거제의 뿌리가 강한 것을 알 수 있다. 심지어 여성이 집을 장만한 경우에도 명의는 남편 이름으로 하는 경우가 많고, 그러지 않을 경우 부부 갈등이 일어나기도 한다. 남성은 '집주인'이자 '집안의 어른'(가장)이어야 한다는 의식 때문이다.

결혼한 여성은 남편 가족과의 관계를 일차적 관계로 받아들이도록 요구되지만 시집에서 며느리의 성원권은 2차적이며 가장 낮은 지위다. 부계 성씨제도*가 상징하듯, 여성이 낳은 자녀는 남편의 집에 속한 것으로 여겨지기 때문에 결혼한 여성의 가족 내에서의 위치는 남편 집안에 자녀를 낳아주고 길러주는 도구적인 것이다. 시집에서 여성이 진정한 성원권을 갖게 되는 것은 아들이나 자녀를 출산한 뒤이며, 지위가 상승하는 것은 남편 가문에 대한 오랜 동안의 기여를 인정 받은 경우다.

결혼이 시집가는 것, 즉 부거제를 전제로 하기 때문에 결혼 이후의 가족생활의 풍습은 남가의 것을 따를 것이 요구된다. 가족 안에서 여성의 권위는 낮지만 가족생활을 유지하기 위한 일상의 노동은 여성들이 담당하도록 기대된다. 가족관계를 유지하기 위한 집안의 행사나 일가친척 관계 관리도 며느리에게 맡겨져 있다. 명문가의 가풍도 시어머니에서 며느리에게로 전수되는 등, 가족의 위신과 가족

* 최근에 재혼으로 결합한 가정에서 의붓 아버지의 성씨를 따라 자녀의 성을 바꿀 수 있도록 법이 개정되었다. 이것은 부계 중심의 혈연주의에 도전한 것이지만 한 가족의 자녀는 모두 아버지 성을 따르는 부성제도 자체에 도전한 것은 아니라는 한계를 가지고 있다.

질서를 유지하는 것은 여성의 노동과 노력을 통하지 않고는 불가능하지만 그 명예는 아버지/남성 가문의 이름으로 남는다.

여성들의 경험에서 보면 가족은 여성으로 하여금 그 안에서의 생활을 중심으로 삼을 것을 요구하면서도 진정한 성원권을 갖기 위해 투쟁해야 하는 대상이었다. 거의 이름만 남은 호주제 폐지를 위한 투쟁과, 그야말로 단지 이름에 대한 싸움인 부계 성씨 제도에 대한 여성들의 도전의 의미는 이러한 여성들의 가족 경험의 맥락을 들여다보아야 이해될 수 있다.

2) 주부의 일, 가사노동

근대에 공사 이분법이 강화되고 사적 공간으로서 가족의 중요성이 증가하였다. 성별분업이 강화되면서 가사노동을 전담하는 전업주부(full time housewife)가 탄생하였다. 이로써 가정중심성(domesticity)*에 대한 숭배가 생겨났다. 여성이 집안에서 집안관리와 자녀양육을 도맡아 하면서 남편들에게 집은 전적인 휴식의 장소로 기대되었다. 중류층 아내의 역할은 남편에게 복종하고 남편을 만족시키는 것, 자녀 양육, 집안 관리였다. 가정 관리, 여성의 처신에 관한 지침서들이 쏟아져 나왔고, 아내는 "가정의 요정"의 자리에서 자신을 꾸미고 집안에 따스함이 감돌게 해야 했다(얄롬, 2003).

더불어 음식 조리, 의복 관리, 가정 위생 등에서 모두 표준이 증가했다. 가사기구 발달로 가사노동이 간편해졌지만 가사노동의 표준이 높아지고 종류가 늘어났기 때문에 가사노동 시간은 오히려 늘어난 것으로 분석된다. 주택이 개인들의 공간으로 분할되면서 청소와 같은 가사노동은 훨씬 복잡해졌다. 계절에 따라 인테리어를 바꾸는 등 집안꾸미기는 중산층 주부들에게 중요한 일거리가 되었다. 소비

* 개인의 삶에서 가족생활이 중심이라는 관념, 태도.

자본주의로 가사노동은 더욱 복잡해졌는데 집은 주부의 소비자로서의 안목과 예술적 재능을 보여주는 전시장이 되었기 때문이다. 최근 주부들의 가계관리는 주식과 부동산 등 재산 투자기술과 정보관리까지 포함하는 것으로 확장되었다.

『주부생활』 1968년 9월호 표지

학원사가 1965년부터 발간하기 시작한 여성 잡지의 표지다. 집안 꾸미기가 가사노동의 한 영역이 된 사실과, 외모까지 완벽하게 꾸민 전문가로서의 주부상을 보여주지만, 이러한 주부상은 어디까지나 중산층 가족을 모델로 한 것이다.

가사노동은 반복성이 그 특징이기 때문에 시지프스의 노동이라고도 불린다. 현대 가족에서 가사노동은 고립된 노동이며 동시에 여러 가지를 수행하기 때문에 종종 강하고 집중적인 노동이 요구된다. 가사노동은 임금노동에 비하여 자율성이 있지만, 가족원들의 요구에 맞추어야 하기 때문에 자율성에는 한계가 있으며 여러 가족원의 다양한 요구를 조정해야 하는 어려움도 있다. 주부가 가사노동의 양과 질을 결정할 수는 있지만 가족의 특성과 생애주기에 따라 가사노동의 시간과 질이 얼마든지 늘어날 수도 있다. 가사노동을 하면서 자녀와 환자, 노인을 돌보는 일도 병행하게 된다. 가사노동에는 육체노동만이 아니라 관리노동도 포함되는데, 가족원들에 대한 정서적 배려가 요구되기 때문에 감정관리도 중요하다.

기능주의 가족이론가들은 성별분업이 부부 서로에게 좋으며(상호 호혜적), 보완적이라고 주장했지만, 이러한 성별분업 관념 자체가 위계를 포함한 것이어서 성별분업을 바탕으로 한 부부 관계에는 권력이 작동하게 된다. 여성은 남편에게 의존해 있는 존재로 묘사되고 생계부양자는 가족이 모두 존경하여야 한다는 관념이 있다. 우리 사회에는 전업주부 아내는 생계벌이자 남편에게 감사를 표현하고 그의 일을 적극 도와야 한다는 믿음이 있지만, 주부의 가사노동을 도와주기는커녕 감사의 표현조차 하지 않을지라도 남편은 비난 받지 않는다.

주부가 가사노동을 수행할 수 없는 경우, 또는 핵가족의 범위를 넘어서는 가족과 친족 집단을 포함한 사회관계에서, 가사노동은 성별과 연령, 가족 및 친족 간의 서열 및 사회계급계층에 따라 분배된다. 여성은 남성보다, 나이가 젊고 가족 관계에서 서열이 낮은 여성은 그렇지 않은 여성보다, 사회계급계층이 낮은 여성은 상대적으로 지위가 높은 여성보다 가사노동을 할 가능성이 높고, 가사노동 중에서 더럽고 귀찮은 일을 맡을 가능성이 크다. 며느리는 시어머니보다, 손윗동서나 손아래시누이보다 가사노동을 할 가능성이 높다. 사회계급계층이 높은 여성은 그렇지 않은 여성보다 가사노동을 면제받기 쉬운데, 경제력이 있거나 부유한 계층의 여성들은 가사노동을 직접 하지 않는 경우가 많다. 하게 되더라도 관리노동만 하고 더러운 일은 경제력이 없는 여성 가족원이나 기층의 가사노동자에게 수행하도록 할 수 있다. 부유한 계층의 가족에는 식모, 유모, 찬모, 입주가정부, 파출부 등 임금을 받는 가사노동자가 존재해왔는데 가사노동이 천한 노동으로 여겨지기 때문에 노동자로서의 이들의 위신은 낮고, 가사노동이 저평가되기 때문에 임금 또한 매우 낮다.

최근 이러한 임금을 받는 가사노동자의 대열에 외국인 이주 여성들이 포함되어 여성들 사이의 인종적 차이가 전지구적 차원에서의 계급적 차이로 전화되는 현상을 보여준다. 이러한 현실은 서구 사회에서는 오래 전에 나타난 것으로 부유한 백인 중산층 가정의 가사노동은 남미 등에서 이주해 온 여성 노동자들에 의해 수행된다 (Anderson, 2000). 근대에 강화된 성별분업체계 속에서 가사노동자로서의 전업주부의 위치가 탄생하였지만, 주부의 경험은 주부 내부의 층화에 따라 달라져온 것을 알 수 있다. 최근의 여성학자들은 주부는 하나의 집단이 아니라는 사실을 강조하면서 가사노동의 저평가를 주부의 상황으로 일반화함으로써 주부를 희생자로 묘사하는 논리가 임금가사노동자들의 노고와 열악한 상황을 은폐시킨다고 비판한다.

3) 모성애의 창안과 어머니 노릇의 강화

모든 여성은 본능적으로 모성애를 가지고 있다는 믿음과, 자녀는 어머니의 집중적인 사랑과 보살핌을 필요로 한다는 생각은 당연한 것처럼 여겨지지만, 근대에 새롭게 구성된 지식이다.

근대에 가정학운동이 일어나고 일간신문과 여성잡지에 생활란, 가정란, 육아란 등이 생기면서 과학적이고 위생적인 자녀양육과 가사노동 수행에 관한 전문가들의 조언이 쏟아졌다. 중산층의 전업주부는 이러한 기사를 읽고 전문가의 강연을 들으러 다니는 등 이러한 모성 담론의 주된 청객이었다. 전문가들은 어머니의 역할과 중요성을 강조하였는데, 자녀를 올바르게 지도하기 위해서 어머니가 똑똑해야 한다는 인식은 여성이 교육을 받아야 한다는 주장의 강력한 근거가 되었다. 어머니들은 이들 전문가들을 추종함으로써 그들의 권위를 세워주었다. 근대의 과학적 모성상은 이 전문가 집단과 중산층 어머니들의 결탁으로 만들어진 것이다(Ehrenreich & English, 1978, Donzelot, 1997).

자녀양육에 집중하는 자애로운 어머니 노릇에 대한 강조와 현명한 어머니상은 여성의 삶에 이중적인 효과를 가져다주었다. 한편으로 어머니의 지위가 높아졌지만, 여성성이 모성과 더욱 강하게 연결됨으로써 여성의 사회 참여를 어렵게 했고, 모성애가 강조될수록 어머니 노릇의 부담도 가중되었다. 모성애의 강조는 다른 한편으로 자녀에 대한 어머니의 권력을 강화시켰다. 모성의 이상(ideal)은 많은

여성들이 어머니 역할에 대해 느끼는 갈등과 분노, 부적절한 양육행동 등에 대해 침묵하게 해왔다.[*]

현대 사회에서 여성에게 맡겨진 자녀양육 부담은 여성의 사회활동과 직업생활을 어렵게 하는 가장 중요한 요인이다. 아동을 상대로 한 범죄의 증가와 더불어, 자녀의 건강과 교육에 대한 관심의 증대도 자녀양육 부담을 가중시키고 있다. 어머니 급식당번제 등 학교교육이 학부모의 교육 참여를 구실로 어머니의 참여를 독려하는 사례가 많아, 여성들에게 갈등을 불러일으키는데, 특히 직장을 나가는 어머니들에게 어려움을 초래한다.

신자유주의 질서 하에서 어머니 노릇은 더욱 강화되고 있다. 특히 중산층 가족은 세계적인 차원의 경쟁 체제 속에서 사회 계급계층적 지위 유지와 상승을 위하여 자녀교육의 비중을 강화시키고 있는데, 이것이 기존의 자녀 교육을 담당해오던 어머니의 노동을 증가시키고 있다. 중산층의 어머니들은 자녀의 두뇌에 좋은 건강식을 챙겨 먹이고, 사교육과 대학입시 정보를 들으러 다니고, 자녀의 사교육 수강을 위해 기사노릇을 해주는 등, 교육의 시장화와 입시경쟁을 부채질하고 있다. 이러한 현실은 어머니를 자녀교육의 매니저라는 새로운 주체로 형성해내고 있다(Park, So Jin, 2006). 고학력 중산층 전업주부 어머니들이 시간과 경제력, 학력을 바탕으로 자녀교육 경쟁에서 적극적으로 활약하는 현실은 저학력의 기층 어머니들과 직업을 가진 어머니들의 좌절감과 불안을 심화시키고 있다. 이러한 현실은 지구촌 다른 사회에서도 유사하게 일어나고 있다. 신자유주의 질서의 거의 전세계적 지배가 관철되고 있는 현실에서 미국의 중산층 어머니들은 "정신이상이 아닌지 의심이 될 정도"로 많은 일을 하면서 자녀의 교육을 통한 경쟁체제에 몰두하고 있는 것으로 묘사된다(워너, 2005). 여성은 모성애 신화를 통해 어머니로서

[*] 모성은 여성주의 이론에서 중요한 화두이기도 하다. 캐롤 길리건(C. Gilligan)은 여성의 모성 경험이 보살핌(care) 윤리에 필요한 관계적 자아를 형성한다고 보았다. 이와 유사하게 러딕(S. Rudick)은 모성적 사고(maternal thinking)가 평화 정치의 기반이 된다고 보았다. 이러한 논의들은 모든 여성이 어머니가 되어야 한다는 관념에 동의하는 것이 아니다. 그것들은 역사적으로 줄곧 평가절하되어 온 여성의 심리적 특성을 재평가하거나, 남성성과는 다른 여성성을 이론적으로 설명하고자 하는 것이다.

희생을 강요당하고 있지만, 다른 한편에서는 우리 사회의 경쟁적이고, 계급차별적인 사회구조를 재생산하는 데 적극적으로 기여하고 있기도 하다. 다른 한편, 어머니 노릇의 강화는 여성의 출산 기피를 초래하고 있다.[*]

4) 평등한 결혼의 이상과 현실

기능주의 사회학자들은 핵가족을 애정에 기반을 둔 부부관계가 중심이 되는 가족이라고 분석하고 핵가족을 부부중심가족(conjugal family)으로 보았다. 여전히 직계가족과의 관계가 결혼 결정에서부터 결혼생활, 심지어 이혼 결정에 이르기까지 영향을 미치는 한국 사회의 가족을 서구와 똑같은 의미로 부부중심가족이라고 보는 데에는 무리가 있지만, 한국가족 역시 부부애가 강조되는 방향으로 변화되어 온 것으로 분석된다. 가족이론가들은 현대 핵가족의 부부 관계는 동반자 관계(partnership)라고 보았지만 결혼 안의 성별분업과 가부장제 질서로 인하여 애정과 동반자 의식만으로 부부평등에 이르기는 어렵다.

여성들은 대화를 많이 하는 친구 같은 부부 사이를 원하는 것으로 조사에 나타나지만, 현대 가족에서 부부 대화 시간은 하루 평균 30분을 넘지 않는 경우가 많은 것으로 나타난다. 거의 대화를 하지 않고 지낸다고 하는 부부들도 적지 않은데, 평등한 부부에 대한 연구들에 따르면, 성역할이 명확히 구분된 부부일수록 대화가 적다. 맞벌이 부부가 아니라면 집안살림이나 자녀교육 등의 일이 여성에게 전적으로 맡겨져 있는 상황에서 집안일에 대한 의논이 불필요하거나 불가능할 수도 있기 때문이다.

맞벌이 부부가 늘고 있고 남성들의 가사참여도 증가했지만, 아직

[*] 케인(Madelyn Cain)은 오히려 자녀를 낳지 않은 여성들이 어머니가 되는 것에 대해 더 고민한다고 보고한다(매들린 케인, 『무자녀 혁명』, 이한중 옮김, 북키앙, 2003).

표 7-1 맞벌이 부부의 요일 평균 가사노동 시간(2004년)

(단위: 시간:분)

	가정관리		가족 보살피기	
	남편	부인	남편	부인
비맞벌이가구	0:46	4:20	1:02	2:37
맞벌이가구	0:50	2:51	0:56	1:13

출처: 통계청 「2004 생활시간조사」

그 질과 정도에서 미미하다. 위의 표에 따르면 맞벌이가구의 남편의 가사노동 시간은 맞벌이를 하지 않는 경우의 남편의 가사노동 시간에 비해 단지 5분이 더 긴 것으로 나타난다.

'2004 생활시간조사'에 따르면, 맞벌이 부부가 가사노동으로 보내는 시간은 남녀 간에 매우 큰 차이가 나며, 직장을 다니는 기혼여성의 주말 가사노동 시간은 평일보다 훨씬 늘어나지만 남편의 경우는 매우 미미한 차이를 보인다.

가사노동에 참여하더라도, 남성들은 설거지, 욕실청소 등 지저분한 일은 피하려는 경향이 있고, 자기가 하고 싶은 때에 가사 일을 하려는 경향이 있다. 요리를 할 때에도 남녀의 태도는 다르다고 보고된다. 가족들의 기호와 필요를 맞추려고 하는 여성들과는 달리 남성들은 자신이 좋아하는 음식을 주로 요리하는 경향이 있는 것으로 분석된다.

집안문제 결정에 부부의 의사가 모두 반영되는 방향으로 변화되고 있지만, 중요한 문제는 남성이 결정하고, 사소한 일은 여성에게 맡겨지는 경우가 일반적이다. 남편에게 생활비를 타서 쓰지 않고 직접 생활비 등 재정을 관리하는 여성들이 많아졌지만, 경제력이 근대 남성성의 핵심이기 때문에 남성의 위신을 위해서라도 대부분의 가족 재산은 남편 명의로 하는 것이 일반적이며, 맞벌이라도 상황은 유사하다. 재산을 남편 명의로 하지 않은 경우 세금, 대출 등 재정 관리에서 매우 불편하게 되어 있는 사회질서도 문제다. 최근 젊은 부부들은 결혼 전에 재산약정을 하거나 각자의 수입을 별도로 관리 하는 등 변화되는 모습을 보이는 경우도 많지만, 여전히 대다수는 전통적인 방식을 따른다.

남성은 집안의 어른으로, 여성은 상대적으로 어린 아이에 가깝게 여기는 관념은 부부평등을 어렵게 한다. 이런 관념은 공격성과 폭력 성을 남성성의 일부로 여기는 관념과 결합하여 아내에 대한 폭력을 온존시키고 있다. 여성부가 전국의 남녀를 대상으로 한 가정폭력 실 태조사에 따르면, 다른 요인보다 부부평등에 대한 견해가 아내구타 에 대한 허용도와 갖는 상관관계가 매우 높은 것으로 나타났는데, 부부평등에 대하여 보수적인 견해를 가질수록 아내구타에 대해 허 용도가 높다(여성가족부, 2004).

현대가족에 여전히 존재하는 부부불평등은 결혼이 이루어지는 시 점부터 존재한다. 평등에 대한 기대, 연애결혼의 증가에도 불구하 고, 배우자 선택 기준에는 여전히 성별 차이가 존재한다. 우선 연령 차이를 보면 동갑끼리의 결혼과 여성연상 결혼이 꾸준히 증가하고 있다.* 하지만 여성은 경제력과 직업, 학력 등을 배우자 선택 조건으 로 삼고, 상대적으로 남성은 여성의 외모를 중시하는 경향이 여전히 강하다. 연애 상대와 교제를 할 때도 이런 기준은 작동한다. 사랑하 는 사람과 결혼하는 것이 일반화되었지만, 사랑하는 사람은 대개 이 미 결혼에 적합한 배우자상을 기준으로 선택된다. 사회적 성공의 기 회가 많아진 것은 사실이지만, 여전히 여성은 아버지나 남편의 사회 적 지위에 따라 사회계급적 지위가 평가되기 때문에 여성들은 결혼 을 통해 사회계급 지위 상승을 바라는 경향이 있다.**

* 2006년 현재 초혼 부부 중 여성연상은 12.8%로 1990년의 8.8%보다 크게 증가하였고, 동갑은 15.4% 로 1990년의 9.1%보다 역 시 많이 높아졌다(통계청, 2007 통계로 본 여성의 삶).

** 경제적 안정과 계급 상 승에 대한 기대는 여성에 게 가장 강력한 결혼동기 이지만, 계급 상승은 쉽게 실현되지 않는다. 최근으 로 올수록 선택혼이 늘어 나고 동류혼 즉 계급내혼 의 경향은 강화되는 것으 로 나타난다. 근대 사회에 서 연애는 결혼과 결합되 었기 때문에 연애는 결혼 을 하기 위한 한 과정이다. 때문에, 연애상대를 고르 거나 소개를 받는 것도 비 슷한 사회 계층의 남녀들 사이에서 이루어진다.

최근 조사들에 따르면 외모 다음으로 직업을 배우자 조건으로 중시하는 남성이 많아지는 것으로 파악된다. 배우자 조건 목록에 외모뿐 아니라 경세력도 오르게 된 것이다. 여성은 남성의 경제력뿐 아니라 외모도 중요하게 생각하게 되었다. 이러한 변화가 한편으로는 성별 관념의 변화를 나타내는 것이 사실이지만, 전통적인 성별 역할에 대한 기대는 여전하다. 특히 남성들은 아내의 경제력을 기대하면서도 자신보다 아내의 수입이 더 많은 것은 불편하게 생각하는 경향이 있다. 남녀 모두 자신의 전통적인 성역할은 상대방이 나누어주기를 바라면서도, 성별분업 관념을 벗어나지 못해서 갈등이 심화되고 있다. 맞벌이를 하더라도 남성은 자신의 가사 참여를 아내를 돕는, 보조적인 것으로 생각하려는 경향이 강하고, 여성은 자신의 경제적 벌이가 보조적이기를 바라기 때문에 남편이 가족 전체의 부양 능력을 갖기를 바란다.

04 친밀한 결사체의 재구성

결혼은 늦게 하고, 자녀는 적게 낳고, 이혼에 대해서는 허용적인 경향이 가속화되고 있다. 통계청의 '2007년 통계로 보는 여성의 삶'에 따르면, 2007년 평균 초혼연령은 여성이 27.8세이고 남성은 30.9세로 1985년의 각각 23.4세와 26.4세에 비해 4년 이상 증가했다. 조혼인율은 점점 줄어, 2005년 6.5건으로 1995년의 8.7건에 비해 크게 떨어졌다. 같은 시기 조이혼율은 1995년 1.5건에서 2005년 2.6건으로 크게 올랐다.* 합계출산율은 1995년 1.7명에서 2005년 1.1명으로 줄었다.** 결혼태도에 관한 조사들은 일관되게 "결혼은 반드시 해야 한다"고 생각하는 사람들의 비율이 감소하고, 이혼에 대해서는

* 조혼인율과 조이혼율은 한 해 동안 일어난 결혼건수와 이혼건수를 천분비로 표현한 것이다. 조혼인율이 6.5건이란, 그 해에 일어난 혼인수가 인구 천명당 6.5건이라는 의미다.

** 합계출산율이란 가임기의 여성(15세-49세) 1인의 평균출산아수를 나타낸다.

허용적인 태도를 가진 사람들이 늘어난 것으로 보고한다. 남성보다는 여성이, 그리고 젊은 세대일수록, 고학력자일수록 결혼을 반드시 해야 하는 것은 아니라고 생각하는 경향이 강하고 이혼에 대해서는 허용적이다.

전통적인 핵가족의 안정성을 위협하는 태도가 증가하고 있다고 할 수 있는데, 특히 여성에게 이러한 태도가 더욱 두드러진다. 결혼 만족도 조사들에서도 일관되게 여성이 남성에 비해 결혼만족도가 낮은 것으로 나타난다. 여성들이 상대적으로 가족과 결혼에 대해 비판적인 것은 우리 사회의 결혼제도가 여성에게 더 많은 어려움과 갈등을 불러일으키는 제도라는 사실을 보여준다. 여성에게 결혼은 경제활동을 방해하거나, 아니면 그 둘 모두를 책임지는 이중고에 시달리면서 며느리 노릇과 자녀양육 전담자가 되도록 하기 때문이다. 결혼과 가족의 가부장제 질서가 가족을 불안정하게 만드는 원인으로 작용하고 있는 것이다.

평등한 부부관계가 이루어지지 못함으로써 남녀 간의 갈등이 심화되는 것 또한 결혼을 위협하는데, 혹실드(혹실드, 2001)는 남녀평등에 대한 의식에서 남녀 간에 차이가 크고, 가족질서의 남성중심성에 대한 여성들의 불만이 고조되고 있는 것에 발맞추어 남성과 가족생활, 임금노동 환경이 그에 맞게 변화되고 있지 못한 것을 '지연된 혁명'이라고 부른다. 벡(Ulrich Beck, 1997)은 부부 갈등의 고조와 높은 이혼율 등의 현상을 가족이 위험에 처한 현상으로 보고, 일과 가정의 관계를 대립적으로 만든 노동 중심의 세계에서 직업을 가진 여성 또한 남성과 같이 노동 중심적으로 살게 됨으로써 가사노동을 둘러싸고 남녀 사이의 대립이 격화되었다고 한다.

그런데 가족이 다양하다는 점을 염두에 두면 지금 가족의 위기로 이야기되는 현상은 이성애 핵가족의 위기다. 핵가족의 위기 또는 붕

* 기든스는 성찰성의 증
가를 통해 성별 관계의 재
구조화를 분석하였기 때문
에 친밀한 관계의 변동이
일어나는 과정에서 성별
갈등에 대해 설명하지 않
는다. 이러한 방식은 친밀
성 구조변동이 선형적인
발전과정에 따라 일어나는
것처럼 보이게 하는 문제
를 안고 있다. 사실 이 과
정에서 갈등과 투쟁을 거
치게 되며 그 방향은 선형
적이지도 미리 정해져 있
지도 않다.

** 경제사회학자 젤리저
(Viviana A. Zelizer)는 *The
Purchase of Intimacy*
(Princeton Univ. Press,
2005)에서 상품화 자체를
문제로 볼 수 없다고 하면
서 자본주의 이전에도 가
족과 일상생활은 이미 많
은 물질적 거래를 통해서
이루어져 왔다고 지적한
다. 이 밖에도 상품화 그
자체를 문제로 볼 수 없다
는 주장들이 제기되지만,
이러한 주장은 물질적 거
래는 불가피하다는 소박한
사실을 확인시켜주는 것일
뿐이다. 문제는 상품화가
가속화되어 친밀한 관계를
대체하고 있는 현상이다.
어떠한 상품이 어떠한 관
계를 대체하고 있으며 그
결과 인간관계는 어떠한
방식으로 변화되고 있는지
개개의 사안별로 집중하여
분석하는 것이 필요하다.

괴의 이면에서 가족의 다양성이 증가하고 있는 것도 사실이다. 이것
은 친밀한 관계가 다양한 방식으로 추구되는 것을 의미한다. 기든스
(기든스, 1997)는 이러한 점에 관심을 두고 있는데, 성찰성이 증가하
면서 성별 이분화가 약화되고 이성간 또는 동성간의 새로운 친밀한
관계 구성이 가능해지고 있다고 분석한다.* 이러한 분석은 벡이 짚
어내지 못한 현상, 즉 핵가족 위기 이면에 다양한 친밀한 결사체들
이 형성되는 현상에 대해서 설명해준다. 이러한 분석은 성별 분업과
성별 이분화의 해체를 전망하는 것이어서 페미니스트 가족연구자들
의 관심과 일맥상통한다.

기든스의 낙관적인 전망을 따라가다 보면, 핵가족이 약화되는 것
은 현대 사회의 노동중심성에서도 기인한다는 사실을 간과할 수 있
다. 페미니스트 가족연구자들의 최근 관심은 일과 가족의 양립이며,
그것은 성별분업의 해체는 물론이고 궁극적으로 근대의 노동중심적
인 패러다임에 대한 도전을 함축하고 있다. 이것은 매우 급진적인
질문이지만, '가족'의 다양성을 인식하지 못하고 이성애 핵가족과
가족을 동일시한다면, 복고적 가족주의에 지나지 않게 될 것이다.

가족이 다양하다는 견지에서 보면, 가족 변화에 대한 대안은 일과
친밀한 관계를 조화시키는 것이다. 노동중심성은 핵가족만이 아니라
궁극적으로 모든 친밀한 관계를 위협할 수 있다. 장시간 노동을 하느
라 친밀한 관계에 쏟을 시간이 부족해진 상황에서 친밀성을 대체할
수 있는 서비스 상품을 구매하면서 살아가고 있는 현대 사회는 라이
시(Robert Reich, 2000)의 지적대로 풍요롭지만 노예와 같은 삶일지 모
른다. 상품화 자체를 문제로 볼 수 없다는 주장들이 제기되지만, 모
든 인간관계가 거래 관계가 되거나 시장이 매개하게 되는 것을 이상
적으로 생각하기는 어렵다. 더욱이 중요한 것은 상품화를 통해서 어
떠한 인간관계가 대체되고 인간관계가 어떻게 변화되고 있는가다.**

현재는 친밀성 자체가 위축된다기보다는 중대한 도전에 직면해 있으며, 전통적 관계에서는 관계의 규칙을 새롭게 바꾸거나, 또는 새로운 관계들이 만들어지면서 활로가 모색되는 중이라고 할 수 있다. 생존이 가능한 세계를 만들면서, 동시에 다양한 친밀한 결사체들의 보살핌과 친밀성이 소통하는 세계를 만드는 것이 필요하다.

인생의 여행길을 같이 가는 사람(반려)이 반드시 이성이어야 한다는 관념이 우리 사회에 팽배해 있지만, 네덜란드 등 몇 나라와 미국의 메사추세츠 주에서는 동성결혼이나 동성 동반자 관계가 합법적이다.
(이미지 출처: rainbowlaw.com)

결국 친밀성의 가능성은 새로운 관계의 규칙과 새로운 친밀한 관계들을 만들어내는 데 성공하는가의 여부에 달려 있다. 가족의 문제에 대한 대안은 성별분업을 해체시키고 노동중심의 근대적 패러다임을 전환하는 것이다. 그것은 성별 이원화의 해체와 그 해체에 따른 다양한 친밀한 결사체들을 인정하는 것을 포함할 수밖에 없다.

그런데 노동 중심의 패러다임에 도전하는 것은 우리 사회 전반에 만연한 지배와 경쟁, 자연과 인간에 대한 착취와 차별에 대한 도전과 저항 없이는 가능하지 않다. 이러한 점을 고려한다면, 가족에 대한 대안을 만들기 위해서 페미니즘은 남성과 여성을 두 개의 분리된 집단으로 전제하고 두 집단 간에 권력과 이익이 동등하게 분배되는 것에 그 관심을 국한시키는 것에서 더 나아가야 한다. 결혼의 시장화와 물신화, 신자유주의 체제 하의 전지구적 사회계급계층화 속에서 가속화되는 여성 내부의 불평등 문제들과 씨름해야 한다.

가족의 성별 위계에 대한 페미니즘의 비판은 평등의 가치에 대한 신념에서 출발한 것이다. 때문에 결혼과 가족을 평등한 방향으로 재구성하기 위해서는 사회 전체의 평등에 관한 관심 속에서 그 방향을 모색하여야 한다. 그것은 기존 세계의 거의 모든 요소에 대한 도전을 요구할 수도 있다. 가족들, 즉 다양한 친밀성의 결사체들 안에서 생존과 보살핌이 가능하도록 하기 위한 패러다임 전환은 페미니즘이 전방위적으로 더욱 진보적인 정치학으로 강화될 것을 요구한다.

모결혼정보회사의 내부 심사 기준표

최근의 조사들에서도 여전히 여성들에게 가장 중요한 배우자 선택 기준은 경제력이나 직업 등이고, 남성에게는 외모로 나타난다. 최근의 한 결혼정보회사에서는 서로 어울리는 남녀를 짝지어 주기 위하여 남녀의 결혼 시장에서의 지위를 평가할 수 있는 점수표를 만들었다고 한다. 이 표에 따르면, 남성의 조건으로 가장 중요한 것은 직업, 학벌, 집안 배경의 순이고, 여성은 외모, 집안 배경, 직업의 순이다. 남성에게서 외모는 가장 배점이 낮은 항목이지만 여성에게는 가장 중요한 항목이다.

	남자	여자
점수배분	30 : 직업 25 : 학벌 20 : 집안 배경 20 : 재산 5 : 외모	40 : 외모 20 : 집안 배경 20 : 직업 10 : 학벌 10 : 재산
직업	판·검사, 벤처 사장급 / 변호사, 의사 / 변리사, 회계사 등 전문직 / 대기업 재직 / 교직 종사자, 공무원 / 중소기업 재직	연봉 3천만 원 이상, 전문직 / 연봉 2천만 원 이상, 대기업 / 연봉 2천만 원 미만, 중소기업
학벌	서울대 / 연고대 / 포항공대, 카이스트, 한양대, 성대, 중앙대 / 지방 국립대 및 소재 대학 / 지방 4년제 사립대	서울대, 이대 / 연고대, 포항공대, 카이스트, 한양대, 성대, 중앙대, 숙대 / 지방 국립대 및 서울 소재 대학 / 지방 4년제 사립대
집안배경	아버지 장차관급 이상 공무원, 50대 대기업 임원 이상, 은행지점장 이상, 변호사, 교수 등 특수직 종사자 / 부모님(둘다) 대졸 이상 대기업부장, 중소기업 운영, 교직, 장사, 판매직	아버지 장차관급 이상 공무원, 50대 대기업 임원 이상, 은행지점장 이상, 변호사, 교수 등 특수직 종사자 / 부모님(둘다) 대졸 이상 대기업 부장, 중소기업 운영, 교직 / 장사
재산	연봉 5천만 원 이상, 부모 20억 이상 / 연봉 3천만 원 이상, 부모 10억 이상 / 연봉 2천만 원 이상, 부모 5억 이상 / 연봉 2천만 원 이하, 부모 1억 이상	부모 대졸 이상, 재산 30억 이상 / 부모 대졸 이상, 재산 10억 이상
외모	키 175 이상, 호감 가는 인상 / 키 175 이하, 호감 가는 인상	키 165이상, 미인, 안경 미착용자, 몸무게 50킬로 미만 마른 형 / 키 163이상, 미인, 안경 미착용자, 몸무게 50킬로 미만 마른 형 / 키 160이상, 미인, 안경 미착용자, 몸무게 50킬로 미만 마른 형 / 키 155 이상, 미인, 안경 미착용. 몸무게 50 킬로 미만 / 키 155 이상, 호감 가는 인상, 마른형 / 키 150-155, 마른형 / 키 150 미만
비고	– 점수 계산시 한 가지 부족할 때마다 5점 감점 – 장남, 장녀인 경우 총점에서 5점 감점 – 학벌과 재산은 위의 최하점에 미치지 않으면 0점 – 총점 65점 이상일 경우만 회원 등록	– 호감 가는 인상이 아니면 외모점수 0점 – 남자 나이 35세 여자 30세 이상인 경우 5점 감점 – 그 밖에도 혈액형, 건강 상태, 음주 빈도 등 체크

* 인터넷에 떠도는 자료를 표로 정리함.

집안일은 누가 얼마나 하나?

우리 집에서 다음의 일을 누가 얼마나 하는지 아래의 칸을 채워봅시다.

	주로 하는 사람	주로 하는 사람 성별	주당 소요 시간
세탁기에 빨래하기			
손빨래 및 빨래 삶기			
이불이나 커튼 빨기			
냉장고 청소			
베란다 물청소			
유리창 닦기			
계절별 옷 정리			
침대 정리			
욕실 청소			
주방 더러운 곳 청소			
설거지			
쓰레기 분류 수집			
음식쓰레기 버리기			
가족 생일 등 행사 준비			
요리			
청소기로 청소하기			
상 차리기, 밥상 치우기			
물걸레로 집안 청소			
가구 등 먼지 닦기			
이사 준비 및 정리			
가구 옮기기			
화분 가꾸기			
환자 돌보기			
손님 접대하기(음식 등)			
세금 내기			
주택 수선 및 개량 등			
자동차 수리 또는 맡기기			
자녀 용돈 주기			
자녀 공부 및 생활 지도			
식품 등 가족 생필품 장보기			
의류, 신발 등 장보기			
아기 목욕 아기용품 세척			
아기와 놀아주기			
밤에 우는 아기 달래기			
애완동물 돌봄(식사, 변, 목욕)			

가사일을 가장 많이 하는 사람의 직업과 성별은 무엇입니까?
가사일을 가장 적게 하는 사람의 직업과 성별은 무엇입니까?

통계로 본 가족과 여성

늘어나는 여성가장: 여성가구주 가구 비율이 2007년 현재 19.9%로 지속적으로 상승세를 나타내고 있는데, 여성가구주 가구란 여성이 실질적 가장인 가구를 말하는 것으로 사유별로는 유배우, 이혼, 미혼, 사망이 해당한다. 여성 독거 노인 가구가 여성가구주 가구의 대표적인 사례인 것에서 알 수 있듯이 여성가구주 가구의 사유로는 사망이 차지하는 비율이 가장 높으나 이혼과 미혼으로 인한 경우가 점점 늘고 있다.

표 1 여성가구주 가구 비율

연도	1975년	1995년	2007년
여성가구주가구 비율	12.8%	16.6%	19.9%

※ 2002년 이후는 장래가구추계 자료임.

결혼 미루기: 초혼연령이 지속적으로 높아지고 있다. 2006년 평균초혼연령은 여성이 27.8세, 남성은 30.9세로, 1995년 각각 23.4세, 26.4세보다 높아졌다. 남녀의 초혼연령차이는 2006년 3.1세로 1985년의 3.0세와 유사한 수준이지만, 남성연상은 줄고 동갑 및 여성연상의 구성비가 증가하고 있다.

표 2 초혼부부 혼인연령차 구성비

연도	1990년	2000년	2006년
동갑	9.1%	12.8%	15.4%
여성 연상	8.8%	10.7%	12.8%

결혼 감소와 이혼 증가: 조혼인율(해당연도 인구 천 명당 결혼건수)은 줄고, 조이혼율(해당연도 인구 천 명당 이혼건수)는 늘고 있다. 혼인건수와 이혼건수는 지속적으로 증가하여 왔으나 혼인건수는 1997년 이래 지속적으로 감소하고 있고, 이혼건수는 1998년 이래 큰 폭으로 증가하였다가 2004년 이후 감소하였으나 1998년보다 높은 수치다.

표 3 조혼인율과 조이혼율의 변화

연도	1970년	1980년	1990년	2000년	2006년
조혼인율	9.2%	10.0%	9.3%	7.0%	0.8%
조이혼율	0.4%	0.6%	1.1%	2.5%	2.6%

출산 기피: 합계출산율[가임기 여성(15세~49세) 1명당 출생아 수]은 2006년 1.13명으로, 1970년 4.53명, 1995년 1.65명보다 크게 줄었다.

출처: 통계청(2007), 「2007 통계로 보는 여성의 삶」.

국제결혼의 그림자

농촌 총각 등 한국의 많은 남성들이 동남아 등 상대적으로 빈곤한 국가의 여성들과 결혼하는 사례가 증가하고 있다. 이들 결혼은 주로 결혼정보회사들의 주선에 의한 것인데, 그 영업 방식이 매매혼에 가까울 만큼 재정적 거래를 노골적으로 부추기고 지나치게 상업주의적이어서 비판이 일고 있다. 또한 이들 국제결혼은 종종 한국의 남성중심적 가족질서를 그대로 답습하기 때문에 외국인 신부의 자기 문화를 억압하는 결과를 낳기도 한다.

국제결혼 정보회사들은 상대적 빈국의 여성들에게 한국 남성과의 결혼을 경제적 어려움을 극복할 수 있는 기회로 선전하고, 국내 여성과 결혼하지 못한 한국의 총각들에게는 외국 여성들의 외모와 순결, 순종적 태도, 요리 솜씨 등 가부장적 한국 가족질서에 순응하는 태도를 선전하면서 결합을 주선한다. 이러한 영업행위가 불법화된 나라에서도 기업적 국제결혼 주선사업이 이루어지고 있어 국가 간 마찰이 일어날 소지도 있다. 이렇게 상업화된 국제결혼을 하기 위해 사실상 국내 결혼시장에서 주변적인 위치에 있는 남성들이 외국인 신부를 맞아들이기 위해 비싼 경비를 쓰고 신부의 집에 값비싼 선물을 하는 등 경제력을 통해서 남성성을 확인시켜야 한다.

국제결혼 부부는 사실상 한국 사회에서 농촌 가구나 도시 빈곤층을 이루는 경우가 많아 외국인 신부들이 기대했던 친정에 대한 경제적 지원이 어려운 경우가 적지 않고, 이로 인한 갈등이 생기기 쉽다. 또한 이들 국제결혼에서는 의사소통의 어려움, 아내와 남편 가족 간의 인종적 · 문화적 · 계급적 위계, 남편 가족문화에 대한 일방적 순응을 요구하는 가부장적 질서로 인한 여성 인권 침해가 일어나기도 한다. 주위의 편견, 고립, 아내구타 등의 학대로 외국인 아내들이 고통을 받는 사례들 또한 발생한다. 이혼은 물론 남편의 변심에 의해서도 외국인 아내들은 국외로 추방당할 수 있다. 이러한 맥락에서, 결혼생활이 원만하지 못한 경우 아내들이 도주하는 사건이 일어나기도 한다. 이러한 국제결혼을 둘러싼 문제들은 국제결혼이 놓여 있는 전 지구적 차원의 계급구조 재편과 인종적 위계, 그리고 가부장적 질서가 교차하면서 일어난다. 지금의 국제 결혼에서 일어나는 문제들을 변화시키기 위해서는 결혼을 남편의 집에 여성이 들어가는 것으로 보는 관념에서 벗어나 두 개 문화의 동등한 결합이 이루어지도록 해야 한다. 국제결혼을 일종의 매매혼으로 보는 편견이 있지만, 사실상 가부장제 결혼 자체가 남성의 경제적 부양과 여성의 성적 서비스가 교환되는 성격을 가진다는 사실에 대한 비판이 우선 필요하다.

1. 우리 가족의 일상생활 속에서 작동하는 성별 위계에 대해 이야기해보자.
2. 행복한 맞벌이 가족에 대해 상상해보고 그러한 가족이 가능하려면 부부 각자와 사회가 무엇을 해야 하는지 이야기해보자.

📚 더 읽을 책

벡-게른스하임, 엘리자베트(박은주 옮김)(2005), 『가족 이후에 무엇이 오는가?』, 새물결.

워너, 주디스(임경현 옮김)(2005), 『엄마는 미친 짓이다』, 프리즘하우스.

혹실드, 알리 러셀(백영미 옮김)(2001), 『돈 잘 버는 여자 밥 잘 하는 남자』, 아침이슬.

🎬 추천 영상물

〈고양이를 부탁해〉 정재은 감독, 한국, 2001, 영화, 110분.
〈더 월 2(If walls 2: If These Walls Could Talk 2)〉 제인 앤더슨 외 감독, 미국, 2000, 영화, 96분.
〈메이드 인 아메리카(Maid in America)〉 아나얀시 프라도 감독, 미국, 2004, 다큐멘터리, 57분.

8장 여성의 눈으로 '노동' 다시 보기

대다수 사회에서 개인의 '경제적 자립'은 자기 삶의 결정권을 행사하기 위한 전제조건이다. 그런데 화폐와 교환되는 유급노동의 직업적 지위가 한 인간의 사회성과 독립성을 가늠하는 척도로 작동하는 자본주의 사회에서, 직업으로 인정받지 못하는 일이나 그 일을 하는 사람의 경험은 은폐되거나 평가절하되어 왔다. 가장 대표적인 사례가 바로 여성의 노동 경험이다.

역사적으로 여성들은 출산·양육·교육을 통해 세대 재생산을 담당해왔을 뿐 아니라 생산과 소비, 가족복지에 이르기까지 경제 전 분야에서 중요한 역할을 해왔다. 그러나 국가나 경제학자들이 주도하는 여성 노동 연구에서는 '수량화'할 수 있고 화폐와 교환되는 활동에만 초점을 두었다. 나아가 여성 노동력의 인식 및 평가과정에 작동하는 개념들 자체가 성별분업을 암묵적으로 전제하거나 내재하고 있어, 여성의 노동을 남성 노동에 비해 '덜 중요한 일'로 인식하게 만들었다. 이것은 지금까지 노동시장에서 여성을 배제하고 주변화하는 데 핵심적인 영향을 끼친 성별분업 이데올로기와 성별화된 노동개념이 변하지 않는 한, 근본적인 노동시장의 성차별을 해결할 수 없다는 것을 의미한다. 이 장에서는 여성의 경험을 중심으로, 노동의 의미와 노동체계의 남성중심성이 일으키는 문제를 살펴보자.

01 노동 개념의 문제점

근대사회에서 노동은 생존과 더불어 개인의 정체성을 형성하는 근대적 자아실현의 수단으로서 그 의미가 더욱 중요해지고 있다. 다른 사람에게 경제적으로 의존하고 있는 사람은 일상의 여러 부문에서 선택 가능성이 줄어들기 때문이다. 특히 자본주의 사회에서 한 개인이 자율적이고 독립적인 성인으로 인정받기 위해 필요한 조건 중 하나는 스스로의 경제적 필요를 충족할 수 있는 능력이다. 여기서 노동은 공적 영역에서 개인의 성취를 객관적으로 평가할 수 있는 것으로, 교환가치를 지니는 임금노동(paid labor) 혹은 직업을 의미한다.

'직업(occupation)'은 '개인이 계속적으로 수행하는 경제 및 사회활동'이다. 일반적으로 생계유지를 위해 필요한 비용을 버는 행위를 뜻하는 좁은 의미의 '노동(labor)' 또는 '고용(employment)'과 같은 의미다. 『한국표준직업분류』에 의하면, 직업은 '개인이 계속적으로 수행하는 경제 및 사회활동'으로서, ①경제적 보상을 받는 일, ②계속적으로 수행하는 일, ③반사회적이지 않은 일, ④성인이 하는 일, ⑤자기 의사에 따라 하는 일, ⑥자발적 노력이 요구되는 일이다(유홍준, 2000:127-128). 이처럼 교환가치를 지니는 상품 및 서비스를 생산하는 활동만을 '노동' 혹은 '직업'으로 정의하는 우리 사회의 기

경제활동인구와 비경제활동인구

한국의 공식통계는 "만 15세 이상 인구 중 취업자 또는 취업을 하기 위하여 구직활동을 한 사람"을 경제활동인구로 정의하고, 조사대상 기간 중 실업자가 아닌 만 15세 이상인자, 주부, 자산사업 및 종교단체에 관여하는 자, 구직단념자 등을 '비경제활동인구'로 분류하고 있다. 집안에서 가사와 육아를 담당하는 주부를 비경제활동인구로 범주화하는 것은 노동시장으로부터 여성노동력을 배제 또는 주변화시킨다. 우선, 임금노동(교환가치)이 아닌 사용가치를 생산하는 여성의 일을 경제활동에서 배제함으로써 여성노동력의 가치를 평가절하시키고 둘째, 불안정한 고용상태에 있는 여성들을 쉽게 노동시장으로부터 퇴출시켜 비경제활동인구로 편입시키며, 셋째 이러한 과정을 통해 여성들 스스로 구직의사를 갖지 못하게 함으로써 자원봉사 등의 무급노동에 종사하도록 만듦으로써 여성의 노동을 주변화시킨다.

준에 따르면, 가사노동이나 자원봉사 활동처럼 타인에게 가치 있는 활동을 지속적으로 제공해도 경제적 보상을 받지 않는 활동은 직업으로 평가되지 않는다.

임금노동뿐 아니라 특별한 보수를 받지 않는 활동까지 함의하는 개념은 '일(work)'이다. 일은 타인에게 재화 또는 서비스를 생산하는 등의 사회적으로 유용한 가치를 지니지만 경제적 보상과는 무관한 활동까지 총칭하는 포괄적인 범주로, 그 의미와 영역이 매우 다양하다.

일·노동·직업 개념 중 일을 제외한 다른 개념들은 시장경제에 한정되어 있을 뿐 아니라 여성이 수행해온 다양한 일을 제대로 설명하거나 평가하지 못한다는 문제를 안고 있다.

사례 1

갯벌간척사업이 진행되었던 ○○○지역에서, 그 지역의 어부들에게 보상금을 지급하게 되었다. 이 과정에서 법적으로 '어부'로 등록된 남성들은 보상금을 지급받았지만, 매일 갯벌에서 조개나 해조류를 채취해서 가계경제를 보조하던 여성들의 경우 대부분 '어부'로 인정받지 못해 보상금 지급대상에서 제외되었다. 여성들이 갯벌에서 채취를 하더라도, 시장에서 흥정하거나 교환하는 역할은 주로 남성들이 맡아왔다 (윤박경, 2004).

사례 2

2004년 영국에서는 '돌봄 노동자 보호법(carer's acts)'이 제정되었다. 장기간의 돌봄을 필요로 하는 가족구성원이 있을 경우, 돌봄의 의무를 가진 가족노동자에게 1년의 유급휴가를 보장하거나 돌봄 비용을 지원하는 내용이다. 더불어 영국 정부는 장기적인 돌봄 노동으로 스트레스에 시달리는 이들을 위해 각 지역에 쉼터를 만들어서, 서로의 경험을 공유하거나 상담을 통해 돌봄의 부담을 완화하도록 지원하고 있다.

사례 1은 성역할 고정관념이 여성의 노동시장 지위에 미치는 영향을 잘 설명하는 대표적인 경우다. 매일 갯벌에서 조개와 해조류를 채집해서 판매하는 여성의 노동은 고정적인 가계의 수입원으로 생계부양의 의미가 크다. 그러나 '흥정과 판매는 남성의 일'이라는 지역의 성역할 고정관념 때문에 여성은 '경제활동인구'에서 배제되었을 뿐 아니라, '어부'라는 직업인으로 인식되지 못했다. 그 결과, 여성은 갯벌간척사업의 영향을 가장 많이 받으면서도 경제적 보상을 거의 받지 못했다. 이것은 동일한 가치의 일을 수행하더라도, 여성의 경우 그 노동의 의미와 가치가 평가절하된다는 것을 잘 보여준다 (Kemp, 1994).

사례 2의 경우는 그 노동이 수행되는 특정 사회의 경제적 문화적 맥락에 따라 상이한 사회적 의미가 구성되는 과정을 드러낸다. 여성

돌봄 노동자

가사, 간병 및 양육 등의 구체적인 돌봄을 제공하는 모든 남성과 여성 노동자를 통칭하는 용어로, 무급으로 돌봄 노동을 수행하는 돌봄 제공자(care giver)와 유급으로 돌봄을 제공하는 돌봄 노동자(care worker)를 포함한다.

들이 전통적으로 수행해왔던 출산 및 양육, 가사노동, 그리고 돌봄 노동의 가치가 사회 맥락에 따라 다르게 평가되는 현실을 잘 보여준다. 영국의 '돌봄 노동자 보호법'에서 돌봄 노동자는 비단 여성에게만 국한되지 않는다. 이것은 영국 정부가 장기간의 돌봄을 필요로 하는 가족구성원이 있는 모든 노동자에게 제공하는 사회경제적 지원정책이다.

사례 1은 우리 사회에서 시장중심적 노동 개념이 가정 안팎에서 이루어지는 자급자족적인 생계노동과 주부의 가사노동, 그리고 가족 안에서 이루어지는 생산노동 등의 다양한 활동을 사회적으로 가치 있는 노동으로 평가하지 못하는 현실을 잘 보여준다. 서구의 근대 자본주의 확립 과정에서 형성된 '여성=사적영역=가족=가사전담자', '남성=공적영역=노동시장=생계부양자'로 간주하는 성별분업 이데올로기는 여성의 적절한 자리를 가족이라는 사적영역에 고착시켜왔다. 성별분업을 자연스러운 것으로 전제하고 있는 노동개념은 남녀가 동일한 임금노동을 하는 경우에도 '여성의 일=가볍고 단순하여 기술을 요하지 않는 하찮은 일'로 평가절하시켰다. 사례 1의 경우처럼 여성들이 무급가족종사자로서 '노동자'로 인정받지 못하는 경우는 2006년 전체 여성취업자의 13.5%나 차지하고 있어 여전히 남성(1.2%)에 비해 월등히 높음을 알 수 있다(통계청, 2007).

사례 2의 경우는 기존의 시장중심적·남성중심적 노동 개념을 확장하는 것만으로도 여성과 남성의 삶을 지원하는 현실정책이 얼마나 달라질 수 있는가를 명백하게 보여준다. 비록 우리 사회에서 인간의 생명을 낳고 기르고 일상의 삶을 지속시키는 여성의 재생산 활동을 이윤을 창출하지 않는 비생산적인 일로 간주하고 있다고 하나, 기존의 노동개념을 확장하고 의미를 변화시키는 것을 통해 그 노동의 의미와 가치평가, 나아가 삶의 질도 변화시킬 수 있음을 잘 보여준다(조순경, 2000).

따라서 우리 사회의 노동 개념이 여성의 노동경험을 어디까지 설명하고 있는지, 설명하지 못한다면 왜 그러한지를 살펴보는 작업은 여성과 남성의 삶의 질을 변화시키는 데 매우 중요한 의의를 가진다. 지금까지 여성 노동에 관한 논의들은 여성이 노동시장에서 왜 차별받는지에 관한 구조적인 설명에만 집중해왔다. 이는 사회적인 법·제도가 지속적으로 변화되고 있는데도 노동시장에서 성차별이 없어지지 않는 이유에 대한 근본적인 비판과 대안을 모색하는 데 한계를 가진다.

02 여성은 노동시장에서 왜 차별받는가?

그렇다면 여성이 노동시장에서 차별받는 이유를 어떻게 설명할 수 있을까? 여기서 차별이란 '물리적 또는 물질적으로 동일한 생산성을 지니지만 인종, 성 등 눈에 보이는 차이에 따라 불평등하게 대우받는 상태'를 말한다. 노동시장은 여성에게만 '일이냐 가족이냐'의 양자택일을 종용했을 뿐 아니라 어머니가 되기 위해 많은 희생과 대가를 치르도록 했다. 이런 차별이 만연한 상황에서, 여성의 일에 대한 연구는 주로 노동시장의 유급노동을 중심으로 여성들의 취업동기와 차별유형, 그리고 구조적 원인을 설명하는 데 집중되어왔다. 이를 크게 개인주의적 접근과 구조적인 접근으로 나누어 살펴보면 다음과 같다(소콜로프, 1990).

1) 주류경제학의 개인주의적 접근

가부장적 성별직업분절을 자연스러운 성별분업의 결과로 간주하는 경제학적 설명은 임금, 직업, 고용형태의 성별 격차가 차별의 결과가 아니라 선호도와 기능의 차이에서 발생한다고 전제한다. 차별은 선호도와 기능의 차이로 설명하지 못하는 잔여 요소일 뿐, '보이지 않는 손'에 노동시장을 맡기면 차별은 자연스럽게 해소된다는 것이다. 이런 류의 대표적인 경제학적 설명은 인적자본론, 혼잡가설, 그리고 차별적 보상이론 등이다.*

이러한 개인주의적 접근법은 노동시장 차별의 근본원인을 여성들이 가사노동과 임신·출산·양육과 같은 가족에 대한 돌봄과 헌신을 우선적으로 고려하여 경제적 선택을 하기 때문이라고 설명한다. 이로 인해 남성과 달리 여성의 노동시장 참여가 불연속적일 뿐 아니라 예상취업기간도 짧아져서, 인적자본투자의 기대수익률이 낮고 직무의 생산성도 낮다는 것이다. 즉 분배자원이 제한되어 있는 가족구성원들, 심지어 여성들까지도 효용극대화를 위한 합리적 선택으로 여성의 교육과 훈련에 대한 투자를 꺼리게 된다는 것이다. 그 결과, 여성은 노동시장에서 저임금의 미숙련 직종에 종사하게 되며, 소수의 직종에 여성들이 집중적으로 분포된다고 설명한다.

한편, 저임금과 낮은 경제적 지위를 여성의 합리적 선택으로 보는 인적자본론의 한계를 보완하기 위해 고용주의 취향이나 노동시장의 불완전한 정보로 인해 발생하는 성차별을 인정하고 이를 설명하는 통계적 차별이론이 있다. 통계적 차별은 개별 고용주 및 기업이 노동자를 채용할 때, 노동자 개인의 능력이 아닌 개인의 성, 연령, 학력, 경력, 인종, 출신지역 등의 지표들을 가지고 판단하는 과정에서 발생한다. 즉 기업들이 대체비용이나 훈련비용이 높은 직무에 이직

* 더 자세한 설명은 소콜로프의 『여성노동시장이론』 참고.

가능성이 높은 여성이나 미혼노동력을 배제함으로써 손실을 최소화하려 하기 때문에 여성의 채용 및 배치과정에서 차별이 나타난다는 설명이다. 그러나 개인을 판단하는 고용주의 차별적 관행이 어떻게 지속되는가에 대한 설명은 학자들마다 조금씩 다르다. 베커를 필두로 한 일부 경제학자들은 집단 내 구성원들의 차이가 클수록 이런 차별은 비합리적이고 비현실적이라고 본다. 완전경쟁시장에서 성차별을 실시하는 기업은 이윤과 생산성이 상대적으로 낮아질 것이므로, 자연스럽게 성별직업분리 및 성차별이 해소될 것이라고 주장한다(Becker, 1957; Olson, 1990). 그러나 기본적으로 개인주의적 접근법은 최대이윤 추구와 완전경쟁 메커니즘을 가정함으로써, 현실 노동시장에서 발생하는 모든 차별과 직업분절에 대해서는 설명력이 떨어진다.

혼잡가설

혼잡가설은 여성들 스스로 '여성적인 직업'을 선택하기 때문에 노동시장에서 낮은 지위에 머무르게 된다고 가정한다. 여성들은 가사나 양육의 부담 때문에 가족과 직장을 양립할 수 있는 몇몇 직업을 선택하게 되고, 그 결과 소수의 일부 직종에 여성들이 집중됨으로써 전체적으로 여성의 임금이 낮아진다고 설명한다.

2) 구조적인 접근

구조적인 접근법은 일반적으로 성차별의 원인이 노동시장의 성별화된 구조에 있다고 보고, 근본적으로 사회경제적 제도의 변화를 해결대안으로 제시해왔다. 여기에는 제도학파와 마르크스주의, 그리고 페미니스트 이론이 있다.

초기에는 직업과 임금에서의 인종차별을 설명하는 데 사용되었던 제도학파의 이중노동시장이론은 점차 성차별과 연령차별로 그 범위를 확대하면서 성차별을 개인의 실패가 아닌 노동시장의 구조적 요인으로 설명해왔다. 여기서 노동시장은 하나의 동질적인 완전경쟁시장이 아닌 인종, 성, 교육, 산업 등으로 분할되어 있다. 주로 1차 시장과 2차 시장으로 분할된 각각의 하위집단들은 작업조건, 승진기회, 임금 등에서 서로 다르다. 일차 시장은 고용안정성, 높은 임금, 승진 사다리, 직업훈련을 보장받는 직업들로 구성되는데, 의사, 관리직, 공무원 등의 정규직이 여기에 속한다. 반면, 2차 시장은 고용이 불안정하고 임시적일 뿐 아니라 저임금의 미숙련 직무들로 이루어져 있다. 소수인종, 여성이 하위 노동시장에 직면할 가능성이 높은데 특히 여성들은 판매 서비스직이나 소규모 영세사업장의 임시직, 계약직, 단순 노무 등 승진기회나 직업훈련의 기회가 거의 없는 여성직종에 종사하게 된다고 설명한다. 이중노동시장이론의 문제점은 여성이 2차 시장으로 진입하는 근본적인 이유를 설명하지 못한다는 것이다. 뿐만 아니라 1차 시장에서 일하는 소수의 고학력 여성 노동자들이 직면하는 차별 경험도 제대로 설명하지 못한다.

이런 한계를 극복하기 위해 다양한 페미니즘 이론들은 여성에 대한 제반 차별의 보다 근본적인 원인을 찾고 그 해결책을 모색하는 노력을 해왔다. 노동시장에서의 성차별과 여성 노동의 저임금은 자본주의와 사회주의 경제에서도 보편적인 현상이다. 대표적으로 마르크스주의 페미니즘, 사회주의 페미니즘, 그리고 자유주의 페미니즘이 여성의 노동문제를 설명해왔다.

여성의 임금노동 참여를 여성해방의 조건으로 정의했던 마르크스주의 페미니즘은 노동의 동질화와 탈숙련화로 인해 여성의 노동참여가 급증할 것이며, 그로 인해 기존의 성별분업이 붕괴하고 가부장적 가족제도가 해체될 것이라고 예측했다. 그러나 여성이 수행하는 가사 및 양육노동을 자연스러운 성별분업으로 간주하는 성맹적 접근은 마르크스주의와 사회주의를 추구했던 국가들에서도 여성의 노동시장 지위가 남성보다 낮을 뿐 아니라 저임금의 단순노동에 종사하게 만드는 결과를 낳았다.

이념과 괴리된 성차별적 현실에 문제의식을 가진 사회주의 페미니즘은 여성과 노동자 계급의 해방을 위해 종식되어야 하는 착취적인 계급사회로서 자본주의를 비판하되, 여성을 사적 영역에 고착시키는 성별분업 이데올로기와 가부장적 문화와 제도들에 관심을 기울여왔다.

역사적으로 여성이 생산노동과 재생산노동을 수행해왔음에도 불구하고, 출산 및 양육이라는 생물학적 차이를 성차별의 원인으로 간주하는 생물학적 결정론과 이에 기반한 성별분업 이데올로기는 오랫동안 여성의 노동을 비가시화시키고 평가절하하는 데 큰 영향을 끼쳤다. 자유주의 페미니즘은 이를 비판하면서 여성의 생물학적 차이는 능력과 무관한 것으로, 여성도 남성과 동등한 교육과 훈련기회를 부여하면 성별분업을 해소하고 성차별을 제거할 수 있다고 주장해왔다. 그러나 남성을 기준으로 하는 노동시장과 노동자 모델이 지배적인 사회구조 속에서, 모든 사람에게 공평하게 기회의 평등을 보장한다는 것은 공허한 형식에 그칠 수밖에 없다. 이러한 비판을 반영하여 동등한 교육과 훈련기회, 그리고 채용기회를 부여받은 여성들이 노동시장에서 성차별의 장벽을 넘지 못하는 것은 성차별적 사회화 때문이라고 주장하는 여성학자들도 있다. 이들은 여성을 노동자로 보지 않는 성역할 고정관념 때문에, 여성이 교육 등 인적자본 투자나 축적의 기회를 박탈당하고 가정적 역할에 집중하도록 키워져왔다고 설명한다. 이로 인해 여성이 저임금과 저생산성으로 대표되는 일부 여성직종에서 일하면서 차별받고 있다는 것이다.

이처럼 차별의 원인과 해결대안에 대한 입장 차이에도 불구하고, 대다수 여성주의자들은 성평등한 사회화, 평등한 교육 및 훈련기회, 그리고 자본의 착취에 저항하는 계급투쟁이 이루어질 때 성별분업 이데올로기가 완화되고 여성의 노동이 제대로 평가받을 수 있다고 주장해왔다. 이러한 설명들은 오늘날 대다수 국가에서 평등한 교육과 기회보장, 그리고 자본의 착취에 저항하는 노동운동이 이루어지고 있는데도 여전히 여성이 노동시장에서 차별받는 이유를 설명하는 데는 한계를 가진다. 이러한 흐름 속에서 1980년대 중반 이후 여성학자들은 노동시장 내 여성의 지위를 설명하는 데 그치지 않고, 임금노동 중심의 노동 개념으로는 평가할 수 없었던 여성의 활동을 드러내고 새롭게 이름 붙이는 작업을 해왔다.

03 페미니즘, 여성 노동을 새롭게 평가하다

앞에서 논의했던 구조적인 차별 논의의 한계에 직면한 여성학자들은 여성의 눈으로 여성의 노동경험을 설명하고, 이를 설명할 수 있는 여성 노동의 재개념화 작업을 지속적으로 진행해왔다. 이러한 여성학적 재개념화 작업의 출발점은 성별분업에 의해 지금까지 여성이 사회적으로 담당해왔던 일, 즉 세대 간 재생산으로서의 임신·출산·육아, 세대 내 재생산으로서의 가사노동과 보육, 사회적 재생산으로서의 중재와 서비스 등이다. 여성학자들은 가족, 즉 시장경제 외부에서 이루어지는 여성들의 무급 재생산과 돌봄 노동이 자본주의와 국가의 존속에 필수불가결한 노동이라고 강조한다. 여성들이 '생산성'이 아닌 '사랑', '의무', '상호호혜성'의 가치 위에 구축된 가족과 공동체를 지탱하면서, 현재와 미래의 노동자를 생산하고 그들의 일상을 재생산하는 역할을 담당하고 있기 때문이다(Folbre, 2001; Hochschild and Ehrenreich, 2003).

그러나 오늘날 대다수의 국가에서 국민의 경제활동을 평가하는 국민총생산을 측정할 때 여성의 가족 내 무급노동은 여전히 포함되지 않는다. 그 이유로는 첫째, 구조기능주의와 경제학의 기본 전제가

사랑의 노동, 돌봄

낸시 폴브레의 책 『누가 우리의 아이들을 위한 비용을 지불할 것인가』의 표지

1970년대 이후, 페미니스트들은 객관적이고 중립적인 것으로 인식되었던 경제학과 국가통계가 '성역할 고정관념'과 '여성노동에 대한 평가절하'에 의해 왜곡되었음을 지적해왔다. 이 중에서도 낸시 폴브레는 사적인 가족 영역에서 수행되는 여성의 비가시적인 노동에 관해 분석해온 대표적인 여성주의 경제학자다. 폴브레는 『누가 우리의 아이들을 위한 비용을 지불할 것인가』, 『보이지 않는 가슴(Invisible Heart)』 등의 저서를 통해, '집안일'로 간주되어 왔던 여성의 가족 내 돌봄 노동이 자본주의 시장경제를 지탱해왔다고 주장한다. 지금까지 비가시화되어 왔던 여성의 일은 단순한 '가사노동'이 아니라 가족의 복지와 공동체의 유지 발전을 지속시키는 핵심 노동이라는 것이다.

폴브레를 비롯한 일련의 페미니스트 학자들은 비가시적인 여성의 일을 드러내고, 가족 내 가사 및 재생산 활동을 '돌봄 노동'으로 재개념화했다. 이들에 의하면, '돌봄 노동(care work)'은 구체적으로는 "스스로 자신을 돌볼 수 없는 사람을 돌보는 행위로, 환자, 노인, 아이를 그 대상으로 하는 노동"으로 사용되지만, 넓게는 "가족과 사회, 개인과 사회를 연결하는 필수적인 활동으로, 사회구성원들의 유지 및 재생산을 위한 노동"을 뜻한다(Daly & Rake, 2003). 2000년대 이후 우리 사회에서도 돌봄 노동은 취약한 집단의 필요를 충족시키기 위한 광범위하고 필수적인 '사회서비스' 복지정책으로 공식부문에서 제도화되고 있다.

'여성의 자리는 가정'이라는 믿음에서 출발하기 때문이다. 사회통합과 안정이 가족의 사회화 기능에서 비롯된다고 여기는 구조기능주의적 시각은 여성과 남성의 가족 내 성역할은 사회통합과 안정을 위해 순기능적이라고 본다. 이들은 남성이 공적영역에서 생계부양이라는 도구적 역할(instrumental roles)을 수행하는 동안, 여성은 임신과 양육, 돌봄에 초점을 둔 표현적 역할(expressive roles)을 수행하는 것이 자연적이고 보편적인 질서라고 믿는다. 둘째, 여성의 재생산 노동을 경제학에서 산정하려고 해도, 추상화된 개념과 수학을 통해 설명되고 제시되는 경제학의 전제로는 여성의 활동들을 측정하지 못한다. 여성의 활동은 수량화할 수 없을 뿐 아니라 화폐와 교환되지도 않기 때문이다(Waring, 1999). 여성의 일을 설명하는 데 사용되었던 개념과 분석도구가 성별분업을 암묵적으로 전제하고 있거나 내재하고 있어, 여성들의 노동을 남성에 비해 '덜 중요한 일'로 인식하게 만들어왔다(A. 퍼버, 1997). 이러한 문제로 인해 지금까지 제대로 드러나지도 평가받지도 못했던 여성의 다양한 정서적, 성적 경험이 여성학자들에 의해 노동으로 재개념화되었다. 가사노동, 감정노동 등이 대표적인 사례다.

1) 가사노동

1960년대 이전까지 '가사노동'이란 개념은 존재하지 않았다. 여성운동의 일환으로 여성의 일을 재평가하게 되면서, 그동안 '노동'으로 평가되지 않았던 여성의 집안일을 '가사노동(domestic work)'으로 재개념화했다. 가사노동이란 '인간 삶의 재생산 및 생계유지를 목적으로 하는 필요노동'이며, '가정 내에서 이루어지는 모든 생산활동과 인간 상호적 관계 즉 가족관계를 위한 활동을 포함하는 관계적 재생산을 가능케 하는 노동'이다(이재경, 2003).

서구의 산업화 초기, 1861년 영국이나 1875년 매사추세츠주의 센서스에는 '가정주부(house-keeping)'가 생산의 범주로 포함되지만, 차츰 '피부양자'로 분류되기 시작했다. 그러다 1920년대 이후에는 '가정주부'라는 범주 자체가 공식적인 통계자료에서 사라졌다(Folbre, 1991). 경제활동의 영역에서 가족을 배제하는 공사이분법의 확립과 성별분업의 결과, 여성의 가사노동은 생산적인 노동에서 배제되었으며 사회제도적 차원에서 상속 이외에 가족이 '생존'을 위해 생산과 소비의 단위로서 하는 활동에 대해서는 거의 고려되지 않았다. 더불어 주부를 아무것도 하지 않고 '집에서 노는 사람'으로 폄하하는 시각이 보편화되었다.

'가사노동의 일차적 책임자＝여성'이라는 신념은 여성을 노동시장에서 이차적인 노동자로 규정했을 뿐 아니라 그로 인한 각종 차별을 정당화하는 데 기여했다(Standing, 1981). 가사노동을 근거로 전반적인 여성의 일을 평가절하하는 사회적 관행은 노동시장뿐 아니라 각종 사회보험 및 경제관련 법과 제도에서도 쉽게 찾아볼 수 있다. 부부재산분할청구권에 관한 사례를 들어보자. 가사노동을 '노동'으로 간주하지 않는 우리 사회에서는 임금노동을 하지 않은 전업주부의 재산형성 기여분을 30% 정도밖에 인정하지 않는다. 이뿐 아니라 개인연금에 가입하지 않는 이상, 전업주부의 노후보장은 전적으로 남편과 자식들에게 의존할 수밖에 없다. 유급의 임금노동을 하지 않는 주부의 경제적 자립과 노후보장을 위해 은퇴연령 이후(55세) 정부가 '주부연금'을 지급하는 독일과 비교해보면, 우리 사회의 주부가 경제적으로 자립하기가 얼마나 힘든지 알 수 있다. 직장에서 일을 하던 여성도 결혼으로 경력이 단절된 후에는 재취업이 어렵기 때문에 경제적 자립이 매우 힘든 실정이다.

취업기회가 제한적인 중·장년 여성들이 주로 취업하는 직종은 식당일, 가사도우미*, 산후도우미, 청소용역 등의 '여성직종'에 집중되어 있다. 이같은 여성직종들은 사회보장 및 노동관련 법·제도의 보호를 받지 못하는 비공식 부문의 미숙련·저임금 노동들이다. 이러한 비공식 하위 서비스 부문에 종사하는 여성노동자의 50% 이상이 최저임금 이하의 저임금을 받는 노동자 집단에 속한다(통계청, 2007). 한국여성노동자회에 의하면, 청소용역으로 일하고 있는 여성들의 대다수는 최저임금 이하의 저임금을 받고 있다. 그 결과, 이들

* '도우미'는 '도움을 주는 이'라는 뜻을 가진 신종어로서 단어 자체가 주는 호감도로 인해 사회 곳곳에서 다양한 맥락으로 쓰이고 있다. 산파 혹은 산후조리를 도와주던 이들을 '출산도우미'로, 저소득층 노인들을 대상으로 목욕, 용변수발, 식사시중, 편지 써주기, 책 읽어주기 등의 활동을 하는 서울시 유급 가정봉사원 사업을 '가정도우미'로, 그 외에도 이사도우미, 컴퓨터 도우미 등 '돕는다'는 의미가 있으면 'ㅇㅇ도우미'로 불리고 있다.

비가시적 노동통제

'미스터리 쇼퍼'란 일반 고객을 가장하여 매장을 방문해 물건을 사면서 점원의 친절도, 외모, 판매기술, 사업장의 분위기 등을 평가하여 개선점을 제안하는 일을 하는 사람을 지칭한다. 이들은 상품에 대해 물어보고, 구매를 하고, 환불을 요구하는 등 실제 고객이 하는 행동을 한다. 그러면서 매장 직원들의 반응과 서비스, 상품에 대한 지식, 청결상태, 발생한 상황의 전말이나 개인적으로 느낀 점들에 대해 평가표를 토대로 보고서를 작성한다. 어떤 고객이 '평가자'인지 모르는 노동조건은 감정노동자들을 극도의 긴장상태로 몰아넣을 뿐 아니라 평소보다 2~3배 이상 친절한 서비스와 미소를 강제하는 통제효과를 발휘한다.

은 한달 내내 장시간 노동을 하면서도 한끼 식비로 944원밖에 지출할 수 없는 극도의 빈곤한 삶을 살고 있는 실정이다(한국여성노동자협의회, 2006).

이처럼 가사노동의 책임자라는 이유로 대다수 여성들이 경험하는 차별적 현실을 개선하기 위해 1990년대 이후 국제노동기구와 국제연합, 그리고 세계여성대회를 중심으로 모든 측면에서 여성의 무급노동에 대한 기여를 공식통계와 국내총생산(GNP)에 반영하도록 각 국에 권고해왔다.

2) 감정노동

감정노동(emotional work)이란 "자신의 심리적·감정적 상태를 의식적이고 합목적적인 방식으로 관리하고 사용하는 일체의 노력들"을 지칭하는 포괄적 개념으로, 특정 감정을 구성하고 유지하는 감정관리가 사용가치 및 교환가치를 창출하는 활동을 의미한다. 감정노동에는 사적영역에서 사용가치를 창출하는 감정관리를 지칭하는 감정노동(emotional work)과 공적영역에서 특히 서비스 업종에서 임금과 교환되는 상품화된 감정관리를 지칭하는 감정노동(emotinal labor)이 있다(Hochschild, 1983).

부계가족제도와 성별분업 이데올로기가 강한 한국 사회에서 여성이 수행하는 일의 많은 부분은 돌봄이나 감정노동이다. 감정노동은 전통적으로 가정 내 여성들의 성역할 수행에서 무보수로 행해졌던 감정관리 활동이었지만, 오늘날에는 여성의 옷차림과 외모, 말씨, 표정, 행동까지도 고객만족을 위한 감정노동의 핵심 직무 요건이 되고 있다(박홍주, 1995). 고객만족이 기업의 성패를 결정하는 서비스 경제사회에서 감정노동은 항공회사, 백화점과 같은 전형적인 서비스 기업뿐 아니라 공무원, 의사, 상담원 등의 전문직에까지 급속하게 확산되고 있다.

판매업에 종사하는 노동자들은 물건을 파는 데 그치지 않고 상냥한 미소와 친절한 말투까지 서비스하는 감정노동을 수행한다.

남성과 여성이 동일한 감정노동을 수행하는 경우에도, 성별에 따라 다른 유형의 직무를 수행할 뿐 아니라 보편적으로 여성에게 감정노동을 더 요구한다(Adkins, 1994). 예컨대, 유원지나 백화점에서 일하는 감정노동자의 경우도 유사하다. 소수의 남성들은 그들을 관리하는 행정업무를 담당하고, 다수인 여성들은 고된 육체노동을 하면서 '젊고 예쁜' 외모로 친절한 고객 서비스를 제공한다. 여성들의 감정노동은 '여자라면 누구나 할 수 있는' 미숙련의 저임금 노동으로 간주되고 따라서 임금으로 환산되고 평가되진 않지만 고객 서비스의 핵심노동이다. 감정노동의 문제는 잘한다고 해서 더 많은 임금을 지급하거나 보상하는 것도 아니면서, 감정노동의 감정규칙과 노동과정에 대해 철저하게 관리·통제한다는 것이다. 서비스 기업들은 일명 '고객 모니터링' 또는 '미스터리 쇼퍼' 등의 다양한 제도를 통해, 감정노동자 스스로 '친절'을 내면화하고 통제하도록 한다. 1990년대 이후 서비스산업이 급속하게 성장하면서 '웃다가 병든' 감정노동자들이 우리 사회에서도 점차 늘어나고 있다.

외모는 경쟁력이다?!

호주의 L 남성목욕용품 광고

대다수 직업의 고용규정들은 피고용인의 신체적 조건들을 명시하거나 제한해왔다. 백화점, 항공사 등의 서비스 기업에서 감정노동을 수행하는 여성의 공식적 외모 기준은 손톱길이와 헤어스타일, 체중, 청결상태, 유니폼 상태에 이르기까지 상세하게 규정되어 있다. 여성들은 넓적다리, 상반신, 허리, 엉덩이의 치수를 재면서 최대 몸 사이즈를 명시한 외모 점검 규정에 통제받지만, 소방대나 경찰과 같은 전통적인 남성의 직업에서는 최소 몸 사이즈를 규정하는 경향을 보인다(크리스 쉴링, 1999).

'성적 매력을 전시하는 것'이 고객 서비스의 핵심으로 이해되는 행사 도우미의 경우, 신체 조건이 맞지 않거나 25세만 넘어도 좋은 일을 구하지 못한다. 노골적인 성희롱이나 신체적 접촉도 '척척' 받아넘길 수 있어야 진정한 서비스를 제공하는 것이라고 교육받는 이들의 대다수는 비정규직의 임시노동자다(문은미, 2003).

위 사진은 2005년 L사의 남성목욕용품을 단번에 판매 1위로 끌어올린 화제의 광고다. '젊고 예쁜 아가씨들'의 목욕 시중을 받는 것과 같은 느낌의 목욕용품임을 홍보하는 수단으로 이용된 비행기 여승무원의 이미지는 호주에서 성상품화 논란을 야기시켰다. 이처럼 성적 매력을 가진 20대 여성의 '친절한 서비스'를 강조하는 기업의 신체적 조건은 예외 없이 '165cm 이상, 45~50kg의 깨끗하고 호감 가는 인상'이다. '젊고 예쁘고 키가 커야 한다'는 신체적 제한 조건들은 문자 그대로 성불평등과 계급불평등을 구체적으로 반영하고 있다. 실제 남자들보다는 여자들이 자신의 몸을 타인의 인식대상으로 계발하도록 조장받고 있으며, 대다수 직업에서 직무와 무관한 신체 조건과 성적 매력의 중요성은 나날이 강화되고 있는 실정이다. 여성이 아무리 외모 관리를 잘 한다고 해도, 승진이나 보너스를 제공하는 등의 혜택을 부여하는 것도 아니고 그 유능함을 평가해주지도 않는다. 그러나 외모 관리를 제대로 하지 못할 때는 해고되거나 불이익을 당할 뿐 아니라 '용모차별'로 취업하기도 힘든 실정이다. 오늘날 외모는 타고나는 것이기도 하지만 성형수술로 만들어지는 비중이 점차 늘어나고 있다. 이렇게 본다면, 외모는 계급에 따라 특정방식으로 구성되는 동시에 여성의 계급을 재구성하는 핵심요소라 할 수 있을 것이다.

사례 1

10여 년 동안 의류를 판매해온 이씨는 손님이 무섭다. 경험 많은 사원답게 능숙하게 손님을 대하지만 어느 순간 손님들이 겁난다. 이씨의 증상은 공황장애. 자신이 보기엔 말도 안 되는 일로 시비를 걸어오면 다리에 힘이 빠지고 불안, 초조해진다. 막 소리 지르고 대항하고 싶지만 폭발을 못 시키고 안으로만 참다가 보니 억울하고 분한 마음을 참아낼 수가 없다. …… 화장실에서 안정제를 먹고 한참 앉아 있는 것으로 겨우 고비를 넘긴다. 이씨는 무척 외향적이고 활발했던 자신의 모습을 돌이켜 보면 자꾸 소심해지고 움츠러드는 자신이 낯설다고 한다 (SBS 「그것이 알고 싶다」, "손님이 무서운 의류판매사원 이야기").

감정노동자의 노동실태와 직업병에 관한 연구에 의하면, 이들은 과중한 감정조절 과정에서 발생하는 스트레스로 인해 공황강애, 감정 불감증, 불면증, 우울증 등의 각종 심인성 질환에 시달리고 있다 (크리스 쉴링, 1999; 한국여성개발원, 2005). 그러나 감정노동으로 인한 스트레스나 각종 질환의 원인을 개인의 책임으로 보는 통념 때문에 감정노동자의 경우 산업재해 보상판정은 거의 이루어지지 않았다. 서비스 경제로 전환되고 있는 우리 사회에서 감정노동을 아예 없앨 수는 없지만, 지나치게 과도한 감정규제로 인한 노동자의 건강과 삶의 질을 저하시키는 것은 방지해야 한다.

04 노동시장에서 주변화되는 여성 노동

여성의 일에 대한 평가절하와 비가시화라는 성차별은 하루아침에 만들어지지 않는다. 여성 노동의 의미화 작업이나 평가과정은 오랫동안 남성중심적 노동시장과 노동자 개념에 여성을 끼워 맞추거나, 기준에 부합되지 않는다는 이유로 배제하고 주변화하는 방식으로 이루어졌다. 특히 여성의 일은 성별분업 이데올로기와 성역할 고정관념에 큰 영향을 받는다. 성별화된 노동시장에서 젠더 고정관념이 여성과 여성의 일을 어떻게 성별화하고 주변화했는지 살펴보자.

1) 여성=미래의 어머니=이차적 노동자

1960년대 이후 한국사회에서도 여성들의 노동시장 참여가 지속적으로 증가하여, 최근에는 여성의 취업을 당연하게 받아들일 만큼 대다수 국민의 의식도 변화했다. 이런 의식변화를 낙관적으로 해석한다면, 여성을 어머니나 아내로만 간주하고 그들의 영역을 가족에만 국한하는 풍조가 사라졌다고 말할 수 있다. 그런데 과연 대기업 관리자들은 여성을 어떻게 생각하고 있을까? 전국경제인연합회의 2007년 여성인력활용실태에 의하면, 대다수 기업의 관리자들은 여전히 여성 인력을 기피하고 있는 것으로 밝혀졌다(전국경제인연합회, 2007).[*] 이들의 여성관은 '여성의 적절한 자리(women's proper places)=가족'이라는 성별분업 이데올로기가 확고했던 19세기 신고전주의 경제학의 여성관과 매우 유사하다. '모든 여성은 결혼하고 아이를 낳고 기르는 주부가 될 것이므로, 산업노동력으로 비생산적이다'라는 경제학적 여성관은 오랫동안 노동시장에서 성차별을 구조적인 문제가 아니라 여성 개인의 문제로 인식하도록 만들었다 (Pujol, 1995).

미국의 심리학회에 의하면, 여성의 일에 대한 평가기준이 모호하거나 평가를 위한 정보가 부족할 때 대다수 사람들이 여성에게 '여성답게 행동하면서 남자와 똑같이 일하라'는 모순적인 압력을 가하

[*] 한국 대기업의 관리자가 여성인력을 기피하는 주된 사유는 다음과 같다. '결혼·출산·육아의 공백으로 생산성이 낮다', '철야작업, 장기출장, 파견에 제약이 있다', '성희롱 등 새로운 이슈에 관련된 부담이 크다', '직급이 높아지면 시킬 만한 적당한 일이 없다', '여성인력에 대한 배려가 오히려 남성 역차별을 심화시킨다'.

게 된다고 한다(캐롤 타브리스, 1999). 개별 기업의 노동관행과 여성관에 의해, 여성은 여성적이기 때문에 '동료'로 대우받지 못하면서도, 여성적으로 행동하지 않을 때는 '공격적'이고 여자답지 못하다고 비난받는다(줄리아 우드, 2006). 영화 〈미스터 커티〉(The Associate, 1996)에서 여성이기 때문에 승진기회를 뺏긴 흑인여성 로렐이나, 여자답지 못한 옷차림과 공격적인 업무태도 때문에 승진에서 탈락한 홉킨스 판례는 성역할 고정관념에 의해 타자화되는 여성의 노동현실을 잘 보여준다. 일하는 여성을 타자화하는 담론은 국가의 정책이나 법에서도 쉽게 찾아볼 수 있다.

사례 1

헌법 제32조 ④ 여자의 근로는 특별한 보호를 받으며, 고용·임금 및 근로 조건에 있어서 부당한 차별을 받지 아니한다.

헌법 제36조 ① 혼인과 가족생활은 개인의 존엄과 양성의 평등을 기초로 성립되고 유지되어야 하며, 국가는 이를 보장한다. ② 국가는 모성의 보호를 위하여 노력하여야 한다.

사례 2

여성 스스로 직업관을 확고히 하고 직업능력을 향상시켜 주위에서 인정 받는 경쟁력 있는 직업인이 되도록 노력하는 성숙한 자세가 남녀고용평등을 앞당겨 실현시킵니다(노동부, 제3차 남녀고용평등기본계획).

사례 3

임산부는 직장의 채용, 승진, 해고에 있어 부당한 차별을 받아선 안된다. 임산부와 그의 소속 직장은 국가 모성보호 정책의 배려대상이다. 국가는 임산부의 권리를 수호해 임신, 출산, 육아를 위한 법적·제도적

프라이스 워터하우스 앤 홉킨스 판례(1990)

프라이스 워터하우스 사에서는 신규 사업으로 4억 달러 이상을 벌어들인 앤 홉킨스가 동업자 후보에서 탈락하고, 47명의 남성이 동업자로 추천받았다. 87명의 남성 후보들이 벌어들인 돈보다 훨씬 많은 액수를 벌고도 홉킨스가 동업자 지위를 획득하지 못한 이유는 그녀를 별로 만난 적도 없었던 사람들의 간단한 평가 때문이었다. 그들은 홉킨스의 실적을 평가하는게 아니라 거칠고 공격적인 성향을 평가했다. 이런 평가를 접하게 된 추천인단은 "차밍스쿨 비용을 대줄 테니, 여성다운 행동과 옷차림을 갖춘다면 동업자로 승진시켜주겠다"는 제안을 할 정도로, 홉킨스의 능력보다는 '여성다움의 부재'를 치명적인 결격사유로 평가했다.

노력을 기울여야 한다(저출산고령화사회 대책특위(2006)의 「임산부 권리 선언문」 중에서 발췌).

위의 세 가지 사례에서 보듯, 양성평등의 이념 자체가 남성이 여성과 같아지는 것이 아니라, 여성이 남성과 같아지는 남성중심적 같음을 전제로 하고 있기 때문에, 모성도, 노동도 권리가 아니라 보호의 대상으로 여겨진다(정희진, 2005). 우리 사회의 법과 제도에서 여성은 '직업의식이 낮고 경쟁력 없는 직업인'으로, '어머니' 혹은 '임산부'로서 호명된다. 지금까지 여성은 국가발전이나 사회경제적 상황 등 국가나 기업의 필요에 따라, 재생산과 돌봄의 공백을 해결하기 위한 주체로 호명되거나 국가경쟁력을 위해 계발하고 활용해야 하는 여성인력으로 타자화되어 왔다(김현미, 2000).

2) 남성중심적 기업과 노동문화

2006년 맞벌이 가족의 전국실태조사에 따르면, 한국 사회에서 맞벌이 부부의 50%가 5년 이내에 외벌이가 된다고 한다. '하늘에 별따기'보다 어렵고 '삼대가 선행을 해야 취업한다'는 그 어렵고 힘든 취업난을 통과한 여성들이 왜 직장을 그만두게 되는가? 대다수 맞벌이 가족에서 직장을 그만두는 쪽은 여성들이다(여성가족부, 2000). 그 주된 이유로 여성들은 가사 및 육아책임, 그 다음으로는 '직업전망의 부재'를 중요한 퇴직사유로 손꼽았다. 우리가 직장을 능력주의에 의해 작동되는 성중립적 공간으로 생각하는 것과 달리, 직장은 성별분업 이데올로기에 의해 노동시장 내 차별적인 젠더관계를 생산해내는 성별화된 공간이다. 그러하기에 여성들은 직장에서 남성중심적 기준에 직면하면서 남성과 꼭 같은 '직장인'이 될 수 없음을 깨달고 좌절하거나 같아지기 위해 노력해야만 했다(김현미, 2003). 여기에서는 '여성'이기 때문에 남성중심적 일터에서 경험하는 문제들을 구체적으로 짚어보자.

민주노총에서 제작한 노동절 기념 포스터

(1) 누가 노동자인가?

남성을 '투사', '생계부양자'로 간주하는 고정관념은 대표적인 성차별적 고정관념으로, 대중매체에서도 흔하게 볼 수 있다. 〈사랑과 야망〉의 태준은 하루 24시간을 회사에 헌신한다. 주말이나 밤이나 회사에서 부르면 달려가 일했고, 좌천당해도 새로운 '도전'으로 여기면서 밤낮 가리지 않고 뛰어다닌다. 회사발전을 위해, 가족의 생계부양을 위해 일하는 노동자는 '남성'이다.

어디 이뿐이랴. 노동운동의 남성편향적 시각은 독자적인 여성노동운동의 성장·발전에도 불구하고 여전히 지속되고 있다. 여성 노동의 비정규직화 문제가 대두되었던 시기에 한국의 대표적인 노동조합이 여성을 '노동자'가 아닌 '어머니이자 아내'로 재현하는 포스터를 만들었다. 이 포스터 속에서 노동운동을 위해 투쟁하는 노동자와 노동운동가도 남성이다(이승주, 2004). 여성을 '투사'로 보지 않기에, 여성이 노동운동에 헌신하기 힘들다고 전제하는 노동운동은 개별 노동조합체계에서 여성의 이해관계를 제대로 반영하지 못하고 있다(박정옥, 2004).

이처럼 남성을 기준으로 하는 직장, 노동조합, 국가와 같은 '조직'의 남성중심성은 여성 노동을 주변화하고 평가절하시키는 핵심 요인이다. 남성을 '표준'노동자로 규정할 때, 남성과의 차이는 단순한 차이가 아닌 '차별'이 되기 때문이다.

상상임금

20세기 초 남녀 성별 임금격차의 주요 요인은 노동자의 생산성과 노동공급이 아니라 성별화된 관습과 전통이었다. 당시 노동자계층에게 폭넓게 지지받았던 '생계임금'이나 '가족임금'을 위한 19세기의 싸움은 '남성=생계부양자' 모델에 기반한 사회질서에 대한 투쟁이자 '여자들이 무엇을 필요로 하는가'를 둘러싼 성별화된 상상력과 이데올로기의 산물이었다.

1913년 미국의 13개 주에서 여성들에게 최소한의 도덕적 복지를 보장할 수 있는 임금을 지불해야 한다는 법안을 통과시켰을 때, 그 내용은 바로 '먹고 살 만큼'의 최저 임금만 지급하면 된다는 것이었다. '임금은 가족의 생계를 부양하는 자에게만 지급해야 한다'고 믿었던 그들은 여성의 임금을 결정할 때, '여자들이 무엇을 필요로 하는가'에 대한 그들의 상상에 근거해서 결정하고 지불했다. 이들은 여성이 남성보다 '적은 비용'으로 살수 있고, '높은 임금'을 요구한 적이 없을 뿐 아니라 생계부양자인 '아버지나 남편'을 가지고 있기 때문에 낮은 임금을 받아도 된다고 생각했고, 또 실제로 그렇게 지급했다. 이처럼 여성을 '쌈짓돈'이나 버는 생계보조자로 간주하는 한, 임금은 노동자의 '성별'에 기반해서 성역할을 강화하고 영속화하는 성차별 기제로 작동할 수밖에 없다. 그 결과, 독립적으로 살려고 하는 여성들의 임금은 자신을 부양하기에도 충분하지 않을 뿐 아니라 실제 생계부양자인 여성들의 필요도 반영하지 못하는 상상임금(the wage conceived)에 불과했다.

출처: Alice Kessler-Harris(1990).

(2) 왜 여성의 임금은 낮은가?

임금은 노동자의 노동가치와 노동시장 지위를 명백하게 보여주는 중요한 지표다. 산업화 초기, 남성의 임금은 그들의 노동가치뿐 아니라 생계부양자로서의 지위까지 반영된 것이었지만 여성의 임금은 가족구성원의 보조적 임금으로만 간주되었다(하트만, 1985). 그 결과, 여성의 임금은 자신을 부양하기에도 충분하지 않은 수준이었을 뿐 아니라 '노동가치'와도 무관한 것이었다. 1920년대에도 미숙련 남성노동자의 임금이 여성 숙련 노동자의 임금보다 높았을 정도로, 여성이 어떤 가치의 노동을 하는가는 성별화된 임금체계에서 거의 반영되지 않았다. 그 결과, 여성은 근검절약하기 때문에(해야 하므로) 남성보다 '적은' 비용으로 살 수 있고, 높은 임금을 요구한 적도 없기에 '먹고 살 만큼'의 최저 임금만 지급하면 된다는 상상에 의해 결정되고 지급되었다.

근대화를 압축적으로 경험한 우리 사회에도, 남성 생계부양자를 표준모델로 하는 임금체계는 큰 영향력을 미친다. 오늘날 한국사회에서 가족임금제도는 형식적으로 월급명세서에서 '가족수당'으로 나타날 뿐이지만 전세금대출, 학자금지원, 주택구입자금대출, 생활지원금 등 기업복리후생제도의 토대를 이루고 있다. 이쁜 아니라 승급 및 승진, 결혼퇴직, 부부사원우선해고 등 노동시장 전반에 영향을 끼쳐, 사회적, 문화적, 정치적으로 여성의 적합한 자리를 가정으로 제한시키는 성차별적 제도다. 여성의 전문직 진출이 급격하게 늘어났다는 2006년 여성과 남성의 임금비는 OECD 국가의 평균 80%에도 미치지 못하는 63.4%로, 성별 임금격차는 여전히 크다(통계청, 2007). 교육, 경력, 직업의 종류로도 설명할 수 없는 고학력의 전문직 남녀의 임금격차는 성별화된 태도와 관행의 영향으로밖에 설명할 수 없다.

(3) 여성은 산업예비군?

채용과정, 채용 이후 직무배치 및 교육훈련 과정에서 입사지원자와 신규채용자가 남성이냐 여성이냐는 매우 큰 영향을 미친다. 어머니가 될 여성은 생산성이 낮은 노동자이며, 여성에게 적합한 일이 따로 있다는 성역할 고정관념이 노동시장 전반에 전제되어 있기 때문이다. '어머니가 된다는 것'과 '아버지가 된다는 것'은 성별화된 노동시장에서 너무나 다른 평가와 결과를 가져온다.

사례 1

1998년 철도청은 '고객서비스'의 질을 높이기 위해서 여직원에게만 '반팔 상의에 스커트 차림'을 요구하고, '일정 거리를 걸어보라', '뒤돌아보라'는 등 업무능력과 관계 없는 행동을 요구했다. 당시 철도청의 입장은 흉터가 있는지 없는지 여부와 걸음걸이, 몸매가 고객 서비스에 중요하다고 생각했지만, 면접과정에서 여자직원에게만 이를 요구했다. 2005년 올해 철도공사가 고속철도를 개통하면서 여승무원만 계약직으로 위탁 고용하고, 나머지 직원들은 다 정규직으로 채용했다 (한국여성민우회 상담, 2005).

사례 2

전업주부 자녀의 서울대 입학률이 취업주부 자녀의 입학률보다 3배 이상, 2000년의 경우 무려 4배나 높았다(경향신문, 2004.1.31).

청소년의 아침결식률, 전업주부(18.4%)보다 취업주부(21.0%) 가정이 높다(한국경제, 2004.5.6).

사례 3

얼마 전 『타임』 지에는 엄마가 집에서 돌보는 3세 이하 유아의 사회성 및 정서발달 상태가 유아원이나 유모·친척 등이 돌보는 아이에 비해 월등히 뛰어나다는 영국의 육아 연구 결과가 실렸습니다. 미국에서도 자녀를 돌보기 위해 직업을 포기하는 전업주부가 늘어나고 있습니다. (중략) 지금 여성가족부의 정책을 보면, 여성의 경력단절 현상을 무조건 나쁘게만 보고 일과 가정의 양립에만 초점을 맞추고 있는 것 같습니다. 그런데 현실을 바탕으로 볼 때 저는 아이들을 다 키우고 난 후 경제활동 참가를 희망하는 고학력 여성들의 재취업을 실질적으로 도울 수 있는 교육 시스템을 잘 갖추는 것이 더 실효성 있는 문제 해결이 아닌가 생각합니다(2005.10.8. 국정감사 여성가족위원회 채수찬 위원).

이중기준

젠더를 기준으로 다른 행
동기준을 정하는 가부장
적 도덕 규범을 뜻한다.
프랜시스 하퍼는 "남성의
모든 것을 허용하고, 여성
의 모든 것을 비난하는
것"으로 묘사한다. 페미니
즘의 목표 중 하나는 여성
억압의 수단인 이중규범
을 없애고, 생물학적 성·
연령·인종·계급에 상관
없이 그 행위를 판단할 수
있는 새로운 사회적 규범
을 만드는 데 있다.

위의 세 사례는 남성을 '표준'으로 하는 노동시장의 채용관행과 성별화된 노동에 대한 평가절하가 여성을 산업예비군으로 만드는 과정을 잘 보여준다. 사례 1은 공기업인 철도공사가 승무원으로 지원한 여성 구직자에게만 외모와 걸음걸이, 몸매를 중심으로 면접하던 성차별적 면접 사례다. 1998년 당시, 승무원으로 지원했던 남성 구직자들은 정규직으로 채용되었을 뿐 아니라 지금은 기관사로 일하고 있다. 반면 성차별적 면접을 거쳐 입사했던 여승무원의 다수는 계약직으로 2년마다 고용계약을 갱신하고 있었다. 그러나 2005년 철도공사가 고속철도를 개통하면서부터, 고속철도와 새마을호의 여승무원들만 계약직으로 위탁 고용하기 시작했다. 이는 동일한 승무원 직부에 여성과 남성을 재봉하는 경우에노 여성노동사에게만 '섭고 예쁜 미혼'이라는 직무요건을 부과하고, 이들을 단기 임시노동자로 간주하는 노동시장의 이중기준을 잘 보여준다.

사례 2는 우리가 쉽게 찾아볼 수 있는 기혼 여성노동자에 대한 사회적 통념을 지속적으로 생산하고 강화하는 기사들이다. 실제 가사와 육아를 전담하는 전업주부 가정이 취업주부에 비해 자녀들에게 더 긍정적인 영향을 미친다는 주장은 일하는 여성들의 의식과 노동에 큰 영향을 주었다. 그 이유로는 우선, 취업 여부와 무관하게 대다수 여성들이 자녀들에게 헌신적이고 집중적인 방식의 양육을 수행해야 한나는 '완벽한 어머니'에 대한 환성을 내면화하고 있기 때문이다. 그 결과, 일과 가족을 양립할 수 있는 사회제도가 미흡한 대다수 국가에서 여성들은 '일이냐 가족이냐'의 막다른 선택을 강요당하다 '마미트랙(mommy track)'*이라는 현실적 선택을 하게 된다. 이 과정에서 많은 여성들은 '좋은 어머니'로 살고자 노력하고 있음을

* **마미트랙**: 여성에게 직
장에서 기회와 승진이 제
한된 별도의 업무를 주는
관행을 나타내는 비공식
용어다.

스스로에게 정당화하는 이데올로기적 노동까지 하게 된다. 여성들은 직장, 가사 및 돌봄 노동, 그리고 '좋은 어머니'로 살고자 노력하고 있음을 스스로에게 정당화하는 이데올로기적 노동(ideological work)이라는 이중 삼중의 부담* 속에서 힘겹게 일하고 있다.

사례 3은 양성평등정책을 추진하는 여성가족위원회에서 이러한 여성의 현실을 개선하기보다는 마미트랙이라는 성별직업분리를 제도화하는 정책의 필요성을 강조하는 사례다. 이처럼 여성을 '노동자'가 아닌 '어머니'로 범주화하는 인식은 모든 여성을 언젠가 결혼해서 어머니가 될 존재로 간주하게 만들고, 이중 삼중의 부담을 지고 있는 여성이 언제든지 가정으로 돌아갈 수 있는 산업예비군으로 만들어버린다. 이는 여성을 언제든지 대체할 수 있는 임시노동력으로 활용하는 차별적 고용관행마저 합리적인 것으로 정당화시킬 뿐 아니라 여성들의 자발적인 선택인 것으로 왜곡시켜 차별을 은폐하는 데 기여해왔다.

05 새로운 노동 개념, 새로운 평가

오랫동안 여성이 차별받아 온 것은 일을 하지 않아서가 아니라 사회경제적으로 여성이 수행하는 일을 비가시화하거나 제대로 평가하지 않았기 때문이다(Kemp, 1994). 자급자족적 노동, 사회봉사, 가사노동, 그리고 재생산노동은 일차적으로 여성이 수행하는 경제활동이지만 경제활동으로 간주되지 않았다. 국가통계에서 비가시화되고 있는 유형의 여성 노동은 국제기구의 통계에서도 포함되지 않게 마련이다. 이렇게 본다면, 여성의 노동을 비가시화하는 경제개발계획이나 노동정책, 인력발전 정책 등은 여성을 고려한 것이라 볼 수 없다.

1990년대 이후 전세계적으로 여성의 돌봄 및 가사노동에 대한 사회적 가치평가를 위한 여러 가지 법·제도가 시행되거나 새롭게 논의되고 있다. 이 과정에는 '어떤 일을 가치 있다고 생각하는지, 어떤 일이 사회적으로 더 중요하기에 더 많이 보상받아야 된다고 생각하는지, 그런 일을 누가 해야 하는지'에 관한 우리의 인식이 그대로 반영되기 마련이다. 그러하기에 성평등한 미래를 위한 대안을 모색할 때는 우리의 남성중심적 노동시장과 개념에 도전하고, 당연하게 생각해왔던 여성의 경험을 재해석하고 재평가하는 성 인지적 작업이 전제되어야 한다. 그렇지 않다면, 여성의 돌봄 및 가사노동, 그리고 감정노동을 평가하고자 하는 법·제도가 오히려 여성의 지위를 낮게 하고 성차별적 성별분업을 강화하는 요인이 될 것이다.

🔒 생각해봅시다

1. 지금까지 대중매체가 일하는 여성과 여성의 일을 어떻게 재현하고 있는지 생각해보자. 그리고 대중매체의 재현이 '일하는 여성'에 대한 우리의 생각에 어떤 영향을 미치는지, 또한 여성의 일에 대한 가치평가에 어떤 영향을 주는지도 생각해보자.

2. 페미니즘은 기업이나 공적 영역의 임금노동 이외의 많은 일들에 대해 '노동'으로 개념화하고, 이러한 노동의 사회적 가치를 재평가해야 된다고 주장해왔다. 직장 안팎에서 수행되고 있는 무급 혹은 유급의 노동을 두 가지 이상 생각해보고, 누가 이러한 노동을 수행하고 있는지, 그리고 어떤 평가를 받고 있는지에 대해 이야기해보자.

📖 더 읽을 책

또하나의문화 동인 엮음(1999), 『여성의 일찾기, 세상바꾸기』, 또하나의문화.

조순경 엮음(2000), 『노동과 페미니즘』, 이대출판부.

💻 인터넷 사이트

한국여성민우회 http://www.womenlink.or.kr

한국여성개발원 http://www.kwdi.re.kr

영국의 돌봄 노동자 보호법 http://www.direct.gov.uk/en/CaringForSomeone/CarersRights

🎬 추천 영상물

〈미스터 커티(The Associate) 도날드 페트리 감독, 미국, 1996, 영화, 114분.

〈악마는 프라다를 입는다(The Devil Wears Prada)〉 데이빗 프랭클 감독, 미국, 2006, 영화, 108분.

〈화염속의 여걸들: 여성소방수 이야기(Some Real Heat)〉 클라우디아 졸러 감독, 미국·독일, 2001, 다큐멘터리, 54분. *제4회 여성영화제 상영작

일하는 여성의 꿈과 현실　9장

'여성의 세기', '여풍', '제5의 물결', '여성 코드', '3F(Feeling, Fiction, Femininity)의 시대'. 21세기 여성의 사회적 지위를 말할 때, 빠지지 않고 등장하는 화려한 미사여구다. 대중매체에서도 기존 남성의 영역이나 남성들도 쉽게 진출하지 못하는 세계적 기업, 언론, 예술, 스포츠 분야에서 두각을 나타내고 있는 여성들의 이야기를 자주 다루곤 한다. 이러한 여성상의 확산은 한편으로는 여성들이 남성들을 노동시장에서 쫓아내면서 노동시장에서 벌어지는 남녀대결로, 다른 한편으로는 대다수 한국 여성의 현실과 거리가 먼 소수의 성공신화로 해석된다. 그러나 노동자로서, 소비자로서, 그리고 시민으로서 무한경쟁의 지구화 시대를 살아가고 있는 우리가 이전 세대보다 훨씬 많은 도전과 기회에 직면하고 있다는 것은 주지의 사실이다. 불과 20년 전만 해도 '선택'에 불과했던 성평등 문제가 미래를 위한 국가의 생존전략으로 재정립되고 있는 지금이야말로, 한국 여성의 노동현실을 되짚어보고 평등의 대안을 모색할 때이다.

01 노동시장, 변한 것과 변하지 않은 것

21세기 지식정보화 사회에서 여성 노동력을 효율적으로 활용하지 않고는 한국이 세계 10위권의 선진국 대열에 진입하기 힘들다는 담론이 지배적이다. 고학력 여성들의 노동시장 참여를 통해 고도성장을 달성한 미국과 유럽의 경험이 한국 사회에 커다란 시사점을 제공하면서, 고학력 전문직 여성의 지속적인 노동시장 참여를 지원해야 한다는 사회적 인식이 확산되고 있다. 뿐만 아니라 고학력 여성의 취업을 지원하기 위한 각종 정책을 정부가 앞장서서 시행하면서, 성차별 금지를 위한 정부의 법·제도적 인프라도 구축되고 있다.

2006년 경제협력개발기구(이후 OECD)의 발표에 따르면 우리나라의 '성·제도·개발(GID) 지수*'는 0.021로, 스웨덴, 영국, 아일랜드에 이어 4번째로 높은 성평등도를 보이고 있다. 점수가 낮을수록 여성 차별과 불평등 관련 제도가 적다는 것을 뜻하는 GID 지수를 감안해본다면, 우리 사회의 제도적 성평등 수준은 상당히 높은 편이다. 실제 고학력 여성의 노동시장 진출도 활발해져, 1990년 여성취업자 중 7.7%에 불과했던 전문·관리직 종사자 비중이 2006년에는 18.8%로 계속 증가하는 추세다(통계청, 2007). 그 주된 이유는 여성의 공공 부문 진출이 증가할 뿐 아니라 300대 기업의 여성 고용이 증가하는 추세이기 때문이다(전국경제인연합회, 2007). 이러한 성평등 관련 지표는 1990년대 이후 정부의 평등정책이 모집·채용에서 퇴직·해고에 이르는 과정에서 발생하는 직접적인 차별을 완화하는 데 크게 기여했음을 뜻한다.

* GID(Gender, Institutions and Development) 지수는 OECD가 세계 여성의 날을 맞이하여, 2006년에 새로 발표한 여성평등지표다. GID는 가족 및 사회의 규범·관습·문화까지 포함하는 한 국가의 사회제도가 여성차별과 불평등에 미치는 영향을 평가하는 것으로, 수치가 낮을수록 제도적인 성평등 수준이 높다는 뜻이다.

그러나 여성의 고용구조를 나타내는 구체적인 지표들을 엄밀하게 따져본다면, 남녀평등을 위한 제도적 기반이 상당히 정비되어 있다고는 하나 여전히 노동시장 성차별이 지속되고 있음을 알 수 있다. 한국의 여성 경제활동 참가율은 2005년에야 비로소 50.1%의 장벽을 넘어섰을 정도로 OECD 국가 중 최하위 수준에 머물고 있다. 2006년 50.3%의 여성 경제활동인구 중에서도 기혼여성이 차지하는 비중은 기혼남성의 경제활동 참가율 85.0%에 비해 현저하게 낮은 52.0%에 불과하다(통계청, 2007). 또한 출산과 육아로 인한 여성 노동자의 경력 단절을 보여주는 M자 곡선도 과거보다는 완만해졌다고

M자 곡선

노동시장에 진입한 여성들이 출산과 육아를 이유로 노동시장에서 퇴장했다가 일정 기간 이후에 재진입하는 현상을 단적으로 보여준다.

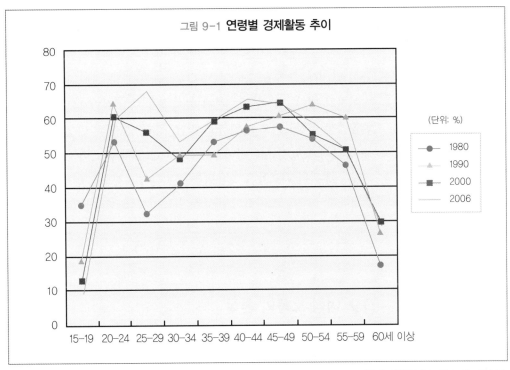

그림 9-1 **연령별 경제활동 추이**

(단위: %)

● 1980
▲ 1990
■ 2000
— 2006

자료: 통계청, 「경제활동인구조사보고서」, 각 년도.

는 하나 여전히 지속되고 있다. 2006년 연령별 여성의 경제활동 참가율은 25~29세 67.5%로 가장 높고 30~34세에는 53.1%로 급격하게 감소했다가 40~44세에서 다시 65.6%로 증가하는 M자형을 유지하고 있다. 한편, 남성의 경우 경제활동참가율이 가장 높은 35~39세의 94.7%를 전후로 노동 단절을 경험하지 않는 원만한 종 곡선(역U자)의 고용형태를 유지하고 있다.

자녀가 있는 여성의 취업 중단 비율에 대한 실태조사에 따르면, 이들 중 38.4%가 취업 중단을 경험하는 것으로 조사되었다. 이들의 취업 중단 사유는 여전히 자녀양육(64.9%)과 임신 및 출산에 따른 직장 불이익(12.6%)에 의한 것으로 나타났다(여성가족부, 2005). 출산과 육아로 인한 여성의 경력 단절은 노동시장에서 여성의 지위를 더욱 낮게 만들 뿐 아니라 성별임금격차와 성별직업분리를 유지·강화하는 결과를 초래하고 있다. 2006년의 평균 성별임금격차는 여성 임금이 남성 임금의 63.4%로, 1998년 63.7%보다 오히려 그 격차가 벌어지고 있다. 그 이유는 전체 여성 노동자의 절반 정도가 서비스업종에서 비정규직으로 일하고 있어, 성별직업분리 현상이 지속 또는 강화되고 있기 때문이다(노동부, 2006). 앞에서 살펴본 여성의 경제활동에 관한 지표들은 고용평등을 위한 법·제도적 인프라의 확충 노력에도 불구하고 여전히 여성들이 노동시장에서 차별을 경험하고 있음을 의미한다.

02 여성 노동의 현실

경제위기 이후 신자유주의적 노동시장의 유연화 정책은 한국의 노동시장과 여성의 노동시장 지위에 큰 영향을 미치고 있다. 최근에는 정규직과 비정규직의 고용형태 차이가 여성과 남성의 삶에 더욱 부정적인 영향을 주고 있다. 2007년 경제활동인구 부가조사(3월 기준)에 의하면, 비정규직은 2006년 8월 845만 명(55.0%)에서 2007년 3월 879만 명(55.8%)으로 7개월 만에 34만 명(0.8%)이 증가했다. 특히 여성노동자의 경우 70%가 비정규직으로 일하고 있는 실정이다. 이처럼 과도한 비정규직화 현상은 비정규직 고용이 '합리적 차등' 관행으로 인식되면서, 오히려 고용형태에 의한 차별격차가 확대·재생산되고 있음을 보여준다. 노동시장의 핵심 쟁점으로 부상하고 있는 비정규직 문제를 중심으로, 우리 사회에서 비정규직 여성 노동자로 산다는 것이 무엇인지 구체적으로 짚어보자.

1) 여성 노동의 비정규직화

1990년대 이후 우리 사회에서 여성들은 출산 및 육아 시점을 기점으로 정규직과 비정규직의 뚜렷한 분절을 경험하고 있다. 〈그림 9-2〉 남성의 고용형태별 연령계층별 분포에 따르면, 남성은 저연령층(20대 초반 이하)과 고령층(50대 후반 이상)만 비정규직이 정규직보다 높은 비중을 차지한다.

그러나 여성의 경우, 〈그림 9-3〉에서 볼 수 있듯 20대 후반을 제외한 모든 연령층에서 비정규직 비중이 높게 나타난다. 정규직 여성은 20대 후반을 정점으로 그 수가 크게 감소하지만, 비정규직 여성은 20대 후반과 40대 초반을 정점으로 하고 30대 초반을 저점으로 하는 M자형을 그리고 있다. 이것은 내부 노동시장에 정규직으로 진입한 여성을 제외하면, 대다수 여성이 임신 및 출산으로 인해 정규직에서 이탈하는 비율이 높을 뿐 아니라 비정규직으로 재진입하고 있다는 것을 보여준다. 실제 미혼여성과 미혼남성의 비정규직 규모

합리적 차등

남녀차별금기준 제4조는 '남녀차별에 관해 합리적인 이유가 있다고 인정하기 위해서는 당해 행위의 목적, 성질, 태양, 조건 등을 구체적·종합적으로 고려하여 성별에 따라 구별·배제·제한할 필요성이 있다고 인정되고 그 방법·정도 등이 적정해야 하며, 그 적용이 엄격해야 한다'고 규정하고 있다. 구체적으로는 경영상 불가피하거나 해당 업무 수행에 필수적인 경우는 다르게 대우하는 것이 차별이 아닌 것으로 간주한다. 그러나 최근 정규직/비정규직의 고용형태 차이가 노동시장 차별의 핵심요인으로 언급되고 있는데도, 현재 상정된 차별금지법은 이를 경영권으로 간주하여 '합리적 차등'으로 판단하고 있다.

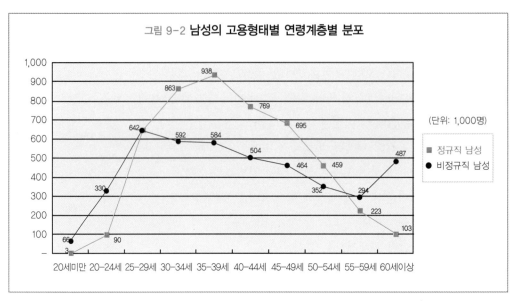

그림 9-2 남성의 고용형태별 연령계층별 분포

(단위: 1,000명)

- ■ 정규직 남성
- ● 비정규직 남성

20세미만 20-24세 25-29세 30-34세 35-39세 40-44세 45-49세 50-54세 55-59세 60세이상

자료: 통계청, 「경제활동인구조사 부가조사」, (2007. 3).

는 큰 차이를 보이지 않으나, 기혼여성의 경우 4명 중 3명이 비정규직으로 일하고 있다(2007, 통계청).

한국 노동시장에서 비정규직으로 일한다는 것은 단순한 고용형태의 차이가 아니라 노동조건, 임금, 사회보장제도, 노동조합과 법제도적인 권리보장 등의 차별을 의미한다. 정보화 시대의 새로운 '신분제도'라고 언급되는 고용형태 차별은 같은 공간에서 동일한 일을 해도 더 낮은 임금과 불안정한 고용, 그리고 노동강도의 강화 같은 노동조건 악화를 초래한다. 비정규직 노동자의 경우, 정규직의 81~98% 이상이 당연하게 보장받는 퇴직금·상여금·시간외수당·유급휴가조차 이들의 16~22%만 적용받고 있을 뿐 아니라 사회보험(국민연금·건강보험·고용보험) 가입률도 전체 비정규직의 33~36%에 불과한 실정이다. 그 결과, 여성들의 대다수는 지속적인 정규직

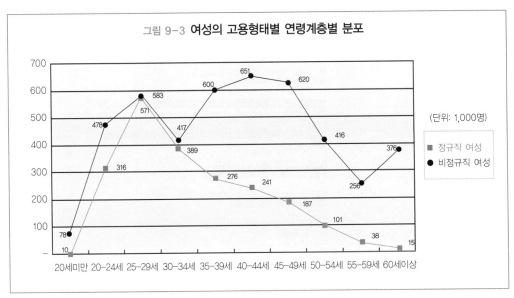

그림 9-3 **여성의 고용형태별 연령계층별 분포**

(단위: 1,000명)

■ 정규직 여성
● 비정규직 여성

자료: 통계청, 「경제활동인구조사 부가조사」, (2007. 3).

고용을 전제로 부여되는 노동복지와 노후의 경제적 안정을 보장받지 못하고 있다.

2) 성별직업분리와 저임금

성별직업분리와 저임금은 여성의 노동시장 내 지위를 명확하게 보여주는 척도다. 법정최저임금에 미달하는 노동자의 94.5%는 단순노무직과 판매서비스직에 일하는 저학력의 중·고령층 비정규직 노동자들이다. 또한 전체 여성 노동자의 절반 정도가 단순노무직과 판매서비스직에서 임시·일용직으로 일하고 있다. 대표적인 여성직종인 서비스직, 판매직, 그리고 단순노무직의 경우 비정규직 비율이 10명 중 8~9명에 달할 정도로 높은데, 이 중에서도 저임금의 미숙

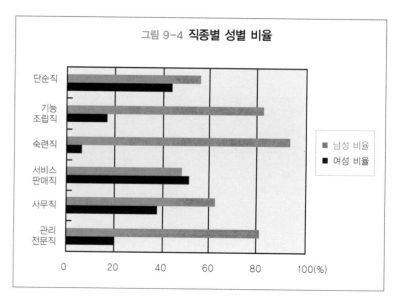

그림 9-4 **직종별 성별 비율**

자료: 노동부(2006), 남녀근로자현황조사.

련 직종에 여성 비정규직이 집중되어 있다(통계청, 2007). 그로 인해, 여성의 전문직 진입이 늘어나고 있는데도 노동시장의 성별직업분리 현상은 여전히 지속 또는 강화되고 있다(노동부, 2006).

성별직업분리(occupational gender segregation)는 여성 노동의 가치를 평가절하시켜, 여성직종을 저임금과 구조조정의 1차적 대상으로 만든다. 최근 3·6·9 계약직 채용의 확산, E대형할인마트의 유통계약직 외주화 사건이 그런 예이다.

2007년 10월 1일, 파업 100일을 넘긴 '이랜드 파업사태'의 경우는 2년 가까이 일한 직원들이 근로계약서상으로는 20일 전, 혹은 5일 전에 취업한 것으로 기재되어 있는 경우도 많았다. '3·6·9 계약직'이 계약기간 동안은 일할 수 있는 반면, 이들은 3개월, 심지어 1개월마다 근로계약을 다시 해야 하는 극도의 고용불안정 상태에서 일해왔다. 정규직과 똑같은 일을 하면서도 그 절반에 불과한 저임금

3·6·9 계약직의 현실

E기업 물류창고나 대형할인점에서 계산업무나 판매를 담당하는 유통 계약직은 아무리 일을 잘해도 9개월만 되면 회사를 떠나야 합니다. 처음에 3개월을 계약하고, 그 다음에는 6개월 계약, 총 9개월 이상은 근무할 수 없도록 규정해놓고, 9개월마다 다른 비정규직으로 채웁니다. 정규직과 똑같은 일을 하면서도 절반밖에 안 되는 임금을 받으면서 온갖 궂은 일과 시간외 근무를 도맡아 하는 등 심한 차별을 받고 있지만, 비정규직 채용 시 사유제한을 하지 않는 한 대안이 없습니다. 금융권의 A은행에서도 공과금 수납업무 등 후선업무(영업시간 외 업무)를 담당할 사무행원 126명을 3개월마다 계약하면서 2년 넘게 고용했습니다. 그러나 정규직 초임의 절반에도 미치지 못하는 급여를 지불했으면서도, 2004년 3월 비용절감을 위해 텔러 또는 피크타임(한 달에 며칠만 일하는 비정규직)이라는 보다 더 열악한 비정규직을 투입하고 126명을 전원 해고했습니다.

(한국여성민우회의 「2005년 계약직 여성 노동자 이야기, 정부의 비정규직 법안은 누구를 보호하는가?」 중에서 발췌.)

노동빈민

임금노동 또는 비임금노동을 통해 근로소득은 있지만 빈곤한 상태에 있는 사람을 의미하며, '근로빈곤', '빈곤노동계층' 등으로도 표현된다. 영국 『가디언』의 신문기자인 폴라 포인비는 『거세된 희망』이라는 책을 통해, 한국보다 복지예산이 많은 영국에서조차 노동시장에서 주변화된 노동빈민들이 빈곤한 현실을 벗어나지 못하는 절망을 생생하게 전달하고 있다.

을 받으면서 일하는 여성 비정규직의 다수는 일을 해도 가난한 노동빈민(working poor)으로 살고 있다. 고용형태별 임금격차를 구체적으로 살펴보면, 남자 정규직의 임금을 100이라 할 때, 남자 비정규직은 54, 여자 정규직은 69, 여자 비정규직은 41이다(김유선, 2007). 이러한 결과는 성별 및 고용형태에 따른 임금소득의 불평등이 비정규직 여성에게 전가되고 있음을 보여준다.

3) 직장 내 성희롱

술시중 강요, 어깨나 엉덩이를 만지는 것, 키스나 포옹, 특정 신체부위에 대한 짓궂은 평가, 그리고 음란한 전화나 성관계를 강요하는

직장 내 성희롱이란?

직장 내 성희롱은 "권한이나 지위가 대등하지 못한 사이에서 바라지 않는 성적인 접근(Friedman, 1992)", 또는 "원하지 않는 성적 행위 또는 직장 내 남녀의 존엄성에 영향을 미치는 성차별적 행위" 등을 포괄적으로 의미한다. 우리나라에서는 직장 내 성희롱을 "업무, 고용 기타 관계에서 공공기관의 종사자, 사용자 또는 근로자가 그 지위를 이용하거나 업무 등과 관련하여 성적 언동 등으로 성적 굴욕감 또는 혐오감을 느끼게 하거나 성적 언동 기타 요구 등에 대한 불응을 이유로 고용상의 불이익을 주는 인권침해 행위"로 규정하고, 남녀차별금지및구제에관한법률(제2조)과 남녀고용평등법(제2조 2항)으로 규제하고 있다.

남녀고용평등법은 안전한 노동환경에서 일할 수 있는 여건을 조성하기 위해, 사업주에게 직장 내 성희롱의 예방교육, 가해자에 대한 부서전환, 징계 등의 조치, 그리고 피해노동자에게 고용상의 불이익한 조치를 하여서는 안 된다는 의무도 부과했다. 이를 위반했을 경우 300~500만 원 이하의 벌금형에 처할 수 있으며, 직장 내 성희롱을 당한 구직자나 노동자는 사업주나 지방노동관, 고용평등위원회, 또는 인권위원회에 구제요청을 할 수 있다. 법적으로 구제 가능한 직장 내 성희롱의 유형은 크게 두 가지로 구분된다.

1) **고용조건형 성희롱** 부하 직원이나 학생의 성적인 복종을 얻기 위해 직업적, 학업적 보상과 보복으로 위협하거나 실제로 조직 내 위계를 동원하여 불이익을 초래하거나 생존권을 침해하는 성적인 언어와 행동 등을 지칭한다. 여기에는 성희롱에 대한 항의나 거부를 이유로 고용조건 및 고용상 지위에 불이익을 주는 경우, 성적 봉사 또는 성적 관계가 명백하게 혹은 암암리에 노동조건 향상의 조건이 되는 경우, 특히 승진 · 승급 · 임시직 · 용역직의 정규직화 등 더 나은 고용조건을 미끼로 성희롱을 하는 경우 등이 포함된다.

2) **노동환경형(적대적) 성희롱** 성적인 언어와 행위 등이 업무수행이나 교육을 받기 위한 개인의 노력을 방해하여, 적대적 · 굴욕적이고 불쾌한 직장환경을 만드는 성희롱을 뜻한다.

일들이 직장에서 일어난다면? 상사나 동료가 거친 욕설과 함께 뺨을 때리거나 물건을 던지면서 당신에게 소리 지르는 일이 일어난다면? 분위기를 좋게 하기 위해서, 혹은 화가 나서 그랬을 뿐 나쁜 의도는 전혀 없었다고 말하는 이런 행동들은 남성중심적 직장문화와 성차별적 성 문화에서 비롯된다. '이왕이면 다홍치마', '여직원이 있어야 분위기가 좋다', '여직원의 외모가 곧 회사의 대외 이미지

표 9-1 **직장 내 성희롱의 영향**

개인	**인권침해**	• 신체건강: 위장장애, 근육경련, 두통, 체중감소, 의욕상실, 폭식, 수면장애, 긴장성 두통, 위궤양, 과민성 대장증상 등 • 정신건강: 분노, 두려움, 죄책감 및 무력감, 자존감 감소, 자신감 저하, 우울증, 불안, 고립감, 강간의 두려움 및 범죄에 대한 공포 증가 • 자아의 손상: 죄의식, 자아존중감 상실, 분노, 자살충동, 불면증, 정신이상 등
	개인의 노동생산성 저하	• 심리적 위축과 업무 효율성 저하 • 고용상의 불이익으로 해고 • 가해자와 조직적 따돌림 회피를 위한 퇴사
조직	**조직의 생산성 저하**	• 피해자의 업무성과 저하와 직장분위기 경직으로 전체 생산성 저하 • 이직 및 이직자 충원으로 인한 비용 부담 • 성희롱 이후의 정신적 심리적 후유증 치료비용
	조직의 이미지 손상 및 비용	• 보상금 및 위자료로 인한 비용 부담 • 소송으로 인한 이미지 손상

출처: 권수현(2007), 「직장 내 성희롱 고충상담원을 위한 자가진단 및 교육훈련 매뉴얼」에서 재구성.

다', '술은 여자가 따라야 제 맛이 난다' 등 직장이나 회식 자리에서 흔히 접하게 되는 이러한 통념들은 여성을 대상화하는 시선에서 비롯되는 것으로, 외모차별이나 성희롱의 주요 원인이다.

성희롱은 인권침해일 뿐 아니라 피해자가 안전하게 지속적으로 일할 수 있는 노동권에 대한 침해다. 대다수 성희롱 피해자는 직장 내에서 낮은 지위에 있기 때문에, 성희롱에 대한 문제제기를 했을 경우 해고, 승진 탈락, 업무상 괴롭힘, 왕따 등의 고용상 불이익을 경험하게 된다.

직장 내 성희롱은 당사자에게만 피해를 입히는 게 아니라 직장 내 관계와 조직에도 영향을 미친다(권수현, 2006). 〈표 9-1〉에서 알 수 있듯이, 직장 내 성희롱과 폭언·폭행은 피해자의 노동권 보장에만 국한되는 문제가 아니라 해당 조직의 구성원 전체의 노동환경과 직결되어 있다. 이처럼 성희롱 문제는 노동시장에 처음 진입하는 20대 중반의 여성들이나 30대 중반 이후 노동시장에 재진입하는 여성들의 낮은 지위 때문에 생기는 구조적인 성차별의 문제이다. 그럼에도 불구하고, 성희롱은 일반적으로 '가해자와 피해자'만의 문제이므로, 직접적인 관계가 없는 한 '내 문제'가 아닌 것으로 인식해왔다.

처음에 정 많고 좋았던 상사가 너무나 돌변해버려서 회사 다니기가 하루하루 고역이다. 나중에 알고 보니 1년 동안 여직원이 5명이나 바뀌었는데, 별의별 핑곗거리를 들어 관두게 한다고 했다. 직장경력 4년차지만 '돌대가리, 미친년, 무식' 이런 말을 들으면서까지 회사를 다녀야 되나 싶기도 하고. 너무나 정신적인 충격이 심해 그 사람에 대한 증오심도 점점 커지며, 대인기피증과 우울증 증세가 나타나는 것 같다.
(서울여성노동자회 평등의 전화, 2005년 1월 상담)

앞의 상담사례에서 만약 동료직원들이 상사의 폭언과 성희롱으로 힘들어하는 여직원을 돕기 위한 다른 방법을 고민하고 지지했더라도, 상사의 폭언과 성희롱이 지속되었을까? 성희롱 문제의 예방과 해결은 조직 내 구성원 모두의 상호적인 존중과 이를 예방하려는 지속적인 노력만이 최선의 대안이다. 관행적으로 성희롱 및 폭언의 문제는 '사소한 문제'로 간주되고 있어, 여성들은 피해자임에도 불구하고 비난 및 불이익을 경험하고 있기 때문이다. 특히 성희롱 문제를 제기하는 피해자의 다수가 직장을 그만두는 불이익을 경험하고 있는 현실을 감안해본다면, 사후적 성희롱 대책보다는 예방적 차원의 정책이 더욱 시급한 실정이다.

직장 내 폭언이나 폭행의 경우, 여성집중직종이라는 사무직, 판매직, 서비스직, 단순노무직으로 30인 미만 사업장에서 주로 높게 나타난다. 이러한 영세사업장, 여성집중직종 등에는 연 1회에 불과한 의무적인 성희롱예방교육조차 제대로 이루어지지 않는 곳이 많은 실정이다. 그러다 보니 법의 보호를 받지 못하는 영세사업장이나 비정규직으로 일하는 여성, 특히 한국 실정에 어두운 이주 여성 노동자의 성희롱 피해가 증가하고 있는 추세다(국가인권위원회, 2002; 한국이주여성센터, 2005).

한국여성노동자회 제공

03 고학력 여성 노동자의 현실

2000년내 이후 한국 사회에 전세계를 상대로 경쟁하는 유능한 전문직 독신여성을 '알파걸', '콘트라섹슈얼' 등으로 호명하면서 당당하고 자신감 있는 여성의 상징으로 재현하는 대중매체의 성공신화들이 넘쳐나고 있다. 이제 여성들은 '취업은 필수, 결혼은 선택'을 외치는 단계에서 나아가 세상의 중심에 우뚝 서 있는 것처럼 보인다. 과연 고학력의 전문직 여성들은 성차별을 경험하지 않는 것일까? 2007년 노동부의 '남녀고용평등 국민의식조사'에 의하면, 남녀고용차별이 '심각하다'는 인식이 56.3%로, 절반 이상의 응답자가 직장 내 남녀차별이 존재한다고 응답했다. 이러한 차별의 유형과 실태를 살펴보면 다음과 같다.

1) 유리천장 깨뜨리기

내부 노동시장

대기업의 출현과 함께 기업 고유의 직능이나 지식의 축적을 필요로 하는 단계에 이르면, 소위 핵심 노동력을 채용하고 관리하는 기업 내의 규칙이나 절차(승진사다리, 고임금, 직무이동성 등)가 노동시장 기능을 대신하게 된다. 이처럼 내부 노동시장은 자유 시장의 경쟁 원리에 영향받는 것이 아니라 "기업 조직 내에서 나름의 규칙과 절차에 의해 노동의 가치가 결정되는 시장"을 의미한다.

내다수 직장인은 승진을 통해 스스로를 '가치 있고 생산적인 사람'으로 인식하고 자긍심을 갖게 된다. 기업 또한 능력 있고 가치 있는 노동자에게는 높은 지위와 임금을 제공한다. 그러나 고학력 여성들이 집중되어 있는 분야에서도 승진과 권력에서의 성별 격차가 줄어들지 않고 있다. 그 이유에 대해 여성학자들은 여성의 상대적인 경험 부족이나 경력 형성 기회의 제약, 경영 핵심의 남성중심적 네트워크, 성차별적 관행과 명목상의 성차별 폐지 등으로 설명해왔다. 한국의 500인 이상 대기업 위계조직에서 여성들이 유리천장(glass ceiling)에 직면하는 때는 외국처럼 CEO 단계가 아닌 과장급에서 부장급으로 승진하는 경우가 대부분이다. 남성의 경우 과장에서 부장으로 승진하는 확률이 68%인 데 비해, 여성은 37.5%로 거의 절반에 불과하다. 직급별로 보면 임원급은 4.4%, 과장급 이상은 11.1%에 불과한 실정이다. 특히 민간기업의 여성임원 비중이 4.6%임에 비해, 오히려 정부투자기관(0.9%)과 정부산하기관(3.5%) 등의 공공부문에서 여성의 승진율이 더 낮다(노동부, 2006). 설령 승진을 하더라도 특별한 경우에 구색을 맞추기 위해 소수 인원만을 채용하거나, 예외적인 경우로 인정받기 십상이다(이주희, 2004). 그러다 보니, 여성이 승진한다고 해도 남성중심적 조직에서 그 직위에 적합한 권력을 행사하지 못하는 경우도 많다. 여자 상관이 남자 부하로부터 '상관'이 아닌 '여성'으로 여겨지는 불안정한 권력이 작동하기 때문이다(이은아, 1999; 나임윤경, 2005).

유리천장과 유리벽

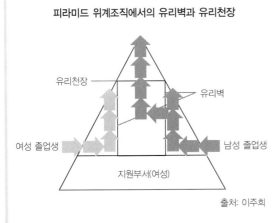

피라미드 위계조직에서의 유리벽과 유리천장

유리천장 — 유리벽 — 여성 졸업생 — 남성 졸업생 — 지원부서(여성)

출처: 이주희

유리천장은 여성과 소수자의 승진을 제한하는 보이지 않는 장벽을 뜻하는 말로, 암묵적이고 비공식적인 차별을 일컫는다. 1986년 미국의 유력 경제주간지인 『월스트리트 저널』에서 처음 쓰인 이후, 성차별이 직장 고위층에 팽배해 있음을 폭로하는 시사적인 개념으로 자리 잡았다. 그러나 여성의 승진장벽은 보이지 않는 유리천장 외에도 유리벽(galss wall)이라는 구조적인 성별직업분리에 의해 지속 또는 강화된다.

유리벽이라는 용어는 직장에서 여성을 전통적인 여성적 기술이 요구되는 직종(보조 및 지원업무, 사무직, 상담, 인간관계 관련 업무)에만 배치하는 성 분리 현상의 은유다. 이러한 여성집중직종은 승진 사다리가 없는 주변적 업무다. 남성들은 핵심 경영관리직으로 상향 이동이 가능한 제품개발, 마케팅, 경영기획 등과 같은 전략적인 부서로 배치된다. 이들은 승진 가능성이 높은 직무에 주로 부여되는 사내외 훈련의 기회를 가질 수 있어, 이후 승진 경쟁에서 여성보다 훨씬 유리하다(이주희, 2004).

최근에는 유리천장에서 파생된 다른 미묘한 차별의 유형으로, 유리절벽(glass cliff)과 유리 엘리베이터(glass elevator) 등의 개념들도 사용되고 있다. 유리절벽은 실패 가능성이 높은 프로젝트의 책임자로 여성이 승진하는 경우로서, 어렵게 승진한 여성이 승진과 더불어 해고되는 현상을 가리킨다. 이와 달리 여성이 많은 직업군에서 '청일점'으로 존재하는 소수의 남성이 여성보다 경영진으로 빠르게 승진하는 경우가 많다. 초등학교 교사의 90%가 여성인데도, 교장 및 교감의 90%는 남성이 점유하는 현상에서 이를 엿볼 수 있다. 이러한 현상을 일컫는 신조어가 '유리 엘리베이터'다(줄리아 우드, 2006).

2) 여성 리더와 여직원의 경계에서

2007년 「대기업 인력구조 및 여성인력 현황 조사결과」에 의하면, 여성고용이 증가하는 추세라고는 하나 대기업일수록 여성 노동자의 고용비중이 낮고 성별 임금격차(여성과 남성의 평균 임금 차이)가 큰 것으로 조사되었다(전국경제인연합회, 2007). 이는 고임금을 받는 간부급 식원이 주로 남성이고, 여성의 근속년수가 남성의 절반에 불과하기 때문이다. 실제 남성보다는 여성이 차별이 심각하다고 답하는 비율이 높게 나타났다. 직장 내에서 남녀고용차별 관행이 많은 부분으로 '승진기회 부여'(27.5%), '임금이나 임금 외의 금품 지급'(25.6%), 그 다음 '모집·채용하는 과정'(14.5%), '정년·퇴직 및 해고'(10.7%) 등의 문제를 가장 많이 꼽았다. 한편 줄리아 우드는 『젠더에 갇힌 삶』에서 성평등을 위한 법제도의 시행 이후, 여성들이 직면하는 가장 큰 성차별은 노골적이고 명시적이지 않은 '미묘한 차별 관행(microinequalities)'임을 강조한다(2006).

전국경제인연합회는 대기업에서 여성고용의 비중이 낮은 이유로 구직 이후 여성 노동자가 지속적으로 역량을 강화하여 가시적인 성과를 보여주지 못하기 때문이라고 밝혔다. 입사할 때와 달리 왜 여성들이 능력을 입증하지 못하는 것인가?

사례 1

남들은 케케묵은 이야기라고 할지 몰라도 전 대리로 승진하고 나서도 남들보다 일찍 와서 사무실의 책상들을 걸레로 닦으면서 일했어요(대기업 여성 부장, 경력 15년차, 조정아의 글에서 발췌).

사례 2

직장인의 업무 효율을 떨어뜨리는 주범으로 남성근로자는 '동료 간 갈등'을, 여성은 '잡무와 심부름'을 가장 많이 꼽았다. 인터넷 채용정보 사이트 커리어는 최근 직장인 2894명을 대상으로 직장 내 업무효율 저해요인을 설문조사한 결과, 응답자의 43.6%가 '업무와 상관없는 잡무와 심부름'을, 40.4%가 '동료 간 갈등'을 각각 지적했다고 밝혔다. 성별로 볼 때 직장 내 잡무와 심부름에 대한 불만이 남성(38.8%)보다 여성(47.0%)이 상대적으로 높은 건 여성이 전문성을 살리지 못하는 직무 때문에 더 고통받고 있음을 보여준다고 커리어 측은 밝혔다(문화일보, 2004. 4. 9).

사례 3

매번 승진해야 되는 남자 직원에게 밀려서, 업무능력하고 전혀 무관한 고과점수를 계속 받았거든요. 그런데 갑자기, 고과점수를 3년 동안 C, D를 받은 사람을 대상으로 명예퇴직 신청을 받겠다고 하는데, 제가 해당이 되더라고요. 인사부에서 형식적으로 모든 직원에게 명예퇴직 하겠다는 각서를 받겠다고 해서 썼는데, 나를 포함한 여직원의 70%가 명예퇴직자가 되어 회사를 그만뒀어요. 짤린 거죠(IT전문가, 경력 10년 차 여성 프로그래머).

위의 세 가지 사례들은 고학력 여성들이 스스로를 '전문직'으로 인식하는 것과 달리, 이들을 '여직원'으로 대우하는 직장문화에 대한 이야기다. 여성을 '어머니' 또는 '직장의 꽃'으로 간주하는 기업에서, 여성들이 능력을 평가받는 본 업무 외에도 다정하게 이야기를 들어주거나 분위기를 좋게 만드는 등의 주변적 업무까지 수행하는 경우가 많다(조정아, 2000; 줄리아 우드, 2006). 대다수 기업에서 여성들의 주변적 업무는 아무리 성실하게 수행한다고 해도 '능력'으로 평가하지 않는다. 그러나 본 업무와 주변적 업무까지 완벽하게 해내기 위해서는 다른 직원들보다 더 많은 시간과 노력을 들여야 한다. 조정아는 대졸 여성들이 입사 초기에는 평생직장으로 인식하던 직장을 그만두는 주요 원인으로, 직업에 대한 전망과 노동의

전문 관리직

통계청과 노동부에 의하면, 현재 통계상 16.9%를 차지하는 여성전문가집단은 구체적으로 과학, 컴퓨터, 공학, 보건의료, 교육, 행정경영, 법률, 사회서비스, 종교, 문화예술, 방송 전문가 등이다.

비정규직 보호법

2007년 7월부터 시행되고 있는 '비정규직 보호법 (기간제 및 단시간 근로자 보호 등에 관한 법률, 파견근로자 보호 등에 관한 법률)'은 비정규직 노동자를 보호하기 위해 2년 이상 일한 비정규직을 정규직으로 전환하는 조항을 규정했다. 비정규직 보호법은 일부 공공부문과 대기업에서는 비정규직을 장기적으로 고용을 보장하는 '무기계약근로자'로 재계약하는 성과를 가져왔다. 그러나 대다수 사업장에서는 법이 시행되기 이전부터 비정규직 노동자를 해고하거나 간접고용으로 전환시키는 불법행위가 이루어졌다. 이것은 2007년 급격하게 증가한 비정규직의 고용형태가 노동법을 적용받지 않는 임시직, 용역, 파견, 특수고용 등이라는 점에서도 알 수 있다 (김유선, 2007).

욕을 상실하게 되는 과정을 꼽는다.

3) 성차별의 장벽

우리 사회는 OECD 국가 중 대졸여성의 경제활동 참가율이 가장 낮은 국가다(OECD, 2005). 이것은 고학력 여성의 인력활용도가 현저하게 낮은 국가일 뿐 아니라 이들의 노동시장 참여를 막는 성차별 구조가 지속되고 있음을 뜻한다. 여기에는 모집·채용과정, 정년·퇴직 및 해고의 차별 외에도 1990년대 이후 급속하게 확산되고 있는 파견, 외주화, 계약직 등의 비정규직화로 인한 고용불안정이라는 구조적 요인도 큰 영향을 미치고 있다.

여기서 주목해야 할 점은 대졸 여성들도 비정규직화로 인한 고용불안정과 저임금화 문제를 경험하고 있을 뿐 아니라 정규직 내부의 차이로 인한 차별을 경험하고 있다는 점이다. 2007년 비정규직보호법의 시행을 전후로 한국노동시장에 불어닥친 큰 변화는 간접고용의 확산과 이른바 '중규직'이라 불리는 정규직 내부의 제도화된 차별관행이다. 여기서 '중규직'이란 고용만 보장되는 것일 뿐 급여, 복리후생, 승진 등의 측면에서 비정규직 때와 별 차이가 없는, 이른바 무늬만 '정규직'인 노동조건을 의미한다.

2007년 이후 '정규직 전환'이라고 발표한 기업이나 기관의 비정규직 해법이 바로 '유사 정규직군'의 신설이다. KTX 여승무원의 외주화, 우리은행 비정규직 텔러의 '중규직' 전환사례, 이랜드의 '직무급 무기계약직' 등이 대표적인 사례다. 이전에 '좋은 일자리'로 인식되어 왔던 금융권, 철도공사 등과 같은 공공부문 중에서도 여성들이 주로 담당했던 직무들을 중심으로 '무기계약근로', '기간제', '장기임시근로' 등의 고용관행이 변화되고 있다.

빛의 속도로 추락하는 KTX 여승무원의 꿈

한국여성노동자회 제공

2004년 빛의 속도로 달리는 꿈의 고속철 KTX는 비행기와 경쟁하겠다는 야심찬 포부를 표명하면서 여승무원을 공개채용했다. 당시 철도공사는 '준공무원 대우', '정년 보장', '출퇴근 시간 엄수', '스튜어디스보다 나은 대우' 등을 약속하면서 여승무원을 모집했다. '준공무원 대우'와 '1년 뒤 철도공사 정규직 전환'이라는 조건에 매혹(?)당한 여성들이 모여들어, 이들은 높은 경쟁률을 뚫고서야 합격할 수 있었다.

그러나 이들이 믿었던 철도공사 정규직으로의 전환은 이루어지지 않았고, '홍익회'에서 'KTX 관광레저'로 그들의 고용주만 계속 바뀌었다. 철도공사는 그들의 일이 '전문적이지 않으며, 외주화 가능한 업무'라고 주장하면서, 철도공사 정규직으로의 전환은 불가능하며 자회사의 정규직(간접고용)으로 채용하겠다는 '공공부문 주변업무의 외주화' 원칙만을 되풀이하고 있다. 자회사의 정규직으로 일한다는 것은 철도공사가 다른 자회사와 외주계약을 맺는 순간부터 실업자가 된다는 것을 뜻한다. 2006년 봄부터 파업 중인 여승무원들의 소원은 단 하나다. 그들이 직접고용된 철도공사에서 전문적인 직업교육과 훈련을 받으면서 안정적으로 일하고 싶다는 것이다. 2010년 8월 29일, 서울중앙지법은 "철도공사가 사용자이며, 해고 때부터 복직할 때까지의 월급을 지급하라"며, 1500일 동안 복직투쟁을 벌여온 이들의 손을 들어주었다. 그러나 철도공사가 항소의 뜻을 밝히고 있어, 이들이 철도공사로 복직하는 데 시간이 더 걸릴 것으로 보인다.

　비정규직법의 시행으로 인해 과거 '비정규직 차별'이 '정규직 내 차별'로 확대되고 있을 뿐 아니라 여성집중 지무를 중심으로 파견·용역 등의 간접고용도 급속하게 확대되고 있다. 이러한 현상은 여성노동에 대한 평가절하와 성별직업분리의 심화에서 비롯된다. 그렇다면 '능력주의'를 외치며 적극 도전해온 고학력 여성들조차 넘기 힘든 노동시장의 구조적 성차별 장벽은 어떻게 해결할 수 있을까?

여기서 '가족책임'은 '남
성=생계부양자'의 생계부
양 책임이 아닌 간병 및
양육, 일상의 삶을 유지하
고 재생산하기 위한 가족
구성원으로서의 상호의존
과 책임을 가진 모든 남성
과 여성 노동자를 뜻한다.
이것은 생계부양자, 부모
권 등의 개념에서 부모와
1차 생계부양자 이외에도
다양한 가족을 구성하면
서 살고 있는 사람들의 가
족책임까지 인식하고 이
를 지원하고자 하는 포괄
적인 개념이다.

04 실질적 평등을 향해

오늘날 대다수 국가에서 노동시장의 유연화와 초국적 금융·자본주의의 지배구조가 전지구적으로 확대되면서, 최소한의 시장개입만을 표방하는 국가들이 늘고 있다. 그러나 여성 노동자가 경험하는 고용차별의 정도는 국가별로 매우 다르게 나타난다. 이런 차이는 노동시장의 출발선에 서기 전에 만들어진 차이가 차별로 기능하지 않도록 국가가 엄밀한 차별의 판단기준과 차별을 강력하게 규제할 수 있는 법제도를 시행하고 있는가에 따라 결정된다. 실제 여성의 노동시장 지위는 국가가 어떤 정책을 시행하는가, 특히 여성 '노동력'을 어떻게 바라보는가에 따라 달라진다.

1990년대 이후 여성 노동의 비정규직화는 여성에게 전통적인 노동시장의 성차별 외에도 비정규직 차별, 학력차별, 연령차별 등의 다중적 차별을 경험하게 했을 뿐 아니라 여성들 내부의 격차도 확대시키고 있다(조순경, 2000; 강이수·신경아, 2001). 지금까지 여성학자들이 여성의 노동현실을 변화시키기 위해 제시했던 성평등한 사회화, 평등한 교육 및 훈련기회, 적극적 노동정책이 제대로 시행되기 위해서는 차별 개념의 확대와 구체화, 가족 책임을 가진 노동자의 노동권 보장을 위한 제반 사회적 지원조치가 필수적으로 요구된다. 특히 다양한 고용형태에 따른 새로운 차별 유형들이 만들어지고 있는 오늘날, 고용형태에 따른 불안정의 문제를 해결하기 위한 노동정책이 시급하게 요청되고 있다.

1) 실효성 있는 차별금지법 제정

고용상의 성차별이란 "사업주가 근로자에게 성별, 혼인 또는 가족상의 지위, 임신, 출산 등의 사유로 합리적 이유 없이 채용 또는 근로의 조건을 달리하거나 그 밖의 불이익한 조치"를 취하는 경우와 "사업주가 여성 또는 남성 어느 한 성이 충족하기 어려운 인사에 관한 기준이나 조건을 적용"하는 경우다. 성차별은 특정성의 고용기회를 박탈하거나 해고를 초래함으로서, 직업선택의 자유 및 노동의 권리를 제한하거나 침해하여 여성과 남성 모두에게 불이익을 결과하게 마련이다.

이러한 현실을 개선하기 위해 정부는 2001년 노동법과 남녀고용평등법의 개정을 통해 직접차별뿐 아니라 간접차별도 금지하고 있다. 2007년에는 「차별금지법」 제정안을 입법예고한 상태다. 그러나 법 제정은 단지 첫걸음일 뿐이다. 차별의 정의와 그 판단기준에 대한 명확하고 구체적인 규정이 없다면, 법률 해석에 애매함과 주관적인 판단의 모호함을 벗어나기 힘들기 때문이다. 지금까지 성차별 관련 판례의 경우를 보더라도, 모호한 차별 판단의 잣대로 인해 몇 가지 판례는 1심, 2심, 3심의 재판결과가 완전히 상반되기도 한다. 그 주된 이유는 재판과정에서 판사들이 평등원칙에 비추어 타당한지를 판단하는 준거 중 하나로 '일반 국민의 양식', '사회적 상당성', '일반 사회의 관념'을 채택하기 때문이다(정금나, 2000; 국가인권위원회, 2005). 다음의 인용문은 일반상식처럼 자연스럽게 활용되고 있는 성차별적 통념의 대표적인 사례이다.

사례 1

'일반 평균인'의 시각에서 볼 때, 그런 정도의 행위는 악의가 없었고 성적인 의도가 분명하지 않기 때문에 문제삼을 수 없다(S대 성희롱 사건의 고등법원 판결, 1995).

차별금지법

대한민국 법무부가 2007년 10월 입법예고한 차별금지법(안)은 성별과 장애, 나이, 인종, 학력, 종교 등을 이유로 정치, 경제, 사회, 문화 등 모든 영역에서 합리적인 이유 없는 차별행위를 금지·예방한다는 입법취지를 표방한다. 이를 위해 차별금지법(안)은 차별을 받은 피해자는 물론 그 사실을 아는 개인이나 단체도 국가인권위에 진정할 수 있도록 했다. 피해자의 신청에 따라 법원은 차별 중지 명령 등의 임시조치를 취할 수 있고, 임금을 비롯한 근로조건 개선, 손해배상 등의 판결을 할 수 있도록 규정하고 있다.

그러나 이 법안은 적극적인 구제조치로 도입하려고 했던 차별행위자에 대한 '징벌적 손해배상' 제도가 빠졌을 뿐 아니라 차별 행위에 대한 입증 책임이 피해자에게 있어 그 실효성에 한계가 있다. 특히 입법과정에서 차별금지 대상 항목이 20개(성별, 장애, 병력, 나이, 출신국가, 출신민족, 인종, 피부색, 언어, 출신지역, 용모 등 신체조건, 혼인여부, 임신 또는 출산, 가족형태 및 가족상황, 종교, 사상 또는 정치적 의견, 범죄 및 보호처분 전력, 성적지향, 학력(學歷), 사회적 신분)에서 13개로 크게 축소되어(성적 지향, 학력, 병력, 출신 국가, 언어, 가족 형태 및 가족 상황, 범죄 및 보호처분 전력 등 7개 조항 제외) 현재의 수정안은 차별금지법의 입법 취지를 훼손했다는 비판의 목소리가 높아지고 있다.

지난 2005년, 국가인권위원회로 성희롱 업무가 이관되면서 「남녀차별금지법」이 폐지되었다. 당시 여성계와 여성노동단체가 남녀차별금지법의 폐지에 크게 반발하지 않았던 것은 '포괄적인 차별금지 및 구제'에 관한 차별금지법이 성차별 규제에 더욱 실효성을 가질 수 있을 것이라고 기대했기 때문이다. 실제 기존의 차별금지법(안)은 국가인권위원회를 중심으로 시민, 인권, 평화 단체들과 전문가 의견을 수렴하면서 지난 4년 동안 함께 만들어왔다. 그러나 2007년 11월 2일 법무부는 논란이 많았던 7개 조항을 빼고 법제처로 이관했다. 17대 국회의 임기가 만료되면서 그간의 노력에도 불구하고 폐지되었다.

사례 2

몇 년 정도 근무할 생각이십니까? 결혼하면 직장은 어떻게 할 겁니까? 차 서비스에 대해 어떻게 생각하십니까? 남녀고용평등법을 어떻게 생각합니까? 애인 있습니까? 남녀교제에 대한 생각을 말해주십시오. 술이나 담배를 하십니까? 화장하는 데 얼마나 걸립니까?("여성응시자에게만 묻는 면접예제", 직업사회학, 2004: 286에서 재인용)

고용차별의 핵심 요인으로 지목되어 왔던 임신 및 출산을 근거로 하는 차별관행과 채용차별, 나아가 성희롱을 유발할 수도 있는 면접 질문을 일반인의 상식으로 보아야 하는가? 차별적 관행을 '일반 평균인'의 상식에 비추어 차별을 판단하는 사법부의 관행은 성차별을 차별이 아닌 '관행'으로 만들어버린다. 그러므로 차별의 의미와 범주, 그리고 그 준거에 대한 구체적인 법규정이 필수적으로 요구된다. 나아가 차별금지법의 실효성을 확보하기 위해서는 국가기관부터 차별시정 기본계획을 제대로 수립하고 앞장서 실천하는 것이 중요하다. 특정 신체조건을 가진 사람이 교육 기회나 근로조건에서 차별받지 않으려면 이들을 위한 기반시설을 갖추는 데만도 많은 비용이 들게 마련이다. 국가의 지원을 크게 늘리지 않으면 차별 시정은 어렵다.

2) 가족을 책임지는 노동자에 대한 지원

1980년대 이후 대다수 국가에서는 여성의 이중고 및 성차별적 노동 현실을 변화시키기 위한 핵심적인 여성정책으로 일·가족 양립정책을 시행해왔다. 그러나 일·가족 양립정책을 '여성정책'*으로 규정하는 입장 자체가 성차별적이라 보아야 할 것이다. 일반적으로 노동자의 50% 이상은 직접적으로 18세 미만의 아동이나 장애가족, 노인, 환자 등을 돌봐야 하는 책임을 가지고 있으므로, 결혼 여부와 무관하게 생계부양 및 돌봄 노동의 가족책임으로부터 완전히 자유로운 노동자는 거의 없기 때문이다(Hochschild, 2003).

2005년도 「전국 결혼 및 출산동향에 관한 조사」에 의하면, 직장에 다니는 저소득층 기혼여성은 10명 가운데 6명이, 고소득층 기혼여성은 10명 중 4명이 첫아이 출산 후 다니던 직장을 그만둔 것으로 나타

가족간호휴가

유아나 병중에 있는 가족 구성원들을 돌보기 위한 휴가로, 현재 공무원이나 교직원의 경우 필요한 때 1년 이내의 범위 안에서, 재직기간 중 총 3년을 초과하지 않는 범위에서 휴직을 할 수 있다.

* 자세한 개념은 11장을 참고하시오.

가족친화적 정책

1990년대 조 여성의 평생평등 노동권 보장과 일하는 어머니의 모성보호 요구가 제기된 이래 일과 가족의 양립을 위한 정책들이 고용과 가족복지 영역을 중심으로 전개되어 왔다. 2001년 남녀고용평등법 개정에 '직장과 가정생활의 양립'이라는 정책목표가 추가되면서, 한국 사회의 '가족친화적 정책(family-friendly policy)'이 새로운 정책 패러다임으로 자리잡았다. 가족친화적 정책은 양육 및 돌봄의 가족책임을 가진 모든 노동자가 일과 삶을 조화롭게 양립할 수 있도록 제도적으로 지원하는 것뿐 아니라 여성의 직업활동을 지원하기 위한 대표적인 양성평등 정책이다. 현재 시행되고 있는 가족친화적 정책은 다음과 같다(여성가족부 홈페이지 참고).

- **탄력적 근무제도**: 대다수 종업원들이 자기개발이나 여가시간활용의 측면뿐 아니라 자녀 양육이나 노인가족 등 가족 돌봄의 책임을 갖게 됨에 따라, 노동시간의 탄력적 운영이 여성·가족 정책 차원에서 적극 모색되고 있다. 탄력적 근무제도는 전일(full-time) 근로시간제와 비전일(less full-time) 근로로 구분되고, 이는 다시 재택근무제, 시간제근무, 노동시간 단축을 위한 일자리 나누기 등의 다양한 형태로 나뉜다.

- **부양가족 프로그램**: 자녀교육과 노인 부양에 대한 부담을 덜어주기 위해 기업이 이에 관련된 비용을 보조해주는 정책으로, 탁아직장보육시설 설치, 노인돌봄시설 확충, 아동수당 등의 비용지원 프로그램 등이 시행 중이다.

- **육아 및 가족관련 휴가제도**: 돌봄과 연관된 가족책임을 수행하는 노동자를 지원하기 위한 제반 정책으로, 산전후휴가 90일 확대, 유급육아휴직, 가족간호휴가, 아버지휴가 할당제 등이 시행 중이다.

- **종업원 지원 프로그램**: 직장과 가정생활에서 어려움을 겪는 노동자에게 교육과 상담을 제공해주는 제반 프로그램으로, 다양하고 복잡해진 노동자의 욕구나 문제를 유형별로 해결할 수 있도록 지원하고 있다. 여기에는 가족집단상담 프로그램, 아동 및 노인돌봄을 위한 정보 및 상담 등도 포함된다.

났다. 특히 취업중단 사유 중 여성의 가사책임에 대한 편견 및 배제로 인해 비자발적으로 그만둔 경우가 50%를 넘는 것으로 나타나, 우리 사회에서는 여전히 여성에게만 생계부양 이외의 가족책임이 전가되고 있는 것으로 드러났다. 이를 시정하기 위해 정부는 1990년대 이후 일·가족 양립을 위한 '가족친화적 정책'을 시행하고 있다.

앞에서 보듯, 지금까지 추진되어 왔던 가족친화적 정책은 일하는 어머니의 이중부담을 완화하고 노동시장의 참여여건을 조성하기 위한 모성보호의 확충, 육아휴직의 확대, 그리고 직장 및 지역보육시설의 양·질적 개선 등과 같은 '일하는 어머니'를 위한 정책에 집중되었다. 이렇게 일-가족 양립을 '여성'의 문제로 바라보고 여성의 현실을 '표준 노동자=남성'에 더 가깝도록 변화시키는 것은 가족 내 불평등한 성별분업구조를 변화시키지 못할 뿐 아니라 노동시장 내 주변성을 지속시키는 근본적인 한계를 안고 있다. 설령 여성의 이중부담을 완화시키는 긍정적인 효과를 가져왔다고 하더라도, 가족친화적 정책이 시행되는 노동현실은 남녀 노동자에게 전혀 다른 효과를 가져왔다.

'육아데이', '직장보육시설 설치', '노인돌봄시설 및 비용지원 프로그램' 등은 현재 모범적인 기업들이 시행하고 있는 대표적인 가족친화적 정책들이다. 최근 많은 기업 및 공공부문에서는 아이와 함께 보내는 시간을 확보하기 위해 한 달에 1회 일찍 귀가하는 '육아데이' 프로그램을 시행하고 있다. 육아데이의 시행 초기에는 대기업의 기혼남성 노동자들이 8시까지 귀가하는지 여부를 점검하는 홍보 프로그램까지 제작되기도 했다.

그러나 육아와 돌봄의 공유를 전제로 하는 가족친화적 정책이 되기 위해서는 기혼남성 노동자가 집으로 일찍 귀가해서 육아와 가사를 어떻게 분담하는가에 초점을 두어야 했다. 특히 직장보육시설의 경우, 현행 법률상 '여성노동자가 300인 이상'인 기업만 의무적으로 설치하도록 되어 있다. 여기서 직장 보육시설의 설립요건이 '여성노동자'의 숫자에 달려 있다는 것은 여전히 육아의 일차적인 책임이 여성에게만 전가되고 있음을 보여준다. 이뿐 아니라 '노인돌봄시설 및 비용지원 프로그램'은 국내 30위 이상의 일부 대기업에서만 시행되

고 있을 뿐 아니라 정규직 '남성 생계부양자'에게 우선 지급하는 성
차별적 제도로 고착되고 있다(이원형, 2007).

이처럼 가족친화적 제도는 그 자체가 성별·기업규모·정규직과
비정규직의 격차 등에 따른 모순과 갈등을 내포하고 있다. 최근 공
공기관, 민간기업, 대학을 대상으로 한 가족친화지수의 측정과 평가
에 의하면, 일과 삶을 조화시켜 균형 잡힌 삶을 추구하는 가치관이
확산되는 것에 비해, 이를 실현시킬 수 있는 기업은 거의 없는 것으
로 나타났다(여성가족부, 2006). 이는 전체 노동자의 50%, 여성노동
자의 70%를 차지하는 영세사업장의 비정규직 노동자들이 배제되고
있음을 의미한다.

가족친화적 정책이 삶의 질 제고와 양성평등이라는 정책목표를
달성하기 위해서는, 지금까지 가족과 지나치게 친밀했던 여성보다
는 남성 노동자들이 돌봄과 가사노동의 일차적 책임자로서 삶의 균
형을 회복할 수 있도록 기업뿐 아니라 사회문화적인 인프라 구축이
확대되어야 할 것이다. 이를 위해서는 정부가 '남성노동자'를 우선
적으로 보호하면서 여성을 주변화시켜왔던 노동관련 법·제도의 정
비와 더불어 남녀 노동자 모두가 일과 가족, 그리고 그 이외의 다른
삶의 영역에서도 평등을 누릴 수 있도록 '일과 삶의 균형'을 회복하
기 위한 제반 지원체계를 구축해야 할 것이다. 근본적으로는 남성중
심의 노동자 개념, '24시간 일하는 전업 노동자'에서 '가족책임을
가진 노동자'로 여성과 남성 모두를 포괄하는 방향으로 재개념화하
고 이에 걸맞은 가족친화적 지원체계를 구축하는 작업이 선행되어
야 할 것이다.

3) 고용불안정과 저임금 해소

차별의 결과 또는 원인으로서 고용불안정과 저임금 문제는 비단 비정규직 노동자, 그리고 영세사업장의 남녀노동자에게 국한되지 않는다. '일자리 없는 성장'을 우려하고 있는 우리 사회에서 극심한 취업난과 명예퇴직과 정리해고 등의 상시적인 구조조정, 특히 간접고용을 통한 고용불안정과 저임금의 문제는 모든 사람의 생존권과 노동권 확보를 침해하는 심각한 문제다. 특히 여성에게 고용불안정과 저임금의 문제는 신자유주의적 노동시장에서 직면하고 있는 가장 심각한 문제다. 경제위기 이후 농협의 사내부부우선해고 사건과 같은 여성우선해고가 급격하게 증가했을 뿐 아니라 1980년대 이후 사라졌던 '결혼퇴직제'나 결혼 및 출산을 이유로 했던 직접차별 관행도 다시 부활하고 있다. 더 심각한 문제는 저학력 기혼여성들이 노동시장의 외부나 주변부로 밀려나고 있으며, 정규직의 전문직으로 일하던 고학력 여성들조차 일단 직장을 그만두는 순간부터 비정규직으로 밀려나고 있다는 것이다. 대기업 혹은 공공부문의 정규직 여성을 제외한 다수의 여성들은 '같은 일'을 하면서도 언제 해고될지 모르는 극도의 불안정 고용 상태에서 더 낮은 임금을 받으면서 일하고 있다.

비정규직의 경우, 노동조합 조직률이 3.2%에 불과하여 법으로 보장된 노동권조차 제대로 누리지 못하고 있는 실정이다. 물론 비정규직이라 하더라도 남성 노동자가 많은 파견, 용역, 기간제근로의 경우 상대적으로 조직률이 높을 뿐 아니라 점차 그 비율이 높아지고 있다. 반면, 여성들이 집중적으로 일하고 있는 장기임시근로, 가내근로, 시간제근로, 호출근로의 경우 사실상 거의 조직화되어 있지 않아 법의 보호를 전혀 받지 못하는 실정이다. 특히 여성의 경우 저학력일수록,

나이가 많을수록, 그리고 기혼일수록 노동시장에서 주변화되면서 법의 보호를 받지 못하는 비공식 부문으로 진입하게 된다.

기혼여성들의 취업은 경제위기 이후 증가하고 있으며, 그들의 수입은 가정경제의 주요한 수입원으로 기능하고 있다(한국여성개발원, 2002). 이러한 현실지표는 성별분업 이데올로기가 더 이상 현실에 부합되지 않으며, 여성의 빈곤이 곧 전체 가구의 빈곤과 위기로 귀결되고 있음을 뜻한다. 그런데도 여성에게 좋은 일자리를 제공하지도, 그렇다고 가족책임을 경감시키지도 않는 원인은 여성에게만 가족책임을 전가하는 성별분업 이데올로기를 해체하지 않은 채 노동시장의 실패를 여성에게 전가해왔기 때문이다(George & Wilding, 2004). 사실상 이를 해결하는 가장 기본적인 방법은 여성이 경제력을 갖추도록 하는 것으로, 여성에게 소득이 있는 직장을 제공하는 것이 국가, 기업, 사회의 책임이다(여성가족부, 2005).

4) 결과의 평등을 위한 적극적 조치

적극적 조치*는 각종 차별의 이유가 되는 인종이나 성을 무시하는 것이 아니라 오히려 민감하게 인식하는 과정을 통해 결과의 평등을 실현하고자 하는 목적을 가진 한시적인 정책이다. 적극적 조치는 원래 미국에서 인종차별을 없애기 위해 시작된 반차별 정책의 하나이다. 과거 차별에 대한 보상과 현재의 불평등을 고치기 위해 흑인에게 채용, 승진, 훈련 등에서 백인보다 우선적 기회를 제공해주는 정책으로, 처음에는 적극적 조치의 적용 대상에 여성이 포함되지 않았으나 1967년에 여성이 포함되었다.

이때 적극적이라는 의미는 후보자의 조건이 동등하다면 여성 또는 소수자에게 우선권을 부여하자는 것으로 무자격자에게 부당하게

* 자세한 내용은 10장 285~287쪽 참고할 것.

특혜를 주는 것과는 다르다. 적극적 조치는 여성과 남성의 사회적, 경제적, 정치적 지위의 불균형을 해소하기 위해, 할당제, 채용 목표제 등 일정한 비율이나 채용의 목표를 미리 정하여 성별 균형을 맞추도록 지원하는 제도다.

미국에서 처음으로 시도된 이후, 오늘날 국제연합(UN) 및 국제노동기구(ILO)를 비롯한 국제기구를 비롯한 많은 국가들은 적극적 조치를 평등을 위한 대안으로 선택, 시행하고 있다. 정부는 2006년부터 공기업과 상시고용 500인 이상의 대기업을 대상으로 적극적 고용개선조치를 시행하고, 우수기업에 인센티브를 제공하는 시장친화적인 규제조치를 통해 기업의 입직 및 내부노동시장의 차별을 시정하겠다고 밝혔다. 정부의 적극적 고용개선조치란 적극적 조치를 고용부문에 적용한 개념으로 사업주가 현존하는 고용상의 차별을 해소하거나 고용평등을 촉진하기 위하여 잠정적으로 취하는 모든 조치 및 그에 수반되는 절차를 뜻한다.

그러나 적극적 조치를 시행하는 것만으로 좋은 직업에 대한 여성과 소수집단의 접근가능성이 자동적으로 개선되는 것도, 소수집단에 대한 우대조치가 능력주의에 역행한다는 사회적 반발을 잠재울 수 있는 것도 아니다. 무엇이 차별인지, 차별에 대한 구체적인 논쟁에 끼어들려고 하거나 성찰하지 않는 사회에서는 평등 논의가 언제나 적극적 조치와 능력 간의 싸움이라는 소모적인 환상으로 종결될 수밖에 없기 때문이다. 그러나 적극적 조치와 능력주의에 대한 오랜 논쟁에도 불구하고, 적극적 조치의 실행은 노동시장의 성별화된 이중구조를 개선하는 동시에 여성에 대한 차별적 통념을 완화시키는 데도 크게 공헌해왔다.

5) 여성 노동권 확보를 위한 의식 변화와 실천

1974년 결혼퇴직제 철회운동*, 1985년 여성정년 손해배상청구사건, 1994년의 용모차별 소송, 1990년대 7년 동안 진행되었던 성희롱 소송, 그리고 2000년 이후 사내부부 우선해고 사건 등 당시 유명했던 성차별 소송들은 여성의 취업을 결혼하기 전까지 '자아실현'을 위한 것으로 낭만화하면서 젊고 예쁜 미혼의 여성만을 단기노동력으로 활용하던 당대의 성차별적 관행에 대한 여성들의 비판과 도전이었다. 나아가 그때까지 성차별로 인식하지 못하던 여성의 노동경험을 '차별'로 정의했을 뿐 아니라 대안의 모색, 나아가 법제도의 제·개정까지 이루어내는 원동력이었다. 여성운동의 조직화된 운동과 여성학자들의 지원, 무엇보다도 자신의 노동경험을 차별로 인식하고 이를 해결하고자 했던 여성 노동자의 문제제기 과정이 없었더라면 아직도 우리 사회에는 '성희롱', '용모차별', '평생평등 노동권' 등의 개념조차 존재하지 않았을 것이다.

1987년 탄생한 한국여성민우회와 한국여성노동자회는 대표적인 여성노동운동단체로서, 한국여성단체연합과 함께 독자적인 여성노동운동을 주도해왔다. 1980년대 이후 전세계적으로 '여성노동조합운동'이 활성화되고 있다. 그 근본적인 이유는 노동조합이 여성문제에 관심을 기울이지 않았기 때문이다(이철순, 2007). 일반적으로 노동조합은 여성노동자의 문제를 다루기 위해 '여성부'를 두고 있으나, 노동조합의 적극적인 지원이 뒷받침되지 않으면 이 부서의 역할은 무의미할 수밖에 없다. 설사 일정한 역할을 하더라도 여성문제는 항상 시급한 노동사안에 밀려 뒷전으로 밀리기 일쑤였다(박정옥, 2005). 이러한 현상의 근본원인은 1990년대 이후 한국의 노동운동을 주도하고 있는 대기업의 정규직 노동자를 중심으로 진행되어 왔던 기존

* 당신의 결혼을 회사에 알리지 말라: 1975년 겨울, 조흥은행에 근무하던 이○○씨는 결혼을 앞두고 퇴사하라는 압력에 시달리면서도 사표를 내지 않고 출근하고 있었다. 이 사건을 알게 된 여성단체가 결혼퇴직제의 폐지를 촉구하는 운동을 시작했고, 이씨의 뒤를 이어 결혼을 앞둔 여행원들도 결혼 후에도 계속 직장에 다니겠다고 선언했다. 결국 1976년 5월 은행의 여행원 결혼퇴직제가 폐지되었다.

노동운동 내부의 과소 여성대표성 문제다.

　과소 여성대표성의 문제와 노동조합 조직률의 지속적인 하락은 여성 노동자의 노동권 침해로 직결되는 핵심적인 문제다. 오늘날 전체 노동자의 50%, 여성 노동자의 70%가 비정규직으로 일하게 된 것은 대표적인 노동시장 유연화 정책의 포문을 열었던 「파견법(파견근로자보호등에관한법률)」 제정 과정에서 비정규직 노동자와 여성 노동자의 이해관계가 반영되지 못했기 때문이다. 지난 1998년 당시, 파견법에서 허용하는 근로자 파견 대상 업무는 "전문지식, 기술 또는 경험 등을 필요로 하는 업무"로 규정되어 있었다. 그러나 정작 파견 대상 업무의 선정은 지극히 정치적인 고려에서 이루어졌다. 당초 입법 예고된 시행령 안에 포함됐던 일부 직종은 노동조합 또는 관련 이익단체의 저항과 항의로 제외된 반면, 노동조합 조직률이 낮거나 여성들이 집중 고용되어 있는 직종의 업무가 선정되었던 것이다. 비서, 타자원 및 관련 사무원, 도서·우편 및 관련 사무원, 보모, 간병인, 조리사, 공중보건 영양사, 전화교환 사무원, 전화 외판원, 여행 안내요원, 가정개인보호근로자 등이 그 대표적인 예다(조순경, 1996).

　「파견법」의 시행 이후, 오늘날까지 정부와 경영계, 그리고 노동계 대표가 함께하는 '노사정 위원회'는 노동시장 유연화를 촉진하는 정책을 추진하는 동시에 취약집단을 '보호'하기 위한 '유사 정규직군제도', '비정규직보호법' 등과 같은 각종 법제도를 모색해왔다. 그러나 파견법 시행과정에서 나타났던 낮은 여성대표성의 문제는 중요한 노동관련 법·제도의 제정 및 시행과정에서 반복되고 있다. 그 대표적인 사례로는 2006년의 '공공부문 비정규직 대책'과 2007년의 '비정규직보호법'을 들 수 있다(노동부 홈페이지 참고). 앞의 두 가지 법률은 날로 악화되고 있는 비정규직 노동자의 노동현실을 개선하고, 이들의 노동권을 보장하기 위한 중요한 법제도다. 그러나 공공부문 비정규직 대책의 경우, 핵심업무를 담당하는 비정규직 노동자만을 정규직으로 전환하고 그 외 주변업무를 담당해왔던 비정규직 노동자들은 외주화하도록 하는 정책이다. 외주화 업무 선정 결과에 의하면, 직접고용 비정규직으로 일하던 노동자들, 이 중에서도 여성노동자 대다수가 외주화의 대상으로 선정되는 '간접차별'을 초래했다(조순경, 2007). 이뿐 아니라 2007년 7월부터 시행되고 있는 '비정규직보호법'은 '비정규직 고용의 사유제한을 없애고, 2년 이상 계속 일한 비정규직을 정규직으로 전환해야 한다'는 조항이 오히려 비정규직을 양산하는 결과를 낳았다. 앞 절에서 논의했던 이랜드 파업, 우리은행의 직무급제 전환, 철도공사의 여승무원 간접고용 방침 등은 이를 잘 보여준다.

　여성 노동자들이 직면하고 있는 노동현실을 변화시키기 위해서는 여성노동운동의 세력화와 이를 통한 '과소 대표성'의 제고가 선행되어야 한다. 실제 세계 곳곳에서 더 힘들고 어려운 상황에서도, 여성노동운동은 인도의 SEWA(가내수공업 여성노동조합), 아시아 가사서비스 노동조합 및 한국의 가정관리사협회(한국여성노동자회 홈페이지 참고) 등 노동조합을 결성하기 불가능하다고 생각했던 다양한 범주의 비공식 부문 여성노동자들을 조직화해내는 성과를 보이고 있다. 이처럼 취약한 여성노동자를 조직하기 위해서는 여성 노동운동 단체의 적극적인 조직화 노력이 선행되어야 한다. 더불어 더 근본적인 문제는 기존의 노동운동이 취약한 여성 노동자들의 이해관계를 대변하고 이들을 보호할 수 있는 방향으로 운동방향을 전환하는 것이다. 이를 위해서는 노동조합 내부의 여성대표성을 제고할 수 있는 다양한 노동조합 활동과 노동운동단체의 의식 변화가 필수적이다.

05 평등을 위한 21세기 여성의 도전

1990년대 이후 정부가 다양한 여성노동정책을 시행했지만, 여성의 노동시장 참여에 대한 국가적·사회적 지원은 여전히 제한적일뿐 아니라 평등하게 경쟁할 수 있는 사회적 기반도 취약한 실정이다. 이것은 우리사회의 실질적인 남녀평등 달성도가 법·제도적 기반의 구축수준과 여전히 큰 격차를 보이고 있기 때문이다. 1980년대 「남녀고용평등법」의 제정을 계기로 여성이 일할 수 있는 최소한의 사회·경제적 조건을 형성해왔다면, 이제는 급변하고 있는 지구적 경제환경 속에서 여성의 '평생평등' 노동권을 확보해나가야 할 것이다. 이를 위해서는 여성 노동권의 확보에 장애가 되는 각종 차별적 관행 및 노동관련 법·제도의 실효성 강화와 더불어 여성의 일에 대한 사회문화적 인식을 변화시켜 나가야 할 것이다. 구체적으로는 기존의 남성중심적 기업을 가족친화적인 방식으로 변화시켜 나가야 할 것이며, 전통적인 성별분업 이데올로기를 해체하기 위한 사회문화적 제반 노력이 필요하다.

1. 자신이 일하고 싶은 직종에서 일하는 사람들을 직접 만나서 이야기해보자. 그 분야의 여성 지위나 전망, 그리고 그 일을 하면서 부딪치게 되는 어려운 점이나 그에 대한 대처전략 등 평소 궁금했던 것들을 질문하고 조사해보자.

2. 여성의 노동시장 지위가 높은 국가의 여성노동정책에 대한 시청각 자료를 보고, 공적영역과 직장에서 여성이 동등한 기회와 평가를 받기 위해서 어떤 평등정책이 필요한지 토론해보자.

3. 자신이 속한 집단에서 나타나는 남성중심적 문화의 예를 찾아보고, 그것이 여성에게 어떤 영향을 미치는지 이야기해보자.

📖 더 읽을 책

신경아 · 강이수(2001), 『여성과 일: 한국 여성 노동의 이해』, 동녘.

신인령(2002), 『세계화와 여성노동권』, 이화여자대학교출판부.

이철순(2007), 『당당한 미래를 열어라: 세상을 바꾸려는 여성노동자들』, 삶이 보이는 창.

한국여성민우회 엮음, 『여자들의 유쾌한 질주』, 민연.

Mckinsey Global Institute(2001), 『우먼코리아 보고서』, 매일경제신문사.

💻 인터넷 사이트

경력개발사이트 http://www.theglassceiling.com

국제노동기구 ILO http://www.ilo.org

노동부 http://www.molab.go.kr/

미국평등고용기회위원회 EEOC http://www.eeoc.gov

임금체불 114 http://www.imgeum114.com

직업능력개발원 http://careernet.re.kr

한국산업인력공단 해외취업지원부 http://www.worldjob.or.kr/kr/inf

〈나는 날마다 내일을 꿈꾼다〉 김미례 감독, 한국, 2001, 다큐멘터리, 38분.

〈노스 컨트리(North Country)〉 니키 카로 감독, 미국, 2005, 영화, 126분.

〈당신들의 슈퍼우먼〉 MBC스페셜, 2006.

〈나는 나쁜 엄마입니다〉 MBC 뉴스후, 2009.

〈빵과 장미(Bread And Roses)〉 켄 로치 감독, 영국 등, 2000, 영화, 110분.

〈선택은 없다-일과 양육〉 이혜란 감독, 한국, 2003, 다큐멘터리, 23분.

〈소금: 철도여성노동자 이야기〉 박정숙 감독, 한국, 2003, 다큐멘터리, 54분.

〈우리들은 정의파다〉 이혜란 감독, 한국, 2006, 다큐멘터리, 105분.

4부

국가와
여성정책

10장 여성과 국가

1970년 대법원은 아내를 강간한 혐의로 기소된 남편에게 "이혼 의사 등이 없는 정상적인 부부 사이에서는 강간죄가 성립되지 않는다"고 무죄를 선고했다. 그런데 34년이 지난 2004년, 아내 강간에 대하여 강간보다 범죄 수위가 낮기는 하지만 '강제추행치상죄'가 적용되어 '부부강간'이 부분적으로 인정되기 시작했다. 판결의 요지는 "결혼을 통해 성관계를 가질 의무가 생기지만 상대방을 폭행, 협박해 성추행을 하는 것은 위법하며, 부부 간에도 '성적(性的) 자기결정권'을 침해하는 행위는 용인될 수 없다"는 것이었다.

위의 두 판결은 성적(性的) 권리에 대한 우리 사회 인식의 변화를 잘 보여주고 있다. 타인에게 용인되지 않는 행위들이 '여성', '아내', 혹은 '가족 구성원'일 때는 쉽게 넘어가는 경우가 많았다. 이처럼 권리라는 개념은 모든 인간에게 동등하지 않으며, 보편적인 인권 개념 또한 가치중립적이지 않다(정희진, 2003). 무엇이 인간의 권리인

가는 성별, 인종, 계급 등에 따라 달라질 수 있기 때문에 인권 개념은 성별과 인종, 그리고 계급 등과 교차한다. 그래서 보편적 인권 개념에서 배제되어왔던 여성들이 인간으로서의 기본적 권리를 향유하고자 했던 노력은 매우 지난한 과정이었다(물론 아직도 끝난 것은 아니다). 이 장에서는 여성과 국가의 관계에서 여성의 권리가 어떻게 배제되어왔는지 혹은 이를 실현하기 위해 어떤 과정을 거쳐왔는지 살펴보고자 한다.

01 여성은 시민인가?

아이가 태어나면 출생신고를 하고, 초등학교에 갈 나이가 되면 입학통지서가 날라온다. 직업을 갖게 되면 국가에 각종 세금을 내야 하고, 결혼을 하면 혼인신고를 하고 생을 마감하면 사망신고를 해야 한다. 이처럼 국가는 보이지 않지만 태어나는 순간부터 죽음에 이를 때까지 개인의 삶 곳곳에 깊숙이 들어와 있다.

　개인 또는 시민에게 넓은 공동체, 특히 국민국가 구성원의 권리와 의미를 갖도록 하는 일종의 지위를 시민권이라고 한다. 시민권은 공동체 구성원으로서 시민들에게 차별 없이 부여되는 지위이며, 동등한 지위를 공유한 시민들이 공동체 사회를 구성하고 운영한다(조형 외, 2003). 시민권에 관한 대표적 저자인 마샬(T. H. Marshal)에 따르면 시민권은 '공동체의 모든 구성원들에게 부여된 지위'로서 그 지위를 소유한 모든 사람은 그 지위에 부여된 권리와 의무에 있어서 동등하다. 그리고 시민권의 구성요소를 법 앞에서의 자유와 평등과 같은 공민적 권리(civil right)와 참정권과 같은 정치적 권리(political right), 최소한의 경제적 복지나 사회보장에 대한 사회적 권리(social

일본군 위안부로 끌려갔던 김순덕 할머니의 그림 〈끌려가는 날〉.
(이미지 출처: 한국정신대문제대책협의회 www.womenandwar.net)

right)로 구분하였다. 마샬의 시민권 연구는 많은 논쟁을 낳았으며, 이후 젠더와 시민권 논의도 활발히 전개되었다. 초기의 젠더와 시민권 논의는 주로 여성의 시민권 배제에 초점이 맞춰졌는데, 남성은 완전한 시민권, 즉, 여성과는 다른 범위의 시민으로서 권리와 의무를 갖는다는 것이다. 다시 말해 시민권이 성별에 따른 다른 차이와 지위를 갖는다는 것을 드러냄으로써 시민권이 '성별화(gendered)' 되었음을 증명하고자 한 것이다.

역사적으로 여성들이 남성과 달리 다른 지위에 있었다는 것은 쉽게 이해할 수 있다. 예를 들어 '일본군 위안부' 문제가 우리 사회에 알려지기 시작한 것은 1980년대 말 여성단체가 일본군 위안부 문제에 관심을 갖고 이를 '문제'로 제기하기 시작하면서부터다(김정란, 2004). 여성단체가 '일본군 위안부'를 '문제'로 드러내기 전까지 한국 사회에서 일본군 위안부 문제는 '존재'하지 않았다. 게다가 일본군 위안부 문제가 문제화되는 방식은 '여성폭력'보다는 '민족 차별'의 문제로 인식되었다.

직장 내 성희롱도 이와 비슷하다. 직장 내 성희롱은 노동시장 내 심각한 성차별임에도 불구하고, 1990년대 초반까지 성희롱이라는 용어조차 알려져 있지 않았다. 직장내 성희롱에 대한 법적 근거가 마련된 것은 1999년 「남녀차별금지및구제에관한법률」*이 제정되면서부터다. 데이트 강간이나 부부강간에 대한 용어가 알려지기 시작한 것도 비교적 최근이다. 이런 상황에서 여성주의자들이 먼저 해야 할 일은 여성과 남성이 시민의 역할과 권리에 있어서 동등한 상황에

* 우리나라는 1995년 「여성발전기본법」 제정을 통해 성희롱이란 용어가 처음 명시되었으며, 1999년 2월 개정된 「남녀고용평등법」에서 성희롱을 차별로 규정하고 민간 부문에서 직장 내 성희롱 예방교육을 의무화하였다. 동법은 2007년 「남녀고용평등과 일·가정 양립 지원에 관한 법률」로 개정되었다. 또한 1999년 제정된 「남녀차별금지및구제에관한법률」에 따라 공공 부문 성희롱 예방교육이 의무화되었는데, 2005년 「정부조직법」 개정에 따라 동법은 폐지되고 피해자 구제에 관한 사항은 「국가인권위원회법」으로 이관되었다.

놓여 있지 않음을 드러내는 것이었다.

1) 남성과 같은 여성

'페미니즘은 여성이 인간이라는 급진적 믿음이다(Feminism is the radical belief that women are human)'라는 페미니즘 정의는 많은 것을 생각하게 한다. 여성이 인간이라는 것이 왜 그토록 급진적인가? 페미니스트들은 지금까지 여성과 남성을 다르게 대우했던 사회의 부당함과 불평등을 이야기하며, 여성도 남성과 다르지 않은 '인간'이라는 인식으로부터 여성과 남성의 같음을 주장하게 된다. 따라서 여성도 남성과 똑같이 동등한 기회와 권리를 누려야 한다고 본다. 여기에서의 기준은 남성의 삶이며, 여성도 남성처럼 될 수 있고 또 되어야 한다는 '젠더 중립적인(gender neutral)' 시민권이다.

여성의 시민권 배제에 관한 논의는 먼저 정치적 권리 행사에 있어서 성별 차이를 간과하고 있음을 문제 삼는다. 성 중립성을 전제하는 사회 정책은 실제로 몰성적(gender-blind)이며, 사회적 실천과 제도에서 성 차별적 특성이 나타나기도 한다. 특히 여성이 정치 영역에서 배제되는 현상은 공·사 영역의 구분을 기반으로 하는데, 공·사 영역은 여성과 사적 영역의 결합, 그리고 남성과 공적 영역의 결합을 의미한다. 남성은 생계부양자로서 공적 영역에서 정치적 권리를 행사하는 반면, 여성은 가사담당자로서 사적 영역에 제한되고 남성의 지배를 받는다. 또한 공적 영역은 정치적 질서를 갖는 반면, 사적 영역은 자연의 법칙에 따른다고 간주된다. 특히 자유주의 국가 출현 이후 여성은 공적 영역에서 점차 배제되었으며, 공적 영역은 남성의 영역이 되었다.

많은 여성주의자들은 공·사 영역 구분이 실제 삶의 영역과는 무관하며, 단지 규범적 측면에서 의미를 가질 뿐이라고 비판한다. '사적인 것이 정치적인 것이다(the personal is political)'라는 슬로건처럼 사적 영역은 정치학으로부터 제외되어 있지 않으며, 여성 개인의 경험 또한 개인적인 것이 아니라 가부장적 체계와 구조에 따른 결과라고 본다. 그럼에도 불구하고 사적 존재로서 여성은 오랫동안 정치 영역에서 배제되어왔으며, 노동시장이나 가족 안에서 남성과 동등한 지위를 갖지 못했다. 여성은 남성과 다른 2차적 시민 혹은 시몬 느 드 보봐르가 말한 것처럼 '제2의 성(the second sex)'인 것이다.

클라우스 오페(Claus Offe)에 따르면 여성은 일반적으로 '정책 수혜자'이며 남성은 정치 '시장'에 접근하는 다양한 계급 조직을 통해 대표권을 갖는다. 즉 정치수행과정에서 여성은 수혜자이며 남성은 참여자인 것이다(Hernes, 1989). 따라서 여성들도 남성과 마찬가지로 동등한 시민으로서 특히 공적 영역에서 남성들과 등등하게 참여할 수 있도록 '젠더 중립적인 시민권'을 가져야 한다는 주장이 의미를 갖는다. 그러나 남성과 같음을 증명해야 하는 여성은 남성 중심의 기준에 대해 근본적인 질문은 하지 않은 채 현상을 유지한다는 데에 문제가 있다.

2) 남성과 다른 여성

남성과 같은 동등한 권리를 실현하기 위해 모든 영역에서 남성과 같음을 증명해야 했던 여성들은 점차 의문을 갖게 된다. 남성과 같음을 증명하지 못하는 여성들은 남성과 다른 지위에 있는 것이 당연한 결과인 것처럼 여겨지기 때문이다. 그러나 현실에서 여성과 남성의 삶은 매우 다르며, 여성은 남성보다 더 많은 노력을 하는데도 남성의 삶을 표준으로 한 기준에 도달하기 어렵다. 예를 들어, 돌봄의 책임이 없는 남성 노동자를 표준으로 한 노동시장에서 양육의 일차적 책임을 진 여성들은 부족하거나 예외적인 존재가 된다. 흔히 일과 가족생활에서 두 가지 역할을 모두 완벽하게 해내는 여성들을 '슈퍼우먼'이라고 하는데—실제 '슈퍼우먼'은 불가능하다—, 이에 대응하는 '슈퍼맨'이라는 용어는 존재하지 않는다.

여성의 시민권 배제에 대한 또 다른 논의는 시민권 자체가 남성의 삶을 중심으로 한 것이어서 여성의 삶과 경험에 기반한 '젠더 차별화된 시민권'을 가져야 한다는 주장이다. 여성의 삶에서 중요하고 의미 있는 쟁점들이 시민권 논의에서 주변화되고 배제되고 있음을 비판한다.

왜 여성들은 혼자 여행하기가 어려운가? 왜 여성들은 출산하면 일을 그만두는가 혹은 그만두어야 하는가? 왜 여성 대통령은 없는가? 이처럼 주변에서 "왜"라는 물음을 쉽게 해볼 수 있다. 여성은 남성과 다른 방식으로 사회 질서에 편입되어 있으며, 특히 여성은 남성과 동일한 정치적 지위를 갖지 못할 뿐 아니라 종종 성적(性的)인 존재(예를 들어 임신과 출산 행위자, 성적 대상으로서의 여성 등)로 간주된다. 여성은 노동시장과 가족 안에서 그리고 섹슈얼리티와 재생산 영역에서 남성과 다른 위치에 있으며, 다른 경험을 한다.

남성에게는 기본적인 권리가 여성들에게는 오랫동안 받아들여지지 않은 경우가 많다. 예를 들어 아내 폭력의 경우, 그동안 '사사로운 집안일'로 간주되어 폭력으로조차 인식되지 않았으며, 아내 폭력을 반대하는 여성운동이 오랜 노력 끝에 1997년에 들어서야 「가정폭력방지법」이 제정되었다.* 또한 여성에게 자녀 양육의 책임이 당연한 것으로 여겨지고, '어머니 노릇'은 모성으로 신비화되는 동시에 자연스럽게 여성의 의무로 규정된다. 생산노동 중심의 사회에서 화폐경제가 아닌 돌봄 노동은 비경제활동으로 간주되고, 이에 따라

* 1997년 「가정폭력범죄처벌등에관한특례법」과 「가정폭력방지와피해자보호에관한법률」이 제정되었으며, 1998년 가정폭력 방지를 위한 종합대책이 수립되었다.

전업주부는 '노는 자', 즉 비경제활동인구로 분류된다. 그 결과 여성은 유휴노동력 또는 산업예비군으로 간주되며, 이러한 여성의 경험은 가시화되거나 명명되지 않을 뿐 아니라 보편적 경험이 아닌 특수한 것이 되고 만다. 시민권 논의에서 여성의 경험은 배제되어왔으며, 기껏해야 보편적이지 않은 특별한 것으로 간주되어왔을 뿐이다. 따라서 '젠더 차별화된 시민권'은 여성의 삶과 경험을 중심으로 한다는 점에서 '젠더 중립적인 시민권'과 다른 의미를 갖는다.

3) 시민권과 돌봄 노동

여성과 남성은 어떻게 동등한 시민권을 가질 수 있는가? 성별화된 사회에서 여성과 남성의 삶과 조건의 차이를 이해해야 하며, 특히 자원과 권력의 불평등을 문제 삼아야 한다. 이러한 차이와 차별을 고려하지 않는다면, 지금까지 그래왔듯이 남성의 삶이 표준이 되며, 여성은 남성처럼 되어야 한다는 결론에 이르고 만다. 최근의 논의들은 산업자본주의 사회가 권리 개념을 바탕으로 진화하였으며, 그 권리 개념의 모델은 남성이었음을 비판하고 있다(조한혜정, 2004). 돌봄 노동으로부터 면제되어 있던 남성 노동자 권리 모델에서 돌봄 노동의 책임을 지는 여성은 '제2의 성'이 될 수밖에 없기 때문이다.

　최근 한국 사회에서 나타난 급격한 출산율 감소는 그동안 여성의 노동시장 참여가 빠르게 증가한 반면 남성의 가족 내 역할이 늘지 않은데서 나타난 '돌봄의 공백' 또는 '돌봄의 위기' 현상이다. '동등해진다는 것'은 단지 여성이 남성과 같아지는 것만을 의미하는 것이 아니다. 남성의 삶을 표준으로 한 산업자본주의 사회에서 여성을 남성의 삶에 끼워 맞추는 것은 한계가 있다. 시민권은 지금까지 배제되어왔던 여성의 경험과 삶을 중심으로 할 때, 특히 돌봄의 가치가

> **맞벌이 부부의 가사노동시간**
>
> 통계청에서 실시한 '2005년 생활시간조사'에 따르면 맞벌이 여성의 가사노동은 하루 3시간 28분이며, 남성의 가사노동은 하루 32분으로 여성이 남성의 6.5배에 이른다. 수입노동은 맞벌이 여성이 5시간 14분, 남성이 6시간 34분이나 가사노동을 더하면 여성의 노동시간이 8시간 42분으로 남성 7시간 6분보다 더 길다.

중요한 사회적 가치로 전환되고, 일과 가족의 역할을 갖는 여성의 삶이 보편적 기준이 될 때 비로소 여성과 남성 모두 동등한 시민이 될 수 있을 것이다.

02 국가를 어떻게 볼 것인가?

여성학에서 국가 연구가 중요한 이유는 국가가 여성과 남성의 삶에 다른 영향을 미칠 뿐 아니라 국가가 가부장적 특성을 지닌 동시에 여성 친화적 가능성을 가지고 있기 때문이다. 따라서 국가 연구를 통해 여성주의적 국가의 가능성을 탐색하며 변화를 추구할 필요가 있다. 그러나 한편에서는 총체적인 국가 연구가 필요없다는 논의도 있는데, 이는 국가가 하나의 실체가 아닌 추상적인 범주에 불과하며 서로 다른 정치집단의 장이라고 보기 때문이다. 여기에서는 국가의 가부장적 속성을 비판하는 입장과 국가를 다양한 실천의 구성체로 보는 입장을 살펴보고, 여성 친화적 국가의 가능성을 탐색해보고자 한다.

1) 가부장적 국가

여성주의 국가 연구는 1970년대 마르크스주의 이론을 여성문제에 적용하면서부터 시작되었다고 할 수 있다(김경희, 2002). 마르크스주의의 영향을 받은 페미니스트들은 국가가 구조나 제도의 장치로서 객관적인 실재를 갖는다고 보고, 사회 안에서 권력관계를 조직하는 중요한 역할을 할 뿐 아니라 가부장적 성격을 지닌다고 분석하였다. 이런 관점에서 국가의 권력은 남성의 권력을 의미하며, 법은 남성의 손에서 여성의 삶에 대한 권력을 행사하는 도구가 된다.

페미니스트들은 자본주의 국가가 만들어지고 가부장적 권력이 재생산되는 과정에 관심을 기울이면서 자본주의 가부장제 국가의 성격을 비판하였다. 또한 자본주의 사회는 남성이 여성을 지배하는 사회이고, 계급 지배가 사회의 근간이며, 남성이 지배계급을 구성하는 사회라고 본다(Pringle & Watson, 1992). 그 결과, 국가의 정책은 남성과 협력하고 남성의 이해를 반영하며 남성 지배에 기여한다. 다시 말해 국가는 가부장제 사회와 남성의 이해를 대변하고 기능하는 구조라는 것이다.

국가는 여성의 무임노동력과 성별분업 규범을 통해 자본주의 사회를 유지하며 여성의 주변적 위치를 재생산하는 주요한 역할을 한다. 서구 복지국가에 대한 여성주의 연구는 여성억압의 장이 사적 가부장제(가족)에서 공적 가부장제(국가)로 전환하면서 여성은 계속해서 의존적 위치에 머물게 된다고 비판하기도 하였다(실비아 월비, 1990). 가족과 같은 사적 영역에서의 남성 지배가 공적 영역으로 확대되어 여성억압이 보다 구조화된다는 분석이다. 이러한 입장에서 보면 국가 영역에서 일하는 것은 가부장적 국가와 타협하거나 공모하는 것이므로 별로 환영받지 못했다.

2) 단일하지 않은 국가

국가를 총체적이고 구조적인 단일한 집단으로 규정하는 페미니스트들과 달리, 포스트모더니즘의 영향을 받은 페미니스트들은 국가의 다양성을 훨씬 강조한다. 국가를 일방적으로 주어진 구조로 보기보다는 다양한 실천의 구성체로 보아야 한다는 것이다. 국가는 실체를 지닌 구체적인 행위자가 아니며, 단순히 투쟁의 대상도 아니다. 국가는 국가를 구성하는 담론과 실천의 장이기 때문에, 여성억압을 위한 가부장제 사회의 도구나 남성의 이해만을 대변하는 실체로 보아서는 안된다고 이해한다.

가부장제는 역사적으로 영구불변한 것이 아니라 다양한 형태와 구조로 변형되어왔다. 가부장제 담론 또한 단일하거나 유일한 것으로 가정해서는 안 되며, 여성들을 단순히 피해자로 진술해서도 안된다(Pringle & Watson, 1992). 여성을 피해자로 다루는 담론은 계속해서 여성을 주변적 위치에 머물게 하기 때문이다. 실제 국가는 통일된 구성체가 아니라 내적 다양성을 가지며, 구체적인 정책을 통해서 구현된다는 점에서(조형·이재경, 1989) 구체적인 연구가 필요하다. 국가는 남성의 이해만이 아닌 다양한 집단의 이해가 경합하는 투쟁의 장소이며, 다양한 담론과 정책 과정, 그리고 정책 행위자들의 실천이 이루어지는 역동적인 장이다. 이러한 입장에서 국가는 페미니스트들의 실천의 장이기도 하며 투쟁의 장이기도 하다.

3) 여성 친화적 국가의 가능성

국가는 특정 집단에게 적대적이거나 편향적인 실체가 아니며, 어느 정도 합의된 압력에 반응한다는 점에서 최근에는 국가의 여성 친화적 가능성에 대한 기대가 높아지고 있다. 국가가 어느 정도 성별 관계를 변화시킬 수 있는 가능성과 잠재력을 가지고 있다고 보는 입장이다. 그렇다고 해서 국가 그 자체가 여성 친화적임을 의미하는 것은 아니다. 여성 친화적 국가의 가능성은 여성운동과 페미니스트들의 실천적인 노력 정도에 달려 있다고 할 수 있다.

호주에서는 1975년 여성운동가들이 정부 영역에 진출하면서부터 국가에 대한 여성주의 개입이 본격화되었다. 국가 관료 조직 안에서 일하는 여성주의자를 페모크라트(femocrat)라고 부르며, 페미니즘이 국가 영역에 제도화되는 것을 국가 페미니즘(state feminism)이라고 하기도 한다. 초기 페모크라트의 등장은 국가와 제도권에 대한 페미니스트들의 비판 때문에 국가 페미니즘에 대한 기대보다는 불신과 우려가 높았던 것이 사실이다. 그렇지만 페모크라트는 여성운동의 요구와 압력을 수용하고, 여성의 이해를 현실화하며 정책에 반영하는 중요한 역할을 할 수 있으리라 기대된다.

한국 사회에서 페모크라트의 등장은 1990년대 후반부터라고 할 수 있다. 참여정부가 들어서면서 여성운동 및 NGO 경험이 있는 여성운동가들이 정부 관료 영역에 들어가기 시작하였다. 그러나 한편에서 여성운동의 제도화와 함께 여성정책에 대한 압력단체로서의 역할이 약화된다는 우려도 제기되고 있다.

그럼에도 불구하고 국가는 제도 영역 안과 밖에서 활동하는 주체들에 의해 충분히 변화될 수 있다. 페모크라트의 존재가 곧 여성 친화적 국가를 의미하는 것도 아니고, 소수의 페모크라트만이 국가의 정책을 변화시킬 수 있는 것도 아니다. 국가 페미니즘은 여성정책의 지형뿐 아니라 여성의 요구를 이끌어내고 반영시키며 국가의 성격을 변화시키는 정치적인 과정이며, 무엇보다 다양한 집단의 개입이 요구된다. 여성운동은 이슈 제기와 압력단체 역할을 통해, 페모크라트는 여성운동과의 파트너십을 기반으로 여성 친화적 국가의 가능성을 실현시킬 수 있을 것이다.

03 국가와 성평등

근대 이후 평등이 국제사회의 중요한 사회적 가치로 채택되기 시작하면서 많은 국가들은 평등 실현을 위해 반차별법(anti-discrimination law) 제정, 평등이행기구, 여성의 권익 증진 전략 등 다양한 전략을 통해 노력해왔다. 그 결과 국내외적으로 많은 성과가 있었지만 아직도 우리 주변에서 성별 불평등을 찾아보기란 어렵지 않다. 노동시장에서의 성별직종·직급 분리와 여성의 저임금, 일·가족 생활의 이중부담과 의사결정과정에서 주변화된 위치, 가정폭력과 성폭력, 성매매, 빈곤 등 여성들에게 이러한 이슈들은 여전히 낯설지 않다.

서구에서는 성평등 실현을 위한 정책이라는 의미에서 여성정책보다는 젠더 정책(gender policy) 또는 성평등정책(gender equality policy)이라는 용어를 더 많이 사용하며, 정책 접근에 따라 '평등' 개념은 다양한 의미를 갖기도 한다. '평등' 개념은 논쟁의 대상이 되기도 하는데, 평등 개념이 정의되는 방식에 따라 평등에 대한 접근과 전략이 달라지기 때문이다.

1) 동등한 기회

역사적으로 여성에게 평등은 동등한 기회(equal opportunities)와 권리로 인식되어왔으며, 동등한 법과 제도적 권리를 보장하는 동등 대우 권리로 받아들여졌다. 앞서 살펴본 것처럼 여성은 남성과 동등한 기본적인 정치적, 시민적 권리로부터 배제되었다는 인식에서 출발하였기 때문이다. 국제 사회는 각국이 성평등을 중요한 가치로 채택하고 성평등 실현을 추구할 수 있도록 협약 등 다양한 수단을 강구하였다. 그동안 교육, 정치 참여, 재산 소유 등 기본적인 사회권조차 가질 수 없었던 여성들이 남성과 동등한 권리를 향유할 수 있게 됨으로써 현실에서 많은 변화가 있었다. 그럼에도 불구하고 동등한 기회는 '제한된 성공'으로 평가받는데, 동등한 법과 제도적 기회 보장이 여성에게 곧 실질적 평등을 의미하는 것은 아니기 때문이다.

동등한 기회를 통해 평등을 이루려는 접근은 공·사 영역의 경계가 여전히 존재하고, 여성에 대한 차별의 많은 부분이 사적 영역에서 일어난다는 점에서 한계를 갖는다. 사적 영역은 법이나 제도가 개입해서는 안 되며, 사적 영역으로서 가족은 사랑, 상호 존중, 친밀성 등의 가치가 우선시되어야 한다고 여겨진다. 동등한 기회로서의 평등이 주로 공적 영역에 머무는 한, 가족 안에서 작동하고 있는 불평등은 보이지 않는다. 또한 법과 제도가 실제 현실에 적용되는 과정에서 성차별이 나타나기도 하며, 사회적 관행이나 고정관념이 법과 제도의 이행 과정에 영향을 미치기도 한다.

평등을 동등한 기회로 정의할 때 더 핵심적인 문제는 지금까지 남성들이 만들어놓은 기준에 여성이 맞추어야 한다는 점이다. 앞선 시민권 논의에서처럼 여성이 노동시장 안에서 살아남기 위해서는 기존에 만들어진 시장과 조직의 원리를 따라야 하지만, 일과 가족의 이중부담을 짊어진 여성들에게 쉽지 않은 일이다. 여성들이 경험하는 사회적, 문화적 차이와 불평등을 남성들은 경험하지 않는다. 그렇다면 어떻게 평등을 실현할 수 있는가?

2) 적극적 조치

실질적 평등을 이루기 위해서는 동등 기회라는 형식적 평등을 넘어서야 한다. 평등 개념은 기회의 평등을 넘어서 조건과 결과의 평등을 포함하며, 또 따른 평등정책이 필요하다. 이것이 바로 적극적 조치(affirmative action)이다. 적극적 조치는 집단에 따른 조건의 불평등을 인지하고 결과의 평등을 이루기 위해 사회적으로 차별 받아온 집단에게 누적된 차별을 보상하는 잠정적인 제도다.

적극적 조치는 성별뿐 아니라 인종, 학력, 지역 등과 관련한 사회

적극적 조치란?

적극적 조치는 여성을 포함한 소수 집단의 실질적인 평등을 실현하기 위해 적극적으로 지원해주는 조치이다. 적극적 조치에 대한 이해에 앞서 '구조적 차별', '과소 대표성', '결과 평등' 개념들에 대한 이해가 필요하다.

첫째, 구조적 차별은 여성에 대한 차별이 오랜 기간 누적되어 오면서 제도로 정착되고 차별화된 제도와 관념이 성차별적인 관행으로 구조화된 것을 말한다. 특정 직종을 여성 또는 남성에게 적합한 직업으로 인식해서 정해두는 관행과 제도는 노동시장 내 성별직종분리로 나타났다.

둘째, 과소 대표성(under-representation)은 특정 조직과 직종 안에서 여성의 비율이 지나치게 적다는 것을 의미한다. 이러한 과소 대표성은 통계적 불균형으로 나타나며, 이는 구조적 차별로 인해 나타난 결과로 이해된다.

셋째, 결과의 평등은 기회의 평등과 대조되는 개념으로, 여성이 남성과 동등하게 경쟁할 수 없는 조건을 고려한 것이다. 결과의 평등은 기회의 차별을 금지함으로써 기회의 평등을 이룬다는 발상을 넘어서서 적극적으로 평등을 실현해보려는 것이다.

즉, 적극적 조치는 구조적 차별을 인식하고 그러한 차별의 결과로 나타나는 여성의 과소대표성, 통계적 불균형을 차별의 지표로 받아들이고 적극적으로 교정함으로써 결과적으로 평등을 실현하고자 하는 제도다.

출처: 김경희(2000), 「고용 평등과 적극적 조치」, 「노동과 페미니즘」

적 차별의 결과를 해소하기 위하여 많은 영역에 적용된다. 일정 비율을 할당하거나(할당제) 목표 비율을 설정하는(목표제) 적극적 조치는 서구에서 이미 오래 전부터 실시되어 왔다. 특히 교육과 직업 부분에서 적극적 조치는 흑인과 다른 소수 집단에게 승진, 임금, 경력 발전, 입학, 장학금 등 동등한 기회를 보장할 수 있도록 취해져왔다. 이러한 적극적 조치는 사회적 소수 집단이 동등하게 참여할 수 있는 수준에 이를 때까지 한시적으로 취해지는 잠정적 조치다.

우리 사회에서도 적극적 조치가 다양하게 시행되고 있다. 대학 입시 전형 가운데 농어촌학생특별전형, 기업에서 실시하는 지역할당제나 여성채용할당제, 정치 영역에서 비례대표 여성공천할당제 등이 그 예들이다. 적극적 조치 시행은 국가 또는 기업 등이 사회적 소수 집단에게 차별을 하지 않도록 할 의무가 있음을 의미한다.

그렇지만 적극적 조치를 시행한다고 해서 곧 실질적인 평등이 이루어지는 것은 아니다. 적극적 조치는 사회적 소수 집단을 계속해서 특별하게 대우함으로써 차별을 가져오게 된 사회구조와 체계에 대한 근본적인 변화를 이끌어내기 어렵다. 국가는 이미 혜택을 받고 있는 집단의 저항을 줄이기 위해 할당제(전체 인원 중 소수집단에게 일정 비율을 할당하는 것)보다는 목표제(전체 인원과 상관없이 별도의 목표 인원을 제시하는 것)를 선호하거나 적극적 조치의 책임을 고용주나 개인에게 전가할 수도 있다. 이처럼 적극적 조치의 책임과 적용 범위가 분명하지 않다는 데에도 문제가 있다.

또한 적극적 조치는 기회의 평등과 상치되는 것처럼 보일 수 있다. 적극적 조치는 사회적 소수 집단의 권리가 아니라 그들에 대한 특별한 혜택인 것처럼 여겨진다. 평등 정책이 사회적 소수 집단에 대한 특별한 혜택으로 간주되는 한, 역차별 논의는 끊이지 않을 것이다. 파이(pie)를 어떻게 나누는 것이 평등한가? 파이를 나누는 기준은 누가 정할 것인가? 파이를 나누는 기준과 방식에 도전해야 한다. 지금까지 우리가 경험하지 못한 새로운 사회를 상상할 수 있는 평등 패러다임이 필요한 때이다.

04 여성운동: 과거와 현재, 그리고 미래

1) 서구 참정권 운동과 그 이후

여성운동은 일상 영역에서 여성의 삶에 영향을 미치는 법과 제도의 변화를 가져오는데 중요한 역할을 하였다. 제도적 불평등에 대한 도전은 여성운동의 주요한 이슈가 되었으며, 여성운동의 첫 번째 물결에서 참정권 운동이 기폭이 된 것은 당연한 것처럼 보인다. 19세기 이전까지 '감성적'인 여성들은 '이성적'인 남성에게 종속되는 것이 자연스럽게 여겨졌다. 물론 이에 대한 근거나 논리를 주장하는 사람들은 대부분 남성이었다. 그리고 여성들은 참정권은 물론 교육을 받을 수도, 재산권을 행사할 수도 없었다.

18세기 자유주의 사상의 영향을 받은 자유주의 페미니스트들은 동등한 기회의 권리를 주장하게 된다. 그리고 19세기 페미니스트들은 여성의 기본적인 권리 실현을 위해 여성도 남성과 동등한 '이성'적인 존재이며, 동등한 교육의 기회를 가져야 한다고 주장했다. 여성들은 여성의식을 토대로 조직을 결성하고 참정권 운동을 전개했는데, 이 시기 여성운동은 '첫 번째 물결(the first wave)'로 잘 알려져 있다. 참정권은 19세기 서구 여성운동의 중요한 목표가 되었으나 참정권을 주장하는 여성들은 강한 반대에 부딪히게 되었다. 여성은 이성적이지 못하고 합리적이지 않다는 오랜 고정관념에 따라 여성의 참

1917년 뉴욕에서 투표에 참여하는 여성참정권론
자들.

정권 반대가 있었던 것이다. 여성운동의 결과, 1893년 뉴질랜드에서 여성들이 최초로 참정권을 갖게 되었으며, 1920년 미국, 1928년 영국, 1945년 프랑스에서 여성들이 참정권을 갖게 되었다. 여성 참정권의 역사는 불과 100여년에 불과하며, 우리나라는 서구와 달리 1945년 해방 이후 대한민국 헌법과 각종 선거법에 여성 참정권이 명시되어 1948년 최초 선거에서 참정권을 실현할 수 있었다.

여성운동의 첫 번째 물결 이후, 1960년대 중반까지 법과 제도 변화에 대한 여성운동의 요구는 별로 크게 드러나지 않았다. 1960년대 중반에 이르러 사회운동과 학생운동을 경험한 급진주의 여성주의자들은 운동 조직 안에서 성차별과 성별분업이 존재함을 인식하게 된다. 결국 페미니스트들은 남성 중심의 운동방식에서 독자적인 여성운동의 조직과 방식이 필요함을 깨닫고, 보다 더 근원적인 여성 억압에 대해 주목하게 된다. 급진주의 페미니스트들은 여성억압의 뿌리 깊은 근원성을 강조하면서 가부장제 사회와 이성애주의에 대하여 통찰력 있는 비판을 제공했다.

최근 포스트모더니즘의 영향을 받은 페미니스트들은 여성억압에 대한 거대한 하나의 이론과 해결책을 거부하고 여성들의 차이에 주목하고자 한다. 남성과 여성의 차이만큼이나 여성들 사이의 차이가 중요하다는 것을 인식하고, 인종, 계급, 성적 취향, 민족성, 문화, 연령, 종교 등 다양한 여성들의 차이를 강조한다. 여성억압에 대한 총체적인 거대 담론과 운동 방식에 대한 반성이 일어나면서 여성운동은 여성들이 실제 경험하는 차이와 균열의 지점에서 다원화되고 있다.

2) 한국의 법·제도 변화와 이슈의 다양화

서구의 여성운동이 첫 번째 물결을 시작으로 두 번째 물결 이후 보다 더 다원화되고 있다면 한국의 여성운동은 어떠한가? 한국의 여성운동은 참정권 운동을 중심으로 본격화된 서구 여성운동과 달리 일제시대 민족 운동과 함께 여성의식과 교육 운동이 중심이 되었다. 1927년 창립된 근우회는 여성들의 항일구국운동과 여성의 지위 향상을 위한 운동 단체로 여성 해방을 표방하였다.

　1945년 해방 이후, 우익 성향을 갖는 단체부터 여성 해방 이념을 표방하는 단체에 이르기까지 많은 여성조직이 결성되었다. 이 시기 여성단체들은 1916년 일제 때 시작된 공창제를 철폐하기 위하여 공창제 폐지 운동을 활발히 전개하거나 조혼과 축첩 반대 운동을 하기도 하였다. 여성운동이 보다 활발해진 것은 1970년대 이후에 들어서라고 할 수 있다. 이 시기 여성노동운동과 가족법개정운동, 기생관광반대운동, 미스 코리아 철폐운동 등 여성운동의 이슈가 보다 더 다양해지고 활발해졌다. 특히 생산직 여성 노동자 운동, 여행원 결혼각서 폐지운동, 여성조기정년제 폐지운동 등 여성 노동자의 권리 실현을 위한 성과들을 이끌어냈다. 동시에 남성중심의 가족관계를 재생산하는 동성동본불혼제 폐지 등 가족법 개정운동이 꾸준히 이루어졌으며, 가족법 개정 운동은 1980년대 이후 비로소 부분적인 성과를 가져온다.

　1980년대 여성운동은 이전 시기에 비해 여성단체의 활동이 두드러지는 특징이 있다. 많은 여성단체의 설립은 여성 문제가 더 이상 부수적인 것이 아니라 가장 핵심적인 것임을 의미한다. 여성단체들은 성차별을 중요한 사회 문제로 인식시키는 역할을 하였는데, 이 시기 설립된 여성평우회, 여성의 전화, 한국여성노동자회, 한국여성민우회 등은 여성운동을 목표로 활동하였으며 한국여성단체연합이 결성되면서 여성운동의 결집력은 증대하였다.

이후 고용과 가족 영역 등에서 많은 법적, 제도적 변화가 있었다. 1987년 고용 평등 실현을 위해 「남녀고용평등법」(「남녀고용평등과 일·가정 양립 지원에 관한 법률」로 2007년 개편)이 제정되었으며, 1995년 동법 개정에 따라 여성의 신체적 조항을 명시하는 모집 및 채용이 금지되었다. 특히 1990년대 들어서 여성관련법 제·개정을 통해 여성운동의 성과가 가시화되었는데, 가족법 개정(민법 중 친족상속법)은 여성운동의 오랜 숙원이기도 하였다. 이후 1991년 「영유아보육법」이 제정되고, 1994년 「성폭력방지법」이 제정되었다.

여성정책 흐름의 큰 변화를 가져왔던 1995년 제3차 북경세계여성회의 이후 우리나라도 같은 해 사회 모든 분야의 남녀평등을 촉진하고 여성참여 확대를 위해 「여성발전기본법」을 제정하였으며, '잠정적 우대조치'의 법적 근거를 마련하였다. 1997년 「가정폭력방지법」이 제정되어 아내폭력에 대한 법적 제재가 비로소 가능해졌으며, 1999년 「남녀차별금지및구제에관한법률」이 제정되었다*.

이 외에도 사회 각 영역에서 여성의 활동과 참여 지원을 위하여 「여성기업인육성및지원에관한법률」(1999년), 「여성농어업인육성법」(2001년), 「여성과학기술인육성및지원에관한법률」(2002년)이 제정되었다. 또한 여성운동은 오랫동안 성매매 여성을 피해자화하지 않으면서 성매매를 금지하도록 노력해 왔는데, 그 결과 1961년에 제정된 「윤락행위등방지법」 대신 2004년 「성매매방지법」이 제정되었다. 그리고 여성과 사회 각계 각층의 힘을 합한 호주제 폐지 운동의 결과, 2005년 호주제 헌법불일치 판결이라는 성과를 거두고 2008년부터 호적법을 대체하는 「가족관계등록에관한법률」이 시행된다.

* 2005년 여성부가 여성가족부로 개편되면서 여성부의 사무로 되어 있던 남녀차별의 금지·구제에 관한 업무가 이관되고, 「정부조직법」 개정에 따라 2005년 「남녀차별금지및구제에관한법률」이 폐지되었다. 그러나 「남녀차별금지및구제에관한법률 폐지법률」에 의하여 성희롱 예방 교육 등에 관한 내용은 여성가족부의 업무로 남아 있다.

3) 일상에서의 여성운동

오랜 역사를 거쳐, 여성들은 그동안 침묵해왔던 여성의 목소리를 드러내고 여성들의 경험을 개인적인 것이 아닌 정치적인 것으로 만들고자 노력하였다. 여성의식이 형성되면서 여성들은 여성의 이해와 요구를 관철시키기 위해 조직하고 실천하였으며, 여성운동의 결과 수많은 변화가 있었다. 여성운동은 공·사 영역의 경계를 넘어서서 여성의 경험을 명명하고 다양한 여성 의제를 형성하며 정책에 반영시키는 중요한 역할을 한다. 여성운동은 여성주의에 기반한 이론과 실천의 결합이며, 형태와 방법 또한 다양하다.

그러나 여성운동에 대한 대중적인 이미지나 시선은 실제와 다르게 한쪽으로 치우쳐 있는 것이 사실이다. 수 와이즈(Sue Wise)는 대중매체가 사회적 관심을 끌기 위해 집회나 거리 캠페인과 같은 여성운동의 방식만을 재현해왔으며, 그 결과 여성운동에 관한 이미지와 '대중적 지식(popular knowledge)'이 만들어졌다고 지적한다. 그렇지만 실제 여성 운동의 활동과 내용은 매우 다양하다. 여성운동은 압력단체로 혹은 자조적인 집단이나 조직으로, 또는 문화 활동과 교육을 통해서, 그리고 일상생활의 정치학 등 다양한 형태로 이루어질 수 있다(Sue Wise, 1996). 대학에서 해마다 열리는 '월경 축제'나 다양한 여성주의 퍼포먼스, '여성의 밤거리 되찾기 운동'과 같은 다양한 문화 행사들도 여성운동의 일환이다. 이처럼 여성운동은 저 멀리에 있는 것이 아니라 일상생활의 실천 영역 곳곳에 있다.

생각해봅시다

1. 주변에서 여성으로서 혹은 남성으로서 차별받은 경험이 있다면 무엇이 있는지, 이를 위해 어떠한 변화가 필요한지 토론해보자.
2. 가족에서, 학교에서, 또는 일상생활에서 변화가 필요한 부분과 이를 위한 여성운동은 어떻게 가능한지 토론해보자.

더 읽을 책

심영희 외(2006), 『한국 젠더정치와 여성정책』, 나남출판.

캐롤린 모저(김기선미 외 옮김)(2000), 『여성정치의 이론과 실천』, 문원출판.

테레사 클라빅(한국여성정책연구회 옮김)(2000), 『복지국가와 여성정책』, 새물결.

추천 영상물

〈딸들의 나라-핀란드의 힘〉 KBS 수요기획(여성가족부 동영상 자료실), 2004.

〈미래의 코드, 여성〉 KBS 기획특집, 2004.

〈스웨덴-북구의 아마조네스〉 SBS, 1994.

젠더와 여성정책 11장

01 여성 '문제'와 정책

사람들에게 '여성정책이 무엇이라고 생각하느냐'라고 물으면 보통 '여성을 위하는 정책, 여성의 지위향상을 위한 정책, 여성을 보호하는 정책'이라고 답하곤 한다. 여성정책은 여성만을 위하는 정책인가? 남성정책은 없는데 왜 여성정책은 있는가? 그렇다면 남성정책도 있어야 하는가 등등 흔히 접하는 이러한 물음에 답하기 위해 먼저 여성정책에서 '여성'이 의미하는 바가 무엇인지 이해하여야 한다.

여성정책에서 '여성'이 의미하는 바는 생물학적 여성이 아니라 젠더 관계로서의 여성이다. '여성'은 동일한 의미로 영원히 고정되는 실체가 아니라 사회적 성별관계 속에서 잠정적으로 구성되는 집단이다. 즉, '여성'은 생물학적 여성이 아니라 성별 불평등한 사회에서 사회적 성별관계로서의 '여성'을 뜻하는 것이다.

여성정책은 여성들의 다양한 차이를 인정하되 권력관계와 성별관계에 주목하고, 정책적 개입을 통해 성 평등한 사회를 지향하려는 것이다. 또한 여성정책은 '젠더 구성'과 '권력관계'에 주목하고 이를 변화시키고자 한다. 정치 영역에서 여성정치인이 별로 없다면 정치과정에서 젠더 관계가 어떻게 작동하는지 밝히고, 여성정치인의 수를 늘릴 수 있도록 다양한 정책들을 마련하는 것이 여성정책인 셈이다.

1) 여성문제가 아닌 젠더 문제

젠더와 여성은 동의어가 아니다. 그런데 현실에서는 '젠더'가 곧 '여성'을 의미하는 것처럼 혼동되는 경우가 많다. 예를 들어 정치 영역에 여성정치인이 별로 없는 것은 젠더 문제가 아닌 여성들만의 문제로 보여진다. 이처럼 젠더가 작동하는 장에서 남성 또는 남성성은 문제가 없거나 또는 젠더와 전혀 무관한 것처럼 간주된다.

우리에게 익숙한 '여성문제'라는 용어는 '여성' 집단 자체를 문제 있는 집단으로 보게 하는 문제가 있다. 즉, '문제 집단으로서의 여성'이라는 이미지를 강화하고, '문제'가 발생하는 사회구조나 제도를 간과하며 젠더 문제를 여성 개인의 문제나 갈등으로 만들어버린다. 그러나 '여성문제'는 여성만의 문제가 아니며, 여성과 남성, 즉 젠더 관계의 불평등 문제이다.

따라서 여성정책은 여성들만의 문제가 아닌, 젠더 관계의 변화를 추구하며, 따라서 여성들만을 대상으로 하지 않는다. 여성정책은 젠더 관계의 변화를 통해 평등한 삶을 추구할 수 있도록 동등한 기회와 조건, 그리고 결과를 이끄는 정책이며, 여성과 남성 모두의 삶에 영향을 미칠 수밖에 없다. 이제 '여성정책이 무엇이라고 생각하는

가'에 대한 물음의 답이 조금 달라지지 않았는가?

2) 정책과 관점, 그리고 해석

정책이란 일반적으로 어떠한 사회를 어떻게 만들겠다고 하는 것을 권위 있게 결정해놓은 것이라고 정의할 수 있다(노화준, 2003). 개인은 여성이든 남성이든 태어나면서부터 죽음에 이르기까지 일상생활 영역에서 정책의 영향을 받는다. 정책은 의도한 결과뿐 아니라 때로 의도하지 않은 결과를 가져오기도 하며, 사회 집단에 따라 미치는 영향이 다를 수도 있다.

정책 과정에서 첫 번째 단계는 '무엇이 문제인가' 하는 것이다. 문제의 정의는 문제의 원인과 정책 방향을 제시하는 출발점이며, 정책기획, 집행, 평가과정 전반에 영향을 미친다. '현상을 보는 방식은 그러한 현상을 평가하거나 변화시키기 위해 우리가 무엇을 해야 하는지 결정한다'는 배니스터와 프란셀라(Don Bannister & Fay Fransella, 1977)의 지적처럼 모든 정책이 입안되거나 기획되는 단계는 '문제'에 대한 암묵적인 혹은 명시적인 해답을 가지고 있다(Bacchi, 1999에서 재인용). 다시 말해 정책문제는 그 자체로 객관적 실체가 아니라 현실에 어떤 준거의 틀을 적용함으로써 생성된 산출물인 것이다(노화준, 2003).

바키(Bacchi)에 따르면 정책은 정책의 '대상'이라 여겨지고 재현되는 방식으로부터 독립적이지 않다. 쟁점과 문제에 대한 모든 서술 그 자체가 이미 해석이며, 해석은 판단, 선택들과 연관되기 때문에 곧 개입이기도 하다(Bacchi, 1999). 따라서 '무엇이 문제인가' 하는 물음은 정치적인 과정이며, 정책문제가 어떻게 보여지고 있는가에 대한 또 다른 분석이 요구된다.

다양한 정책문제들 사이에서 우선순위를 정하는 과정은 사회 구성원 혹은 다양한 사회집단들 사이의 정치적 과정이다. 무엇이 정책문제인가뿐 아니라 무엇이 정책문제가 되지 않는가 또한 중요하게 다루어져야 한다. 과거에는 정책문제가 아니었던 것이 지금에 와서 정책문제가 되기도 하는데, 성희롱이나 성폭력 같은 여성의 성적 자기결정권 이슈가 그러한 예라 하겠다. 사회적 가치가 배분되는 기준에 따라 정책문제가 인식되고 정의되기 때문에, 정책은 객관적이거나 중립적이지 않다. 또한 사회구성원들의 사고와 가치관은 '무엇이 문제인가'를 정의하는 데 영향을 미치며, 성별화된 사회에서 정책은 객관적일 수도, 성 중립적일 수도 없다.

여성주의자들은 정책이 실제로 성 중립적이지 않음을 주장하고, 정책 영역에서 배제되어왔던 여성 이슈를 정책에 반영하고 국가의 역할을 변화시키고자 했다. 국가는 앞 장에서 살펴본 것처럼 다양한 이해집단이 투쟁하는 장소이기 때문에 완전히 객관적일 수 없으며, 국가 안에서 정책은 역사성과 사회성을 갖는다.

예를 들어보자. 한국 사회의 인구정책은 출산억제에서 출산장려로 변화해왔으며, 여성 몸에 대한 통제 정도와 개입 방향도 달라져왔다. 다음 포스터에서 보여지는 것처럼 출산억제정책에서 여성의 몸은 너무 많은 자녀를 출산하는 '문제의 몸'이며, 출산장려정책에서 여성의 몸은 자녀를 낳아야 하는 '생산의 몸'으로 의미화된다. 이처럼 무엇이 정책 이슈인가, 혹은 정책이 어떻게 개입할 것인가는 사회적으로 구성될 뿐 아니라 계속해서 변화한다.

3) 젠더 요구와 정책: 현실적 요구와 전략적 요구

여성정책은 지금까지 가시화되지 않았던 여성들의 경험이 사적이거나 개인적인 것이 아닌 정치적인 것임을 드러내고, 이러한 경험을 명명하는 것에서 출발한다. 여성정책은 기존 정책에 여성을 단지 덧붙이는 것이 아니라, 젠더 관계의 불평등이 주요한 정책 의제임을 의미한다. 또한 여성주의 관점에서, 기존의 정책이 여성의 경험과 이슈를 배제해왔음을 지적한다.

여성정책은 여성과 남성의 삶의 차이에 주목하는데, 젠더 관계를

한국 사회의 인구 정책 관련 포스터와 표어

| 1960년대 | 1970년대 | 1980년대 | 1990년대 | 2000년대 |

출처: 인구보건복지협회, http://www.ppfk.or.kr

- 결혼 후 덮어놓고 낳다보면 거지꼴 못 면한다(1963)
- 딸·아들 구별 말고 둘만 낳아 잘 기르자(1971)
- 둘도 많다(1982)
- 하나 낳아 젊게 살고 좁은 땅 넓게 살자(1987)
- 사랑 모아 하나 낳고 정성 모아 잘 키우자(1989)
- 1·2·3 운동: 결혼 후 1년 내 임신하고 2명의 자녀를 30세 이전에 낳아
  건강하게 잘 기르자(2004)
- 아빠! 혼자는 싫어요, 엄마! 저도 동생을 갖고 싶어요(2004)

조직하는 주요한 방식이 바로 성별분업이다. 성별분업의 구도에서 여성은 '가사 담당자', 남성은 '생계부양자'로 간주된다. 이에 대해 모저(Moser)는 여성의 다중 역할을 강조하기 위해 여성 역할을 3중 역할로 구분하고, '가사'는 여성의 세 가지 역할 중 하나에 해당한다고 하였다. 모저에게 '여성의 노동'은 노동력 유지와 재생산을 위해 필요한 임신 및 양육 등의 '재생산 노동'과 '생산노동', 그리고 지역사회에서의 '지역사회 관리활동'이 포함된다.

여성과 남성은 자원에 대한 서로 다른 통제력을 가지고, 사회에서 요구하는 각기 다른 역할을 수행하며 결과적으로 여성과 남성은 다른 요구(needs)를 갖게 된다. 몰리뉘(Maxine Molyneux)에 따르면 젠더 이해(interests)는 여성 혹은 남성이 젠더 속성을 통해 그들의 사회적 지위에 따라 개발 가능한 이해로서 전략적이거나 현실적일 수 있다.

모저는 몰리뉘의 이해 개념을 발전시켜 이해가 요구로 변환되는 과정에 초점을 맞추고 현실적 젠더 요구와 전략적 젠더 요구를 구분하였다. 현실적 젠더 요구(practical gender needs)란 성별분업에 기반한 여성의 역할을 수용하고, 여성의 현실을 개선하기 위한 요구이다. 그러나 성별권력관계와 여성의 종속에 대해서는 도전하지 않는다. 전략적 젠더 요구(strategical gender needs)란 남성에 대한 여성의 종속적 지위로 인해 나타나는 요구로 성별불평등에 도전하고 성별분업과 여성의 종속적 지위를 변화시키기 위한 요구이다.

여성정책은 여성의 현실을 개선하기 위한 현실적 젠더 요구뿐 아니라 평등한 관계를 지향하는 전략적 젠더 요구를 함께 고려해야 한다. 맞벌이(2인 소득) 가구가 증가하면서 여성들의 일–가족생활에 대한 이중부담이 높아지고 있다. 여성들은 노동시장에서 일도 하며 동시에 가족생활에서 돌봄 노동도 수행한다. 어린 자녀를 둔 여성의

캐롤린 모저의 정책 접근 분석

모저는 제3세계 여성을 지원하는 다양한 정책 접근 방식들이 현실적 젠더 요구와 전략적 젠더 요구를 어느 정도 충족시키는지 평가하기 위해 정책 유형을 몇 가지로 구분하였다.

복지적 접근(welfare)은 1950~60년대 도입된 접근으로 여성을 좋은 어머니로 개발에 참여시키는 데 목적이 있다. 여성은 여성의 재생산 역할에 초점을 두는 개발의 수동적 수혜자로 간주되기 때문에 보편적으로 활용되는 접근이며, 식량지원, 영양상태 개선조치, 가족계획 등 위로부터의 조치를 통해 현실적 젠더 요구를 충족시키는 정책을 추구한다.

균등적 접근(equity)은 최초의 WID 접근으로 1976~85년 유엔 여성의 해 10년 기간에 도입되었다. 여성들이 개발과정에서 균등을 성취하는 데 목적이 있으며, 직접적인 국가 개입을 통해 전략적 젠더 요구를 충족시키고 여성과 남성의 불평등을 축소시키는 접근이다.

빈곤퇴치 접근(anti-poverty)은 두 번째 WID 접근으로 여성 빈곤을 종속 문제가 아닌 저개발의 문제로 간주하고, 빈곤 여성의 생산성 증대를 통해 빈곤을 퇴치함으로써 소득을 창출하는 현실적 젠더 요구를 충족시키고자 한다.

효율성 접근(efficiency)은 세 번째 WID 접근으로 1980년대 이후 경제 위기 시기에 주로 나타났다. 여성의 경제적 기여를 통한 개발이 더 효율적이고 효과적임을 보증하는 것이 이 접근의 목적이다.

세력화 접근(empowerment)은 제3세계 여성들에 의해 시도된 가장 최근의 접근으로 자기 신뢰를 통한 여성의 세력화가 목적이다. 여성종속은 남성 억압과 식민 억압의 결과물이라고 보며, 현실적 젠더 요구와 관련한 아래로부터의 동원을 통해 간접적으로 전략적 젠더 요구를 충족시킨다.

출처: 캐롤린 모저(2000), 『여성정책의 이론과 실천』

이중부담 완화를 위해 양질의 보육시설이 확충될 필요가 있다. 보육시설 확충은 여성의 돌봄 노동을 지원함으로써 현실적 젠더 요구를 충족시키나, 돌봄 노동에 대한 여성들의 일차적 책임은 변하지 않는다. 따라서 여성과 남성, 가족과 사회가 함께 돌봄 노동을 나눌 수 있는 전략적인 젠더 요구에 따른 정책이 필요하다. 이러한 예로는 육아휴직의 일부를 아버지가 사용해야 하는 아버지 육아할당제('파파쿼터제')가 있다.

02 여성정책과 글로벌 어젠더

인간은 누구나 성별, 연령, 인종 등 다양한 사회적 범주에 구애받지 않고 모두가 동등하고 평등한 삶을 살 수 있기를 기대한다. 국제 사회는 이를 위해 많은 노력을 해왔으며, 각국에도 주요한 영향을 미쳤다. 국제 사회의 여성정책을 살펴보는 것은 한국의 여성정책을 이해하는 데에 도움이 된다. 이 절에서는 국제 여성정책의 큰 흐름을 여성을 발전 대상으로 보는 '여성 발전' 접근과 젠더 관계에 대한 변화를 요구하는 '젠더와 발전' 접근으로 나누어 살펴보고, 현재 여성정책의 방향을 모색해보고자 한다.

1) 발전 대상으로의 여성

국제 사회는 1947년 유엔여성지위위원회(UN Commission on the Status of Women, CSW) 창설 이후, 여성정책을 독립적인 의제로 다루기 시작하였다. 유엔은 1975년 제1차 세계여성회의(멕시코)에서 '세계여성의 해'를 선포하고, 여성문제가 중요한 정책 의제가 되어야 함을 강조하였다. 동시에 향후 10년 동안 추진할 여성발전 전략으로 발전과정에 여성문제를 고려하는 '여성 발전'(Women in Development, WID) 접근을 채택하였다. '여성 발전' 접근은 경제·사회 발전이 여성과 남성에게 고르게 영향을 미칠 것이라고 기대하였으나 여성은 발전과정에서 소외되고 배제되어왔으며 발전의 혜택이 여성에게 주어지지 않았다는 인식에서 출발하였다.

일례로 많은 개발국가들은 근대화와 경제사회발전을 국가의 목표로 설정하면서 그러한 결과가 여성과 남성에게 동일한 영향을 미칠 것이라고 예측하였다. 그렇지만 1970년대 초 제3세계 발전에 관한 연구 결과는 여성들이 경제발전과정에서 소외되어 있으며, 근대화와 여성의 지위 향상이 함께 가는 것이 아니라는 사실을 보여주었다. 따라서 여성은 소외되고 배제된 집단으로 특별한 고려가 필요하며, 여성들이 발전과정에 참여해야 한다는 주장이 제기된다. 공적 영역에서 여성의 배제와 기회의 평등이 제대로 이루어지지 않은 것에 대한 자유주의 여성주의 입장에서 '여성 발전' 접근이 채택된 것이다(김양희 외, 2004).

'여성 발전' 접근은 앞서 살펴본 '현실적 성별 요구'에서처럼 성별분업 자체는 문제삼지 않고, 성별분업에 기반한 여성의 현실을 개선하기 위하여 여성에게 일차적 초점을 둔다. '여성 발전' 접근은 여성이 동등하게 발전 과정에 참여하여 혜택을 받고, 여성의 현실을 개선할 수 있다는 점에서 의의가 있다. 또한 그동안 가시화되지 않았던 성별 차이와 차별을 인식하고, 정책적 개입을 통해 이를 개선하고자 했다는 점에서, 그리고 여성들이 지역사회에서 조직화되고 활성화될 수 있는 계기를 제공하였다는 점에서 중요하다.

그러나 '여성 발전' 접근은 단지 여성들만을 대상으로 여성의 현실을 개선하려고 했기 때문에 전통적인 성역할과 성별분업에 대한 근본적 접근과 비판은 이루어지지 않았다. 성별분업은 그대로 유지한 채, 성별권력관계와 성별분업에 대한 재편은 시도되지 않았던 것이다. 남성의 참여와 역할 변화 역시 나타나지 않았으며, 단지 여성만을 '문제'로 인식하였다는 점에서 한계가 있다. 이러한 문제 인식에 따라 젠더 관계의 변화를 더 강조한 '젠더와 발전(Gender and Development, GAD)' 접근이 등장하게 된다.

2) 젠더 관계의 변화

1985년 '유엔 여성 10년'(1975~1985)을 마무리하기 위해 열린 제3차 세계여성회의(케냐 나이로비)에서는 그간 '여성 발전' 접근에 대한 평가를 통해 불평등한 성별권력관계를 변화시켜야 한다는 합의를 이끌어냈다. 그 결과 '젠더와 발전'(GAD) 접근이 채택되었는데, '젠더와 발전' 접근은 남성과 여성의 불평등한 지위와 역할, 자원 접근 등의 권력관계와 차이에 주목하고, '여성'에서 '젠더 관계'로 초점이 이동한 것이다. 여성과 남성의 관계 변화를 통해서 여성문제가 궁극적으로 해결될 수 있다고 보는 입장이다.

'젠더와 발전' 접근은 젠더 관계의 재편을 위해 여성과 남성 모두의 역할 변화를 전제하며, 평등한 관계를 지향하는 전략적 요구에 초점을 둔다. 그러나 '젠더와 발전' 접근이 '여성 발전' 접근을 완전히 부정하거나 별개로 이루어지는 것은 아니다. 젠더 관계의 변화를 위해서 먼저 여성의 현실 개선과 지위 향상이 절대적으로 필요하기 때문이다.

이후 1995년 제4차 세계여성회의(북경)에서는 '젠더와 발전' 접근을 잘 이행하기 위해서 젠더 관점을 모든 영역에 적용시켜야 한다는 합의가 이루어졌다. 그 결과 성별과 무관해 보이는 모든 영역에 젠더 관점을 포함하는 '성 주류화(gender mainstreaming)' 전략이 새로운 여성정책 패러다임으로 채택되었다. 여성정책 패러다임의 변화는 한국 여성정책에 어떠한 영향을 미쳤는가? 다음에서는 한국 여성정책의 흐름과 변화 과정을 간단히 살펴보고, 이어서 성 주류화 전략의 의미와 과제를 정리하고자 한다.

표 11-1 **유엔 세계여성회의**

구분	주요 내용
제1차 세계여성회의 **(멕시코, 1975년)**	UN은 1975년을 '세계여성의 해'로 선포하고, 전 세계 여성 및 국가 대표가 참여하는 제1차 세계여성회의를 개최하였다. 멕시코에서 열린 제1차 회의는 평등, 발전, 평화를 주제로 여성 의제를 주요 의제로 채택하고, 성평등에 관한 담론의 장을 마련하였다. 「세계행동계획」을 채택하여 각국 정부로 하여금 여성의 동등한 참여 증진을 위한 국가 전략을 수립할 것을 요청하고, '유엔 여성 10년(1976~1985)'을 지정하여 여성 지위 향상 및 의사결정 참여를 위하여 노력하였다.
제2차 세계여성회의 **(코펜하겐, 1980)**	제2차 세계여성회의는 1975년에 채택된 「세계행동계획」의 중간 점검, 평가를 위해 개최되었다. 국제사회와 각국의 많은 노력이 있었음에도 불구하고 여성의 실질적인 지위 향상이 이루어지지 않았다는 인식에 따라 광범위한 평등, 발전, 평화의 목표 중 교육, 고용기회, 적절한 보건의료서비스에 대한 동등한 접근을 특별 중점분야로 선정하였다. 이에 앞서 유엔은 1979년 「여성차별철폐협약」을 채택하였으나 우리나라는 1984년에 동 협약에 비준하여 4년마다 보고서를 작성할 의무를 가지고 있다.
제3차 세계여성회의 **(나이로비, 1985)**	'유엔 여성 10년: 평등·발전·평화'의 성과를 점검·평가하는 제3차 세계여성회의는 '세계적인 페미니즘의 탄생'이라고 일컬어지기도 한다. 동 회의에서는 평등, 발전, 평화를 저해하는 장애를 극복하기 위해 2000년까지 이행할 '나이로비 여성발전 미래전략'을 채택하였다. 이후 많은 국가에서 남녀평등 관련 법을 제정하였다.
제4차 세계여성회의 **(북경, 1995)**	제4차 세계여성회의에서 여성발전을 위한 나이로비 미래전략의 이행을 촉구하고, '북경행동강령'을 채택하였다. '북경행동강령'은 경제, 사회, 문화 및 정치적 결정에 완전하고 평등한 참여를 통하여 사적, 공적인 삶의 모든 영역에서 여성의 능동적인 참여를 저해하는 장애요인을 제거하는 데 목적을 둔다. 특히 12개 관심분야(빈곤, 교육 및 훈련, 건강, 여성에 대한 폭력, 전쟁, 경제, 권력 및 의사결정, 여성향상을 위한 제도적 장치, 인권, 미디어, 환경, 여아)를 설정하고, 성 인지적 관점의 통합과 여성의 정책 및 의사결정과정 참여를 강조하였다.

03 한국 여성정책: 흐름과 변화

1) 여성정책의 개념과 정의

여성정책에 대한 정의는 학자들마다 조금씩 다르긴 하지만 일반적으로 정치, 경제, 사회, 문화 등 모든 분야에서 여성의 지위와 권익을 향상시켜 남녀평등 사회를 이룩하려는 포괄적인 국가정책이라고 정의할 수 있다(권영자, 1995). 보다 포괄적으로는 여성의 기본적 인권과 남녀동권에 대한 신념을 바탕으로 현 제도를 비판적으로 분석, 조명하면서 성차이가 차별로 직접 연결되지 않는 기준과 대안적 가치체계를 법, 제도, 정치과정에서 실현하려는 목적의식을 가진 정책이라고 정의할 수도 있다(장필화, 1990).

요약하자면, 여성정책이란 정치, 경제, 사회, 문화 등 모든 영역에서 성평등 실현을 위한 국가 차원의 정책이라고 정의할 수 있을 것이다.

한국 사회에서 여성정책 용어가 공식적으로 사용되기 시작한 것은 1983년 국무총리 산하 '여성정책심의위원회'가 만들어지기 시작하면서부터다. 그 이전까지 우리나라 여성정책은 주로 소외계층 여성과 일부 부녀를 대상으로 한 '부녀행정'의 성격이 더 컸으며, 여성정책 업무가 독립적으로 다루어지기 시작한 것은 1980년대 후반부터라고 할 수 있다. 1988년 정무장관(제2실) 개편과 함께 여성관련법 등이 마련되고, 특히 1990년대 들어서 노동시장과 섹슈얼리티, 그리고 가족 등 다양한 분야에서 차별 금지를 위한 정책과 법적 근거들이 마련되었다(10장 참조).

1995년 북경에서 열린 제4차 유엔 세계여성회의에 영향을 받아 같은 해 12월 「여성발전기본법」(1995년)이 제정되었으며, 이를 기반

「여성발전기본법」 제3조에 의하면 여성정책은 남녀평등의 촉진, 여성의 사회참여확대 및 복지증진에 관한 대통령령이 정하는 정책을 말한다. 여성정책의 범위는 다음과 같다(여성발전기본법 시행령 제2조 제1항).

1) 교육에서의 남녀평등에 관한 정책

2) 정책결정과정의 여성참여 확대에 관한 정책

3) 고용상의 남녀차별 해소에 관한 정책

4) 여성고용촉진 및 안정에 관한 정책

5) 여성보건 및 모성보호에 관한 정책

6) 여성인적자원의 개발에 관한 정책

7) 보육시설에 관한 정책

8) 저소득 모자가정의 여성, 미혼모, 가출 여성, 장애여성 등 보호를 필요로 하는 여성 및 노인여성의 복지 증진에 관한 정책

9) 농어촌 여성의 복지 증진에 관한 정책

10) 평등한 가족관계의 확립에 관한 정책

11) 성폭력 및 가정폭력 등 여성에 대한 폭력의 방지에 관한 정책

12) 가사 노동 가치의 평가 등에 관한 정책

13) 여성의 국제적 평화증진운동 및 국제협력강화에 관한 정책

14) 여성의 자원봉사활동에 관한 정책

15) 기타 여성의 권익증진에 관한 정책

으로 본격적인 여성정책 추진이 가능하게 되었다. 그리고 1998년 「정부조직법 개정」에 따라 정무장관(제2실)이 대통령지속 여성특별위원회로 개편되고, 행정자치부, 법무부, 노동부, 보건복지부, 교육인적자원부, 농림부(6개 부처)에 여성정책담당관실이 설치되는 등 여성정책 기구가 마련되었다.

또한 「여성발전기본법」 제정에 따라 적극적 조치(2002년 5차 개정

양성평등채용목표제

우리나라는 공무원 채용 시험에서 적극적 조치로 목표제를 실시하고 있다. 1996년부터 2002년까지 한시적으로 시행된 여성 채용목표제는 5급과 7급 내 여성 비율을 높이기 위해 시행되었다. 2002년 여성채용목표제가 종료된 이후, 2003년부터 2007년까지 양성평등채용목표제가 적용되며, 이는 이미 스웨덴, 독일 등에서 시행되고 있다. 양성평등채용목표제는 공무원 채용 시 어느 한쪽 성의 합격자 비율이 30% 미만일 때 합격선 범위 내에서 해당 성의 응시자를 목표 비율만큼 추가 합격시키는 제도이다.

비례대표 여성공천 할당제

2000년 2월 정당법 개정에 따라 비례대표 30% 이상을 여성으로 추천하도록 하는 비례대표여성공천할당제가 시행되었다.

에서 원래 '잠정적 조치'였던 용어가 '적극적 조치'로 변경) 시행 근거가 마련되었으며, 이후 여성공무원 채용목표제와 각종 위원회 여성 목표율, 비례대표 여성공천 할당제, 그리고 국공립대 여성교수 채용목표제 등이 시행되었다. 적극적 조치 시행 결과, 정책결정 과정에 여성의 참여 비율이 높아진 것이 사실이나 선진경제 국가에 비하면 아직도 많이 부족한 상황이다. 한편 적극적 조치에 대한 역차별 정서도 커져서 2003년부터 여성공무원 채용목표제가 양적인 면에서 성비 균형을 의미하는 양성평등채용목표제로 전환되었다.

노동시장에서 성차별 금지와 여성 노동권 보장을 위한 제도적 근거가 마련되었으며, 모성보호법 개정에 따라 일하는 여성들의 모성보호 정책도 확대되었다. 1990년 중반 성폭력, 가정폭력 등 여성폭력에 대한 이슈가 가시화되면서 가해자 처벌 근거도 마련되었으며, 성매매 금지도 더욱 강화되었다.

2) 최근 여성정책의 방향

2000년대 들어서 나타난 큰 변화 중 하나는 대통령직속기구인 여성특별위원회가 입법·사법권이 없어 한계가 많다는 지적에 따라 2001년 입법·준사법권을 갖춘 중앙부처로서 여성부가 단독 출범하게 되었다는 것이다. 여성정책의 집행 및 조정 업무를 전담하는 기구로서 여성부는 독자적인 업무 수행이 가능하게 되었다. 또 다른 변화 중 하나는 여성정책의 범위가 여성지원 또는 차별금지를 위한 정책에서 일반 정책으로 보다 확대되었다는 것이다. 2002년 「여성발전기본법」 개정에 따라 일반 정책과 사업이 여성과 남성에게 미치는 영향을 분석하고, 특정 성(性)에 대해 편파적이지 않도록 정책의 성별영향평가(성분석)가 의무화되었다. 이처럼 여성정책의 개

표 11-1 국회 및 지방의회 여성의원 비율

(단위: 명)

	총 국회의원 수			총 지방의회의원 수		
		여성 국회의원 수			여성 지방의원 수	
			비율(%)			비율(%)
1991	–	–	–	5,169	48	0.9
1992	299	3	1.0	–	–	–
1995	–	–	–	5,756	128	2.2
1996	299	9	3.0	–	–	–
1998	–	–	–	4,179	97	2.3
2000	273	16	5.9	–	–	–
2002	–	–	–	4,167	140	3.4
2004	299	39	13.0	–	–	–
2006	–	–	–	3,621	525	14.5
2008	299	41	13.7	–	–	–
2010	–	–	–	3,649	739	20.3

출처: 통계청(2010), 『통계로 보는 여성의 삶』.

념과 범위는 여성을 대상으로 하는 협의의 의미에서 일반 정책의 성별성을 분석하고 검토하는 단계로 나아가고 있다.

그러나 최근 한국 사회에서 나타나는 급격한 가족형태의 변화와 이에 따른 위기의식의 대응으로 가족정책 전담 부서의 필요성이 부각되었으며, 그 결과 2005년 여성부가 여성가족부로 개편되었다. 여성가족부는 기존에 여성부가 수행해오던 여성정책 업무 외에 각 부처의 가족정책을 수립, 조정 및 지원하는 통합적 기능까지 갖게 되었다. 여성정책 집행부서의 규모가 확대됨으로써 집행력이 강화되리라는 현실적 기대와 함께 한편에서는 여성정책 고유 기능이 약화되고 축소될 것이라는 우려도 상존하고 있다. 여성가족부가 행정

* 2005년 출범한 여성가족부는 2008년 여성부로 개편되었다가 2010년 보건복지가족부로부터 가족·청소년 업무를 이관받아 '여성가족부'로 또다시 개편되었다.

기구 측면에서 어느 정도 외양을 갖추었다면 이제 여성정책의 집행 및 조정업무를 보다 효율적으로 추진할 수 있도록 여성운동과 학계 등 각계 각층의 노력과 세력화가 요구되는 시점이다.

04 성 주류화, 중심과 주변의 경계를 넘어서

1) 성 주류화 개념과 과정

성 주류화(gender mainstreaming)는 1995년 이후 국제사회에서 여성 정책의 새로운 패러다임으로 채택된 이후 각국에서 이를 주요한 전략으로 추진하고 있다.* 성 주류화란 성별 감수성을 기반으로 모든 사회 영역에 젠더 관점을 통합하고, 기존 사회구조의 변혁과 패러다임 변화를 통해서 새로운 사회를 지향하는 성평등 전략이다.

1995년 북경에서 열린 제4차 세계여성회의에서는 일부 영역에 젠더 접근을 취하는 것이 아니라 주류의 모든 영역에 젠더를 주류화 함으로써 전체적인 삶의 구조의 변화가 가능하다고 강조하였다. 동 회의에서 채택된 북경행동강령에서는 "여성의 지위향상을 위한 제도적 장치"를 명시하고, "정부 및 기타 관계자는 모든 정책과 프로그램에 성 관점을 주류화하는 능동적이며 명시적인 정책을 장려해야 하며, 이를 위해 어떤 결정이 내려지기 전에 반드시 그것이 여성과 남성에게 각기 끼칠 수 있는 영향에 대한 분석이 이루어져야 한다"고 표명하였다. 이처럼 성 주류화는 그 자체가 목표가 아니라 성평등이라는 궁극적 목표를 이루기 위한 근본적인 전략이다.

일반적으로 성 주류화를 이루기 위해서 세 가지 과정이 필요한데, 첫째는 여성의 주류화로 모든 분야에 여성의 동등한 참여가 보장되

* 국내에서도 1998년 설립된 대통령 직속 여성특별위원회에서 "여성정책의 주류화"를 주요 기조로 채택한 바 있으며, 2001년 여성문제가 모든 국가 정책 영역에서 핵심 분야로 다루어지도록 여성정책의 주류화를 위하여 여성부(Ministry of Gender Equality)를 설립하였다.

어야 하며, 특히 여성의 의사결정권을 강조한다. 그렇지만 여성의 참여가 반드시 성 주류화를 의미하는 것은 아니며, 젠더 관점이 포함되어야 한다. 두 번째는 젠더 관점의 주류화로서, 여성과 남성의 요구와 경험의 차이를 인식하고, 정책이 성별로 다르게 미치는 영향을 분석하여 젠더 관점을 통합하는 것이다. 세 번째는 여성의 주류화와 젠더 관점의 주류화를 통해 주류의 전환을 가져오는 것이다. 예를 들어 누군가에게 파이(pie)를 조금 더 주는 것이 아니라 처음부터 파이 나누는 기준과 방식을 바꾸는 것이다. 주류의 전환은 기존 사회의 패러다임에 대한 근본적 변화를 요구한다.

성 주류화가 전환적인 잠재력을 갖고 있음에도 불구하고, 성 주류화 개념이 사실상 모호하고, 성 주류화의 시행 주체가 일반 시민이기보다는 공무원이라는 점, 그리고 성 평등에 대한 개념도 논쟁적일 뿐 아니라 성 주류화가 행정 절차로 머물게 될 수 있다는 점에서 비판의 여지가 있다(마경희, 2007). 뿐만 아니라 젠더 관점이 단순히 여성과 남성의 관점·경험을 '동등하게' 고려하는 것으로 '해석'되어 성 불평등 이슈를 희석시키고 가장 취약한 빈곤층 여성을 정책으로

성별 감수성이란?

1. 어느 지역에서 도시를 계획할 때 밤거리의 위험을 더 많이 느끼는 여성들의 요구를 수용하여 도시 조명을 밝히고 사고 발생 가능성이 있는 장소를 가능한 줄이고자 노력했다고 한다. 위험 지역을 줄이면 여성 뿐 아니라 도시에 사는 모든 사람에게 혜택을 가져다 줄 수 있다.

2. 여성들이라면 공중 화장실을 이용할 때 길게 줄 서 본 경험이 있을 것이다. 신체적, 사회·문화적 차이로 인해 여성의 화장실 사용 시간이 남성보다 2~3배 길기 때문이다. 뉴욕에서는 1990년 「동수(同數) 화장실 법」을 시행하여 남자 화장실에 있는 소변기와 칸막이 화장실을 합한 수만큼 여자 화장실에 칸막이 화장실을 구비하도록 공공 기관에 지시한 바 있다. 우리나라는 2004년 「공중화장실등에관한법률」을 개정하여 여성화장실의 대변기 수는 남성화장실의 대·소변기 수의 합 이상이 되도록 하였다.

부터 소외시킬 것이라는 우려도 제기된다(김영옥·마경희, 2004). 그럼에도 불구하고 성 주류화는 새로운 성평등 전략으로 세계 각국에서 중요한 정책 의제로 채택되고 있으며, 아직 과정 중에 있다.

2) 성 주류화를 위한 도구들

성 주류화 실현을 위해서 기본적으로 정책 담당자의 성 인지력 향상 (gender sensitivity training), 성 인지 예산(gender sensitive budget), 성별분리 통계(sex-disaggregated data), 정책의 성 분석(gender analysis)이 중요하다.

성 인지력 향상은 정책 담당자들의 성 인지적 관점 및 정책 수행 능력 향상을 통해 정책 기획, 집행, 평가에서 성 인지적 관점이 반영되도록 하기 위한 것이다. 성 인지 예산은 예산이 정책의 우선 순위를 결정하는 의사결정과정이라고 보고, 예산이 성 중립적이지 않다는 점을 강조한다. 여성정책을 위한 자원의 적절한 배분뿐 아니라 예산 분배가 여성과 남성에게 미치는 영향을 분석하고, 예산에 내재된 편견을 확인함으로써 성별 불평등한 결과를 가져오지 않도록 하는 방법이다.

성별분리 통계는 젠더 이슈를 도출하기 위한 기본적인 과정이다. 예를 들어 성별에 따라 노동시장 내 직급과 직업이 분리되어 있다면, 먼저 교육 과정에서 성차별은 없는지, 가족 내 불평등한 가사 책임은 없는지, 여성의 이중부담과 고용주의 편견 또는 성별 고정관념은 없는지 등을 살펴보아야 한다. 이를 위해 성별로 분리된 교육 관련 통계(예를 들어 진학률, 전공 등), 고용주의 여성/남성 선호 정도, 여성의 경제활동참여율 등의 통계가 필요하다. 성별직업·직급분리는 결과적으로 성별임금격차, 여성의 의사결정과정 배제 등을 가져오는데, 성별에 따른 영향을 비교하기 위해서 조직 내 성별에 따른 임금차이, 직급별 여성 비율, 노동조합 및 간부직 여성비율 등의 통계가 필요하다(Hedman et al, 1996).

끝으로 성별 분석(성별영향평가)은 정책과 프로그램을 기획, 집행, 평가할 때, 여성과 남성의 서로 다른 요구를 파악하고, 정책이 여성과 남성에게 미칠 영향을 분석하여 특정 성(性)에 대한 편파 없이 공정하게 이루어지도록 함으로써 성평등한 결과를 가져오기 위한 것이다. 우리나라는 2002년 「여성발전기본법」을 개정하여, 성 분석(성별영향평가)의 법적 근거를 마련하였으며 2004년부터 성별영향평가를 시행하고 있다.

지금까지 살펴본 것처럼 국가도, 정책도 성 중립적이지 않다. 정책 및 국가의 이해가 중심 집단의 요구에 기반하지 않도록, 그리고 주변화된 집단의 경험이 배제되지 않도록 성별 감수성과 성 인지적 관점이 필요하다. 그러나 성별 감수성은 저절로 형성되거나 갖추어지지 않는다. 끊임없이 나를 성찰하고, 익숙하고 자연스러운 것을 낯설게 보기 시작할 때 비로소 주변인의 입장에서 사회를 바라보고 변화시킬 수 있는 힘을 갖게 되는 것이다.

인간은 성별이나 연령, 인종, 계급 등 다양한 사회적 범주에 구애받지 않고 모두가 동등하고 평등한 삶을 살 수 있기를 기대한다. 혹자는 우리 사회가 이미 성평등해졌으며 오히려 남성이 차별받기 때문에 더 이상 여성정책 또는 성평등 정책은 필요하지 않다고 이야기한다. 과연 우리 사회는 모든 개인이 성별, 연령, 인종, 계급 등 다양한 차이에 구애받지 않고 평등한 삶을 누릴 수 있게 되었는가? 만약 그렇지 않다면 지금 내가 할 수 있는 일은 무엇인가?

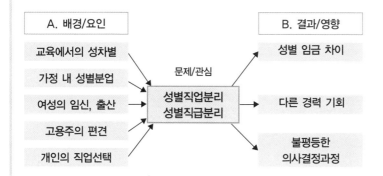

그림 11-1 성별분리 통계 활용의 예

1. 성별직종 · 직급분리의 배경요인 및 영향

A. 배경/요인		B. 결과/영향
교육에서의 성차별		성별 임금 차이
가정 내 성별분업	문제/관심	
여성의 임신, 출산	성별직업분리 성별직급분리	다른 경력 기회
고용주의 편견		불평등한 의사결정과정
개인의 직업선택		

2. 성별직업 · 직급분리의 배경요인 및 영향 통계

A. 배경/요인		B. 결과/영향	
교육에서의 성차별	－교육 및 연령 성별 통계 －고등교육수준 성별 통계 －교육, 연령, 교육수준, 전공별 경제활동 연구	성별 임금 차이	－직업별 성별 임금 －산업별 성별 임금 －공식/비공식 부분의 임금
가정 내 성별분업	－혼인상태, 자녀수에 따른 가사노동시간 －혼인상태, 연령별, 자녀 유무별 고용인구 －혼인상태 및 자녀수에 따른 경제활동/실업인구 －모성보호 휴가 사용비율	다른 경력 기회	－작업장 내 직위별 성별 고용 인구 －기업 크기 및 산업별 성별 고용 인구 －기업 크기 및 산업별 고용주 인구
여성의 임신, 출산			
고용주의 편견	－고용주의 피고용인 여성/남성 선호 정도 －고졸/대졸 여성/남성 졸업생의 직업선호 －고졸/대졸 여성/남성 졸업생의 실제 선택직업 －전공별 인턴제도	불평등한 의사결정과정	－직위별 성별 고용 인구 －관료직 내 최고직 간부 성별 비율 －노동조합의 간부수와 성별 인구
개인의 직업선택			

출처: Hedman, Perucci, Sundstrom(1996), *Engendering Statistics: A Tool for Change*에서 재구성.

1. 여성정책, 또는 성평등 정책의 개념과 필요성에 대해 토론해보자.
2. 내 삶에서 '여성문제'라고 생각되는 것이 있다면 무엇인지, 문제의 이유와 해결 방법에 대해 함께 토론해보자.

📖 **더 읽을 책**

박선영(2003), 『법여성학』, 법문사.

장미경(2006), 『한국여성운동과 젠더정치』, 전남대학교출판부.

한국여성의전화연합 엮음(2000), 『한국여성인권운동사』, 한울아카데미.

참고문헌

[1장]

김승경, 이나영(2006), 「학제간 학문으로서의 여성학: 여성학(과)의 정체성 및 제도화의 문제를 중심으로」, 『한국여성학』, 제22권 1호.

이재경(2000), 「사회학에서의 페미니즘의 수용과 영향」, 『여성학논집』, 제17집, 이화여자대학교 한국여성연구원.

현영학 외(1976), 「여성능력 개발을 위한 여성학과정 설치의 제안」, 『논총』, 28집, 이화여자대학교 한국문화연구원.

Alway, J.(1995), "The Trouble with Gender: Tales of the Still-missing Feminist Revolution in Sociological Theory," *Sociological Theory*, 13: 209-28.

Freud, Sigmund(1925), "Some Psychological Consequences of the Anatomical Distinction between the Sexes," *International Journal of Psychoanalysis*, 8: 133-43.

Kolmar, Wendy K. and F. Bartkowski(2005), *Feminist Theory*, McGraw-Hill.

Harding, S(1986), *The Science Question in Feminism*, 이재경, 박혜정 옮김(2002), 『페미니즘과 과학』, 이화여자대학교출판부.

Lerner, Gerda(1986), *The Creation of Patriarchy*, 강세영 옮김(2004), 『가부장제의 창조』, 당대.

Ruth, Sheila(2001), *Issues in Feminism: An Introduction to Women's Studies*, Mayfield.

Zelditch, Morris, Jr.(1968), "Social Status,' David L. Sills(ed.), *International Encyclopedia of the Social Sciences*, Macmillan.

[2장]

슐라미스 파이어스톤(김예숙 옮김)(1983), 『성의 변증법』, 풀빛.

하이디 하드만(김혜경, 김애령 옮김)(1990), 「마르크스주의와 여성해방론의 불행한 결혼: 보다 발전적인 결합을 위하여」, 『여성해방이론의 쟁점』, 태암.

hooks, bell(1984), *From Margin to Center*, South End Press.

Jaggar Alison, M. and Paula S. Rothenberg(1993), *Feminist Frameworks: Alternative Theoretical Accounts of the Relations between Women and Men*, McGrawhill.

Lober, Judith(2001), *Gender Inequality: Feminist Theories and Politics*, 최은정 외 옮김(2005), 『젠더 불평등: 페미니즘 이론과 정책』, 일신사.

McCann, P. and Kim, S.(eds.)(2003), *Feminist Theory Reader: Local and Global Perspectives*, Routledge.

Mohanty, Chandra Talpade(1984), "Under the Western Eyes: Feminist Scholarship and Colonial Scholarship," *Boundary 2, Vol 12, No.3, On Humanism and the University I: The Discourse of Humanism*.

Pateman, Carole(1989), *The Disorder of Women: Democracy, Feminism and Political Theory*, Stanford University Press.

Pilcher and Whelehan(2004), *50 Concepts in Gender Studies*, Sage Publications.

Reed, Evelyn(1993), "Women: Caste, Class, or Oppressed Sex?", *Feminist Frameworks: Alternative Theoretical Accounts of the Relations between Women and Men*, McGraw-Hill.

Scott, Joan(1992), "Experience," J. Butler and J. Scott(eds.), *Feminist Theorize the Political*, Routledge.

Tong, Rosemary(1995), *Feminist Thought: A Comprehensive Introduction*, 이소영 옮김(2000), 『페미니즘 사상-종합적 사상』, 한신문화사.

[3장]

김은실(2000), 『여성의 몸, 몸의 문화정치학』, 또하나의문화.

김현미(2005), 『글로벌 시대의 문화 번역』, 또하나의문화.

김영옥 엮음(2001), 『근대 여성이 가지 않은 길』, 또하나의문화.

낸시 폴브레(윤자영 옮김)(2007), 『보이지 않는 가슴』, 또하나의문화.

캐롤 타브리스(히스테리아 옮김)(1999), 『여성과 남성이 다르지도 똑같지도 않은 이유』, 또하나의문화.

허라금(2004), 『원칙의 윤리에서 여성주의 윤리로』, 철학과 현실사.

[4장]

김은실(2001), 『여성의 몸, 몸의 문화정치학』, 또하나의문화.

변혜정(2004), 「성폭력 피해구성과 그 의미에 관한 연구」, 이화여자대학교 박사학위논문.

장필화(1999), 『여성, 몸, 성』, 또하나의문화.

전혜영(1999), 「여성대상 표현에 나타난 여성의 사회적 위치」, 『언어와 여성의 사회적 위치』, 태학사.

캐더린 맥키넌(조애리 외 편역)(2001), 「강간: 강요와 동의에 대하여」, 『여성의 몸, 어떻게 읽을 것인가?』, 한울.

Hunter College Women's Studies Collective(1995), *Women's Realities, Women's Choices*, Oxford University Press.

Jaggar, M. Alison(ed.)(1994), *Living With Contradictions: Controversies in Feminist Social Ethics*, Westview Press.

Lorber, Judith(1999), "Embattled Terrain: Gender and Sexuality", Ferree, Lorber, Hess(eds.), *Revisioning Gender*, Sage Publications.

Richardson, Diane(ed.)(1996), *Theorising Heterosexuality*, Open University Press.

[5장]

김은실(2001), 『여성의 몸, 몸의 문화정치학』, 또하나의문화.

또문몸살림터 편역(2005), 『우리 몸, 우리 자신』, 또하나의문화.

에밀리 마틴(고경하 외 편역)(2001), 「여성의 몸에 관한 의학적 비유: 월경과 폐경」, 『여성의 몸 어떻게 읽을 것인가』, 한울.

Dixon-Mueller, Ruth(1993), *Population Policy & Women's Rights: Transforming Reproductive Choice*, Praeger.

Petchesky, Rosalind(1984), *Abortion and Woman's Choice: The State, Sexuality, and Reproductive Freedom*, Verso.

[6장]

권보드래(2003), 「연애의 시대: 1920년대 초반의 문화와 유행」, 현실문화연구.

김은실(2006), 「강의를 열며: 지구화 시대 한국 사회 성문화와 성 연구 방법」, 변혜정 엮음, 『섹슈얼리티 강의, 두 번째: 쾌락, 폭력, 재현의 정치학』, 동녘.

김현경(2003), 「프로젝트로서의 연애와 여성주체성에 관한 연구: 여자대학생의 경험을 중심으로」, 이화여자대학교 대학원 석사학위논문.

박혜경(1993), 「여성의 경험을 통해 본 사랑과 결혼의 관계」, 이화여자대학교 대학원 석사학위논문.

슐라미스 파이어스톤(김예숙 옮김)(1970), 『성의 변증법』, 풀빛, 1983.

시몬느 보봐르(이용호 옮김)(1986), 『제2의 성』, 백조.

재클린 살스비(박찬길 옮김)(1985), 『낭만적 사랑과 사회』, 민음사.

지그문트 프로이트(김정일 옮김)(2003), 『성욕에 관한 세 편의 에세이』, 열린책들.

파비엔 카스타-로자(박규현 옮김)(2003), 『연애, 그 유혹과 욕망의 사회사』, 수수꽃다리.

Cancian, Francesca M.(1987), *Love in America: Gender and Self-development*, New York: Cambridge University Press

Ehrenreich, Barbara, Elizabeth Hess, & Gloria Jacobs(1986), *Re-making Love*, Anchor Press.

Hochschild, Russell(2003), *The Commercialization of Intimate Life*, University of California Press.

Jackson, Stevi(1996), "Heterosexuality and Feminist Theory," in Diane Richardson(ed.), *Theorizing Heterosexuality: Telling It Straight*, Open University Press.

Laws, Judith Long & Pepper Schwartz(1977), *Sexual Scripts*, University Press of America.

Richardson, Diane(ed.)(1996), *Theorizing Heterosexuality: Telling It Straight*, Open University Press.

Rosenberg, Carroll Smith(1996), "The Female World of Love and Ritual: Relations between Women in Nineteenth-century America," Joan Wallach Scott(ed.), *Feminism and History*, Oxford New York: Oxford University Press.

Storch, Maja(2000), *Die Sehnsucht der starken Frau nach dem strken Mann*, Walter Verlag, Dusseldorf und Zurich: Patmos Verlag GmbH & Co. KG, 장혜경 옮김(2003), 『강한 여자의 낭만적 딜레마』, 푸른숲.

Swidler, Ann(2001), *Talk of Love: How Culture Matters*, Chicago and London : University of Chicago Press.

[**7장**]

김혜경(2006), 『식민지하 근대가족의 형성과 젠더』, 창비.

다이아나 기틴스(안호용, 김홍주, 배선희 옮김)(1997), 『가족은 없다』, 일신사.

로버트 라이시(오성호 옮김)(2001), 『부유한 노예』, 김영사.

매릴린 옐롬(이호영 옮김)(2003), 『아내의 역사』, 시공사.

박혜경(2000), 「한국가족의 변화와 가족구성에 관한 여성의 권리」, 한국인권재단 편, 『일상의 억압과 소수자의 권리』, 사람생각.

베리 쏘온, 매릴린 얄롬(권오주 외 옮김)(1991), 『페미니즘 시각에서 본 가족』, 한울.

아드리엔 리치(김인성 옮김)(1995), 『더 이상 어머니는 없다: 모성의 신화에 대한 반성』, 평민사.

앤서니 기든스(배은경, 홍성호 옮김)(1993), 『현대사회 성, 사랑, 에로티시즘』, 새물결.

양현아(2000), 「호주제도의 젠더 정치: 젠더 생산을 중심으로」, 한국여성학회 편, 『한국여성학』, 16/1.

엘리자베트 벡-게른스하임(이재원 옮김)(2000), 『내 모든 사랑을 아이에게?: 한 조각 내 인생과 아이문제』, 새물결.

엘리자베트 벡-게른스하임(박은주 옮김)(2005), 『가족 이후에 무엇이 오는가?』, 새물결.

여성가족부(2004), 전국 가정폭력 실태조사.

울리히 벡(홍성태 옮김)(1997), 『위험사회: 새로운 근대(성)을 향하여』, 새물결.

이재경(2003), 『가족의 이름으로: 한국 근대가족과 페미니즘』, 또하나의문화.

장필화(1997), 「가부장제와 성」, 한국여성학회 편, 『한국여성학』, 13/2.

제이버 구부리움, 제임스 홀스타인(최연실, 조은숙, 성미애 옮김)(2002), 『가족이란 무엇인가? 사회구성주의적 관점에서 본 가족담론』, 하우.

조은, 조주현(1997), 『근대가족의 변모와 여성문제』, 서울대학교출판부.

필립 아리에스(문지영 옮김)(2003), 『아동의 탄생』, 새물결.

Anderson, Bridget(2000), *Doing the Dirty Work? The Global Politics of Domestic Labour*, Zed Books.

Cheal, David(1991), *Family and the State of Theory*, Harvester Wheatsheaf.

Dally, Ann(1982), *Inventing Motherhood: The Consequences of an Ideal*, Burne tt Books Ltd.

Donzelot, jacques(tr. by Robert Hurley)(1997), *The Policing of Families*, Johns Hopkins University Press.

Ehrenreich, Barbara and Deirdre English(1978), *For Her Own Good : 150 Years of the Experts'*

Advice to Women, Doubleday.

Hochschild, Russell(2003), *The Commercialization of Intimate Life*, University of California Press.

Mintz, Steven & Susan Kellogg(1988), *Domestic Revolutions : A Social History of American Family Life*, The Free Press.

Park, So Jin(2006), "The Retreat from Formal Schooling "Educational Manager Mother" in the Private After-school Market of South Korea," Ph.D. Dissertation, Illiois Uuniversity(Urbana).

Struening, Karen(1996), "Feminist Challenges to the New Familialism : Lifestyle Experimentation and the Freedom of Intimate Association," *Hypatia*, 11(1, Winter).

[8장]

강이수, 신경아(2001), 「노동에 대한 여성주의적 이해」, 『여성과 일』, 동녘.

김현미(2000), 「한국의 근대성과 여성의 노동권」, 『한국여성학』.

김혜경(1999), 「가사노동담론과 한국근대가족: 1920, 30년대를 중심으로」, 『한국여성학』.

나탈리 소콜로프(1990), 『여성노동시장이론』, 이화여자대학교출판부.

낸시 폴브레(윤자영 옮김)(2007), 『보이지 않는 가슴: 돌봄 경제학』, 또하나의문화.

마리안 A. 퍼버(1997), 『남성들의 경제학을 넘어서』, 한국외국어대학교 출판부.

문은미(2000), 「여성직종에서 노동자원으로서의 섹슈얼리티 연구: 행사도우미를 중심으로」, 성신여자대학교 여성학과 석사학위논문.

박홍주(1995), 「판매직 감정노동에 관한 일연구」, 이화여자대학교 여성학과 석사학위논문.

유홍준(2000), 『직업사회학』, 경문사.

윤박경(2004), 『새만금, 그곳엔 여성들이 있다』, 푸른사상.

이승주(2004), 「한국 민주 노조운동의 가족 이데올로기」, 『여/성이론』.

이재경(2003), 『가족의 이름으로: 한국 근대가족과 페미니즘』, 또하나의문화.

이재경(2004), 「노동자계급 여성의 어머니노릇의 구성과 갈등: 경인지역을 중심으로」, 『사회과학연구』, 2004.

전국경제인연합회(2007), 『대기업 인력구조 및 여성인력 현황 조사결과』, CEO리포터.

정희진(2005), 『페미니즘의 도전』, 교양인.

조순경 편(2000), 『노동과 페미니즘』, 이화여자대학교출판부.

줄리아 우드(2006), 『젠더에 갇힌 삶: 젠더, 문화 그리고 커뮤니케이션』, 커뮤니케이션북스.

캐롤 타브리스(1999), 『여성과 남성이 다르지도 똑같지도 않은 이유』, 또하나의문화.

크리스 쉴링(1999), 『몸의 사회학』, 나남.

통계청(2007), 『통계로 보는 여성의 삶』, 통계청.

하이디 하트만(1985), 「자본주의, 가부장제, 성별분업」, 『제3세계 여성노동』, 창비.

한국여성개발원(2005), 『비정규직 여성노동자 건강증진방안 연구』.

Alice Kessler-Harris(1990), "The Wage Conceived" in *A Women's Wage: Historical meanings and social consequences*, University of Kentucky press.

Adkins, Lisa(1995), *Gendered Work*, Open University Press.

Anker(1998), *Gender and Jobs: Sex segregation of occupations in the world*, ILO.

Berger, Bennet(1981), *The Survival of a Counterculture: Idelogical Work and Everyday Life among Rural Communards*, University of California Press.

Daly, M. & Rake, K.(2003), *Gender and the Welfare State: Care, Work and Welfare in Europe and the USA*, Polity.

Ehrenreich and Hochschild(2003), *Global Woman*, Metropolitan Books.

Folbre, Nancy(2001), Who Pays For The Kids?, Routledge.

Hays, Sharon(1996), *The Cultural Contradictions of Motherhood*, New Haven: Yale University Press.

Hochschild(1983), *The Managed Heart*, University of California Press.

Kemp(1994), *Women's Work: Degraded and Devalued*, Prentice Hall.

Pujol(1995), "Into the Margin," Edith & Jolande(eds), *Out of Margin*, London: Routledge.

Standing, G.(1981), *Unemployment and Female Labor*, International Labour Oraganization(ILO).

Wajcman(1991), *Feminist Confronts Technology*, Polity Press, 조주현 옮김(2001), 『페미니즘과 기술』, 당대.

Waring, M.(1999), Counting For Nothing, University of Toronto Press.

[**9장**]

강이수, 신경아(2001), 『여성과 일』, 동녘.

국가인권위원회(2002), 『국내거주 외국인노동자 인권실태조사』.

_____ (2005), 『진정직업자격 등 고용차별 판단기준에 관한 외국 판례 조사』.

권수현(2007), 「직장내 성희롱 고충상담원을 위한 자가진단 및 교육훈련 매뉴얼」, 한국양성평등교육진흥원.

김유선(2007), 「비정규직 규모와 실태(2007.3)」, 『노동사회』.

김현미(1999), 「2000년 한국, 여성은 노동자가 될 수 없는가?」, 『여성의 일찾기, 세상바꾸기』, 또하나의 문화.

나임윤경(2005), 『여자의 탄생: 대한민국에서 딸들은 어떻게 '여자다운 여자'로 만들어지는가』, 웅진씽크빅.

노동부(2006), 『남녀근로자현황조사』.

_____ (2007), 『남녀고용평등 국민의식조사』.

박정옥(2005), 「노동조합 활동의 성평등 제고 방안에 관한 시론적 연구 : 공공부문 노동조합 여성간부 활동을 중심으로」, 이화여자대학교 여성학과 석사학위논문(미간행).

여성가족부(2005), 『2004년도 전국 보육·교육 실태조사』.

_____ (2006), 『전국 결혼 및 출산동향에 관한 조사』.

유홍준(2004), 「여성응시자에게만 묻는 면접예제」, 『직업사회학』, 경문사.

이은아(1999), 「기업내 남성 네트워크와 여성 배제에 관한 연구」, 이화대자대학교 여성학과 석사학위논문.

이주희(2004), 『유리천정 깨뜨리기: 관리직 여성의 일과 삶』, 한울.

이철순(2007), 『당당한 미래를 열어라: 세상을 바꾸려는 여성노동자들』, 삶이 보이는 창.

전국경제인연합회(2007), 『대기업 인력구조 및 여성인력 현황 조사결과』, CEO리포터.
   (http://www.fki.or.kr/emagazine/FileView.aspx?menu_id=100010&volumn_id=466)

정금나(2000), 「고용 차별 개념의 새로운 이해를 위하여」, 『노동과 페미니즘』, 이화여자대학교출판부.

조순경(1996), 「노동조합과 노동시장: 신인력 정책과 여성노동」, 『산업노동연구』.

조순경(2007), 「여성직종의 외주화와 간접차별: KTX 승무원 간접고용을 통해 본 철도공사의 체계적 성차별」, 『한국여성학』.

조정아(2000), 「대졸 여성의 노동 경험과 직업의식 신화」, 『노동과 페미니즘』, 이화여자대학교출판부.

통계청, 『경제활동인구조사보고서』 각년도.

_____ , 『경제활동인구조사 부가조사』(2007.3).

_____ (2007), 『통계로 보는 여성의 삶』.

한국이주여성센터(2005), 「지구화와 이주의 여성화, 한국 이주 여성의 실태와 과제」, 2005년 이주여성 인권센터 국제심포지엄 자료집(미간행).

한국여성개발원(2002), 『여성의 생애와 취업 : 여성의 취업실태조사 학술세미나』.

George & Wilding(2002), Globalization and Human Welfare, Palgrave Macmilan Ltd.

Hoschild(2003), *The Commercialization of Intimate Life: Notes from Home and Work*, University of California Press.

Mckinsey Global Institute(2001), 『우먼코리아 보고서』, 매일경제신문사.

OECD(2005), *OECD Employment Outlook*.

[10장]

김경희(2000), 「고용 평등과 적극적 조치」, 『노동과 페미니즘』, 이화여자대학교출판부.

_____(2002), 「국가와 여성정책」, 한국여성정책연구회(편), 『한국의 여성정책』, 지식마당.

김정란(2004), 「일본군 '위안부' 운동의 전개와 문제인식에 대한 연구: 정대협의 활동」, 이화여자대학교 박사학위논문.

실비아 월비(우희정 옮김)(1990), 『가부장제 이론』, 이화여자대학교출판부.

정희진(2003), 「인권과 평화의 관점에서 본 여성에 대한 폭력」, 한국여성의 전화(편), 『성폭력을 다시 쓴다』, 한울.

조한혜정(2004), 「여성정책의 실질적 패러다임 전환을 위한 시론」, 『한국 여성정책의 뉴 패러다임 정립』, 여성부.

조형, 이재경(1989), 「국가에 대한 여성학적 접근: 시론」, 『여성학논집』 제6집, 이화여자대학교 한국여성연구소.

조형, 강인순, 정진주(2003), 『여성의 시민적 권리와 사회정책』, 한울.

헬가 마리아 헤르네스(1989), 「여성과 복지국가: 사적 의존에서 공적 의존으로의 변화」, 앤 쇼우스틱 사쑨(편저), 『여성과 국가』, 한국여성개발원.

Pringle, R. and S. Watson(1992), "'Women's Interests' and the Poststructuralist State" in M. Barrett and A. Phillips(eds, *Destabilising Theory: Contemporary Feminist Debates*, Cambridge, Polity Press.

Sue Wise(1996), "Feminist activism: continuity and change," Tess Cosslett, Alison Easteon and Penny Summerfield(eds.), *Women, Power and Resistance*, Open University Press.

[11장]

권영자(1995), 「한국여성정책에 관한 연구」, 성신여자대학교 박사학위논문.

김경희(2006), 「여성정책 관점의 재구성을 위한 시론 : 여성발전론과 성주류화 개념의 이해를 중심으로」, 『한국 젠더정치와 여성정책』, 나남출판.

김양희 외(2004), 『정책의 성별영향분석을 위한 기반구축 연구』, 경기도.

김영옥, 마경희(2004), 「유럽연합의 성 주류화: 평등기회에 대한 새로운 개념과 실천을 향하여?」, 『주류화와 성평등의 논리』, 여성부.

노화준(2003), 『정책분석론』, 박영사.

마경희(2007), 「성 주류화에 대한 비판적 성찰: 여성정책의 새로운 패러다임인가? 함정인가?」, 『한국여성학』, 제23권 1호, 한국여성학회.

장필화(1990), 「여성정책을 위한 기초적 검토」, 『여성학논집』 제7집, 이화여자대학교 한국여성연구소.

캐롤린 모저(장미경 외 옮김)(2000), 『여성정책의 이론과 실천』, 문원출판.

통계청(2007), 『통계로 보는 여성의 삶』.

Birgitta Hedman, Francesca Perucci and Pehr Sundstrom(1996), *Engendering Statistics: A Tool for Change*, Women Ink.

Carol Lee Bacchi(1991), *Women, Policy and Politics*, Sage.

여성학 용어

가부장제patriarchy   남성에게 권력이 속해 있고 지배적 위치를 갖도록 하는 가족, 집단, 사회. 여성을 희생하여 남성에게 특권을 주는 보편적인 정치구조로 남성 지배와 동의어로 쓰여지는 경우도 있으며 특정한 역사상의 사회구조를 가리키는 경우도 있다. 가부장적 권력은 가족, 경제, 언론, 종교, 법, 정치 등 모든 영역에서 발휘된다.

가사노동domestic work/labor   가정 안에서 타인을 위해 무급으로 행하는 온갖 노동. 가사는 보잘 것 없는 것으로 간주되기 쉬우나 여성학에서는 가사가 성차별 이론의 핵심이며, 여성과 남성의 평등 실현을 위해 해결되어야 하는 문제로 간주한다.

가족임금(이데올로기)family wage(ideology)   남성을 생계부양자로 가정하고 남성에게 가족 전체의 생계를 위한 임금을 지불하는(또는 지불해야 한다는) 제도나 의식. 가족급이라고도 한다. 미국의 페미니스트 경제학자인 하이디 하트만은 가족임금이 성에 따른 기존의 노동분업의 시금석이 되고 있다고 그녀의 논문에서 밝힌 바 있다. 가족임금제로 인해 남성은 가족의 생계를 위해 가족임금을 벌어야 하는 생계부양자로 여겨지고, 여성은 가사와 육아의 일차적 책임을 지는 가사 담당자로 여겨진다. 또한 여성의 경제 활동을 기대하지 않고 사회에서 여성의 저임금을 정당화하는 방식으로 사용되어 왔다.

간접차별indirect discrimination   표면상 남녀를 동일하게 대우하나 그 기준이 특정성으로 하여금 현저히 충족하기 어려워 결과적으로 불리한 결과를 초래하는 경우. 이를 규제하기 위해 〈남녀차별금지기준〉에서 구체적인 사례를 명시함으로써 법적인 규제근거를 가지게 되었다. 간접차별의 사례로는 금융권의 신인사제도, 사내부부 우선해고 등이 여기에 속한다.

감정노동emotional labor   자신의 심리적, 감정적 상태를 의식적이고 합목적적인 방식으로 관리하고 사용하는 일체의 노력들을 지칭하는 포괄적인 개념으로, 편안함, 기쁨 등의 특정 감정을 구성하고 유지하는 감정관리가 사용가치 및 교환가치를 창출하는 일체의 활동. 경제의 서비스화로 인해 노동시장에는 임금과 교환되는 상품화된 감성관리를 핵심적인 노동요소로 하는 직업들이 늘어나고 있나. 감정노동을 핵심적으로 요구하는 직업은 판매원, 승무원, 간호사, 상담가, 보모 및 교사 등이 대표적이다.

공·사 이분법dichotomy of the public and the private   사적이고 개인적인 영역(연애, 결혼, 섹슈얼리티, 가사노동을 누가 할 것인지, 부모와 자녀 관계 등)과 공적 영역(정치, 경제, 종교, 법, 직장)을 분리하는 관점. 이 두 영역은 서로 영향을 주고받지만, 공·사 이분법에서는 이 두 영역이 다른 규칙, 태도, 행동에 의해 지배된다고 인식하며, 여성은 사적인 영역에 남성은 공적인 영역에 위치시킨다.

권력power   설득, 카리스마, 법, 정치적 행동주의, 강제에 의해 타인에게 영향을 미치는 능력. 권력은 비공식적 영역에서 공식 제도에까지, 그리고 모든(미시적, 거시적, 지구적) 단계에서 작동한다.

균분상속제   성별, 출생 순위, 결혼 여부와 관련 없이 자녀들에게 부모의 재산을 똑같이 나누어 주도록 한 제도. 고려시대의 상속제도는 균분상속제였고, 조선 후기에 장자우대차등상속제(장자를 우대하여 차등적으로 분배하는 상속제도)가 되었고 이것은 근대 민법에서도 유지되었다. 이 제도 하에서는 장자의 상속 지분은 차자보다 50%가 많았고, 딸들은 아들의 절반, 기혼 딸은 미혼 딸의 절반이었다. 이러한 차별적인 상속제에 대한 여성주의자들의 오랜 싸움 끝에 1989년에 이루어진 민법 부분 개정에서 균분상속제가 규정되었다.

남녀차별의 금지 Equal Remuneration Convention/equal treatment   「근로기준법」 제5조는 '사용자는 근로자에 대하여 남녀의 차별적 대우를 하지 못하며 국적·신앙 또는 사회적 신분을 이유로 근로조건에 대한 차별적 처우를 하지 못한다'고 규정. 이것은 헌법 제11조의 '법 앞에 평등'을 사용자와 근로자와의 관계에서 구체적으로 실현하고자 한 것이며 국제노동헌장도 '동일가치의 노동에 대해서 남녀동일임금'을 받아야 한다는 원칙을 선언하고 있다. 이러한 이념에 따라 「근로기준법」은 사용자가 합리적인 이유 없이 단순히 여성이라는 이유만으로 차별하는 것을 금지하고 이를 어길 경우 벌칙으로써 사용자로 하여금 준수·이행을 강제하고 있다.

동일노동동일임금equal pay for equal work   전통적으로 남성의 일 또는 여성의 일로 여겨지는 직업에서 성별에 근거한 임금상의 불평등을 제거하기 위한 평가 방법. 특정 직업에서 요구되는 지식과 기술, 지적 요구수준이나 의사결정 능력, 책임감과 관리능력, 노동 환경(신체적 안정성) 등을 고려하게 되었다.

두 번째 업무second shift   주로 여성이 가정 밖에서의 전일제 노동 이후에 집에서 수행해야 하는 가사 노동과 자녀 양육의 책임.

본질주의essentialism　사람은 타고난 본성, 특징, 성품에 의해 규정된다고 보는 입장. 예를 들어 여성은 남성에 비해 본질적으로 양육과 보살핌을 더 잘할 것이라 생각하는 것이다.

비정규직irregular employment　정규직을 제외한 다른 모든 고용형태의 근로로서, 일반적으로 적절한 계약에 의하지 않거나 급료나 근로방식, 근로시간, 고용의 지속성 등 사회적 보호에 대한 일체의 규제를 받지 않는 고용. 비정규 근로, 비전형 근로/고용(non-standard work/employment), 비정형 근로/고용(atypical work/employment), 임시 근로, 한시 근로 등의 용어로 쓰기도 한다.

빈곤의 여성화feminization of poverty　전세계적으로 빈곤층의 대다수는 여성과 어린이들로 구성되어 있음을 일컫는 말. 이는 구조적 불평등과 차별적 정책의 결과이다.

상호교차성intersectionality　사회에는 다양한 억압구조가 존재하며 이 구조들은 서로 얽히어 작동한다는 것을 나타내는 개념. 이러한 개념으로 보면, 젠더 구조는 인종, 사회계급, 민족 등의 여러 구조들과 얽힌 채로 작동한다.

생물학적 결정론/환원론biological determinism/reductionism　어느 집단의 생물학적, 유전적 구조가 사회적, 정치적, 경제적 운명을 결정한다는 일반론. 인간의 성격이나 사회는 대부분 혹은 모두 인간 생리 기능의 요구에 지시받으며 남성성과 여성성 사이는 본질적으로 변하지 않는 차이가 있다고 본다. 이러한 입장은 남성 또는 백인에 비해 생물학적, 유전적으로 다른 여성과 유색 인종의 열등성을 주장함으로써 그들에 대한 종속을 정당화하는 데 사용되었다.

성 각본sexual scripts　각본 속에 배역을 가진 배우들처럼 생의 다른 영역과 성생활에도 각본이 존재한다는 것을 일컫는 개념. 이 개념은 개그넌과 사이몬이 처음으로 도입한 것으로, 성에 대한 설명을 생물학적 차원으로 환원시키는 것에 도전하고 사회적인 차원에서 성을 보도록 하는 데 기여하였다. 가부장적 사회에서 여성의 성은 가부장적 각본에 따라 구애를 기다리고, 남성의 성적 접근을 기다리는 등 수동적인 배역을 맡는다고 본다. 그러나 여성은 각본을 수동적으로 따르지만은 않고 여러 각본들 속에서 협상하기도 하고 저항하기도 한다. 성 각본에는 행동과 지위를 관장하는 규칙, 기대, 재가가 있으며 사회 집단에 의해 인정된다.

전략적 젠더 요구strategical gender needs　젠더 불평등 및 여성의 종속적 지위를 변화시키는 요구. 성별분업에 도전하며 종속에 대한 분석을 통해 특정 맥락에 따라 달라진다.

성별노동분업gendered division of labor   여성은 가정과 양육에, 남성은 주로 공적 영역에서의 활동에 주요한 책임이 있다는 전제 하에 여성과 남성 간의 역할과 의무를 분리하는 것. '역사적으로 생겨나고 문화로 고정되어온 성별구분에 따른 노동분업'으로서, 전체 사회를 사회와 가정으로 분리하고, 사회적·경제적·이데올로기적으로 남녀의 전담영역과 역할을 고착화시킨다. 이를 통해 '사회-생산-공적영역-남성'과 '가정-재생산-사적영역-여성'의 분리체계를 성립시키면서, 불평등한 성을 구성하는 사회원리로 작동한다.

성별 사회화socialization of gender   소년과 소녀에게 문화적으로 적절하다고 여겨지는 태도와 행동에 대해 학습시키는 과정.

성별화된gendered   사회적으로 구성되고 여성에 비해 남성을 유리하게 하는 결과들을 의미화하는 개념들. 어떤 대상의 성격이 남성 혹은 여성적이거나, 그것이 성별에 따른 차이의 패턴을 보여준다면, 그것은 '성별화된 것'이다. 예를 들어 여성과 남성이 서로 다른 형태의 임금노동(여자는 파트타임으로 일하는 경향이 있고, 남자는 풀타임으로 일하는 경향이 있다)이나 다른 유형의 임금노동(예를 들어, 여자는 간호직, 남자는 건설)을 하고 있고 그 노동으로부터 벌어들이는 평균임금이 다르다면 임금노동은 성별화된 제도다.

성 분석(성별영향평가)gender analysis   정책이나 프로그램의 기획 단계에서 성 인지적 관점을 적용하는 것을 말함. 정책 및 프로그램 기획 단계에서 성별을 주요 변수나 기준으로 삼아 정책과 프로그램이 여성과 남성에게 미칠 영향을 사전에 검토하는 것이다. 또한 주요 변수로서의 성별 구분이 특정 성에 대해 불평등한 효과를 가져온다면 양성(兩性) 모두에게 평등한 효과를 나타내도록 미리 조정하는 것을 말한다.

성역할gender role   성역할이라는 개념은 남녀가 맡는 각기 고유의 사회적인 기능을 지칭함. 이 말 안에는 남성적이든가 여성적이라는 특징이나 기질이 태생적으로 결정되는 것이 아니라 사회로부터 할당된 것이라고 본다.

성 인지 관점gender sensitive perspective   여성이 남성과는 다르고, 때로는 남성과는 상반되는 이해와 요구를 가지고 있다고 보는 것. 따라서 여성과 남성의 삶을 비교하고, 여성 특유의 경험을 반영하며, 특정 개념이 특정 성에게 유리하거나 불리하지 않은지, 성 역할에 대한 고정관념이 개입되어 있는지 아닌지를 검토하는 관점을 말한다.

성 인지 예산gender budget   정부 예산이 여성과 남성에게 미치는 효과를 평가하고 이 평가를 정부의 예산 체계와 편성에 반영하는 것. 성 인지적 예산은 한 국가의 모든 정책 예산을 대상으로 하며, 여성을 위한 특별사업이나 프로그램만을 대상으로 하지 않는다. 여성 예산, 성별 예산과 같은 의미로 사용되기도 하며, 2005년 「국가재정법」이 통과되면서 2010년부터 본격적으로 성 인지 예산이 시행될 계획이다.

성 주류화gender mainstreaming 성평등이라는 궁극적 목표를 이루기 위한 근본적인 전략. 평등은 그 자체가 목적이 아니라 시간과 행동에 있어서 고려되어야만 하는 가치. 또 주류화는 불평등을 유지하는 과정의 중요함에 대한 새로운 합의를 의미하고, 불평등을 논함에 있어 과정지향적인 전략의 중심을 의미한다.

성차별gender discrimination 성별에 근거하여 사람을 불평등하게 구별하여 취급하는 행위. 한쪽의 성이 다른 성에 비해 특권을 갖고 있는가, 또는 제약을 받는가라는 의미로 사용된다.

성차별주의sexism 성별에 의해 여성을 종속시키는 태도, 행동, 제도적 관습.

실질적 젠더 요구practical gender needs 여성들이 기존 사회에서 즉각적으로 필요로 하는 요구들. 성별분업과 여성의 종속에 도전하지 않는다.

어머니 노릇mothering 어머니다움 또는 모성애(motherhood)와는 다른 개념으로, 어머니로서 역할하기 또는 어머니로서의 경험을 의미. 어머니 노릇을 실제로 누가 하며 어떠한 경험인가는 인종, 계급, 문화 등에 따라 다르다. 어머니 노릇은 여성 어머니를 연상시키기는 하지만 여성주의자들은 이 용어의 창안을 여성의 경험에 기초하였을 뿐 여성만 하는 일이라고 보지는 않는다.

억압oppression 사회적으로 구성된 집단에 대해 모든 사회적 제도의 이데올로기와 실천을 통해 조장되는 편견과 차별. 단순한 편견과 차별에 의한 억압과 구별되는 비판적 지점은, 그것이 집단적 현상이고 구조적으로 편견을 조장하고 차별적 행동을 강화하기 위해 제도적 권력과 권위가 사용된다는 데 있다. 모든 사람은 직·간접적인 가해자이거나 수동적 수혜자로서, 또는 한 집단의 구성원이거나 다른 열등한 집단의 구성원의 위치에서 억압받는 사람에 대해 차별적 행동을 행함으로써 억압의 실천에 참여하게 되고 사회화된다.

에코페미니즘(ecofeminism) 여성의 지배와 자연의 지배를 연계시키는 철학.

여성노동조합운동women workers union movement 여성문제를 노동문제로 취급하지 않는 노동조합의 무관심과 남성 중심의 문화 및 지도력 문제를 해결하기 위해, 여성노동운동가들은 100년 전부터 독자적인 여성노동조합을 조직했다. 대표적으로 덴마크의 '여성노동조합(Women Workers Union)', 멕시코의 'September 19' 여성 섬유노조, 인도의 여성노동조합(SEWA) 등이 있다. 아시아의 경제위기 이후 일본과 한국에서도 여성노동조합이 조직되어 현재 활발하게 활동 중이다.

여성정책gender policy　정치, 경제, 사회, 문화 등 모든 영역에서 남녀평등을 목적으로 하는 국가 차원의 정책. 여성정책은 여성만을 대상으로 하거나, 여성 부서에만 국한된 정책이 아니라 중앙 정부 부처와 지방자치단체의 각 부서가 함께 과제를 수행해야 하는 특성을 가진다. 「여성발전기본법」 제3조에 의하면 여성정책은 남녀평등의 촉진, 여성의 사회참여확대 및 복지증진에 관한 대통령령이 정하는 정책을 말한다.

유리 천장glass ceiling　직장 내 상위직급으로의 여성 승진을 가로막는 보이지 않는 장벽. 고위직 여성에 대한 부정적 태도와 여성의 능력과 훈련에 대한 인지 부족으로 여성들의 고위직 승진이 어렵게 된다.

이성애 중심주의heterosexism　이성 간의 성애적 결합이 자연적이며 정상적인 것이라고 보는 관념이자 사회제도의 구성원리. 이성애 이외의 다른 성적 지향과 정체성, 라이프스타일의 존재를 부인하고, 비정상적이거나 열등한 것으로 간주한다.

입장론standpoint theory　사회적, 역사적 입장의 차이가 다양한 경험을 만들어내고, 경험에 기반한 이론이 발생한다는 견해. 여성주의 입장론자들은 세계의 이해가 성별화된 사회적 지위와 관련되어 있다고 주장한다. 사회적 지위나 위치의 중요성에 대한 이런 기본적 이념은 입장론자들에 의해, 전통적 과학적 인식론에 대한 주요 비판을 이루었다.

재생산 노동reproduction/reproductive labor　다음 세대의 노동자와 시민을 출산·양육·사회화하는, 주로 여성에 의해 수행되는 무급의 가사노동. 그리고 성인 노동자가 노동할 수 있도록 음식 및 의복을 제공하고 휴식, 안정, 사랑, 성적 친밀성을 통해 그를 돌보는 것.

정체성의 정치학identity politics　정체성을 행동주의와 정치학의 중심에 놓는 것. 대개 인종, 민족, 성적 지향과 같은 특징이 집단 구성원의 삶에서 가장 중요하며, 그러한 집단은 다른 특징으로 인해 차별받지 않아야 한다는 것을 전제한다.

직접차별direct discrimination　남녀를 달리 대우하여 특정 성에게 불이익한 조치를 취하는 것. 직접차별은 중립적 기준에서 여성이 남성과 경쟁할 수 있다면 성평등에 이를 수 있을 것이라는 믿음에 기초한다. 그러나 이미 오랫동안 사회 구조가 남성을 중심으로 구성되어 작동하고 있는 상황을 그대로 둔 채 중립적인 기준이나 관행을 적용한다는 것은 여성을 이미 규정되어 있는 남성의 세계에 동화시키는 것을 의미한다.

한부모가족　한 쪽 부모와 자녀로만 구성된 가족. 한국여성민우회는 종전의 '편부모가족'이라는 개념이 핵가족은 정상적이고 편부모가족은 비정상적인 결손가족이라는 함의를 담고 있다고 비판하고, 하나이지만 크고 완전하다는 의미의 우리말 '한'을 붙여 한부모가족이라는 용어를 만들어 확산시켰다. 영어권에서는 one parent family라는 용어가 쓰인다.

횡단의 정치transversal politics   차이를 인식하면서 공통의 목표를 향해 대화하고 제휴하는 것.

후기식민주의 페미니즘postcolonial feminism   서구 제국주의와 서구 페미니즘의 제국주의적 성향을 비판하고, 여성의 삶과 변화를 위한 투쟁의 기본적 토대를 제공하는 역사적으로 정의된 식민지 권력을 강조하는 관점.

※ 참고
리사터틀(유혜련, 호승희 옮김)(1999), 『페미니즘 사전』, 동문선
여성가족부 위민넷 http://know.women-net.net

찾아보기

334

■ 저자 소개

이재경

이화여자대학교 사회학과를 졸업하고, 동대학원 석사과정을 마쳤다. 미국 미시건 대학교에서 사회학 박사학위를 취득한 후, 1992년부터 현재까지 이화여자대학교 여성학과 교수로 재직 중이다. 가족과 젠더, 여성 정책, 여성학 연구 방법 등을 가르치고 있으며, 근대 한국 가족을 페미니즘의 시각에서 분석한 저서와 다수의 논문이 있다. 저역서로 『가족의 이름으로: 한국근대가족과 페미니즘』, 『가족복지의 정책과 실천』(공저), 『가족철학: 남성철학과 여성경험의 만남』(공저), 『페미니즘과 과학』(공역), 『국가와 젠더: 성 주류화 이론과 실천』(공저), 『국가, 젠더, 예산: 성인지 예산분석』(공저), 『여성주의 역사쓰기: 구술사 연구방법』(공저) 등이 있다.

조영미

이화여자대학교 영문학과를 졸업하고, 동대학원에서 여성학 석사, 박사 학위를 받았다. 서울시 여성가족재단 연구위원으로, 서울시의 여성정책 기본계획 수립 및 성 주류화 관련 연구를 수행하고 있다. 여성의 재생산권과 관련된 임신과 출산 과정을 다룬 논문으로 여성학 박사 학위를 취득했다. 주요 연구 분야는 섹슈얼리티, 생명윤리, 저출산 등이며 대학에서 여성학, 여성과 성, 여성과 건강 등을 강의해왔다.

민가영

이화여자대학교 수학과를 졸업하고, 동대학원에서 여성학 석사, 박사 학위를 받았다. 현재 서울여자대학교 교양학부 조교수로 재직 중이다. 박사 논문으로 「신자유주의시대 신빈곤층 십대 여성의 주체에 관한 연구」를 썼다. 지은 책으로 『가출, 이제 더 이상 거리에 소녀는 없다』, 『여성학 이야기』, 『섹슈얼리티 강의, 두번째』(공저)가 있다. 신자유주의 시대의 계급, 섹슈얼리티를 젠더와 교차시켜 연구하고 있다.

박홍주

이화여자대학교 사회생활학과를 졸업학고 동대학원 여성학과에서 문학석사와 문학박사 학위를 취득하였다. 감정노동, 여성의 건강권과 노동권에 관한 논문이 다수 있으며, 저서로『노동과 페미니즘』(공저),『위기의 노동』(공저),『2030세대, 행복의 조건』(공저),『돌봄노동자는 누가 돌보는가』(공저),『서울시 비혼여성 1인가구 정책지원방안 수립』(공저) 등이 있다. 이화여자대학교, 서강대학교 등에서 여성학 강의를 해왔고, 현재 동덕여자대학교 강사로 있다.

(이)박혜경

이화여자대학교 사회생활학과를 졸업하고 동대학원 여성학과에서 문학석사와 문학박사 학위를 취득하였다. 이화여자대학교 한국여성연구원 연구교수, 파이브칼리지 여성학연구센터(미국), 일리노이대학교(어바나 샴페인, 미국) 박사 후 연구원을 거쳐 현재 강원도여성가족연구원 연구개발부장으로 일하고 있다. 역서로『페미니즘』과『페미니즘과 과학』(공역)이 있고, 연구논문으로「신자유주의적 주부주체화 담론의 계보학」,「한국 중산층의 자녀교육 경쟁과 '전업 어머니' 정체성」등이 있으며, 동아시아의 압축적 근대화와 신 자유주의적 지구화의 맥락에서 가족 및 친밀성의 구조적 변화를 연구하고 있다.

이은아

이화여자대학교 사회학과를 졸업하고 동대학원 여성학과에서 문학석사와 문학박사 학위를 취득하였다. 경기도가족여성연구원 선임연구원, 한국여성정책연구원 부연구위원을 지내고 현재 이화여자대학교 호크마교양대학 조교수로 재직 중이다. 동덕여자대학교, 서울시립대학교 등에서 강의를 하였으며, 저서로『국가와 젠더』(공저)가 있다. 주요 연구 분야는 이주와 젠더, 그리고 여성정책이며, 최근에는 경쟁을 넘어 공존과 협력의 가치가 중심이 되는 사회를 위해 연구와 강의를 진행하고 있다.